"Esta es una historia que no podía suceder, pero sucedió. Dos jóvenes criados como musulmanes encuentran a Jesús como su Salvador y proveen las percepciones más iluminadoras respecto al mundo del islam que yo haya leído en cualquier parte. Una gran historia, una lectura fabulosa, y una evaluación impresionante".

—PAIGE PATTERSON, presidente
Seminario Teológico Bautista del Sudeste
Wake Forest, Carolina del Norte

"*Desenmascaremos el islam*... es lectura obligatoria para todos los cristianos, en especial los que toman muy en serio la gran comisión. Cuando los cristianos y los musulmanes se enteren de la diferencia como se revela en este libro, los dos van a querer en realidad conocer al Dios de la Biblia. Esta obra es de importancia crítica".

—ZIG ZIGLAR, escritor y maestro motivacional

"[Los Caners] se expresan bien y hablan con autoridad, y [tienen] una excelente comprensión de la política, la teología, las creencias y la forma de pensar de la mayoría de los musulmanes".

—VICTOR OLADUKUN, CBN Internacional

"Este es un libro de importancia crucial, escrito por ex musulmanes, quienes comparten, en forma cariñosa, las verdaderas diferencias entre el islam y el cristianismo bíblico, y dan información con respecto a esta religión de la que todos los norteamericanos necesitan estar informados".

—DR. JAMES MERRITT, presidente
Convención Bautista del Sur
Anfitrión del programa *Touching Lives*

"Este libro por los hermanos Caner, estimados profesores, no solo es una obra fenomenal de eruditos, sino también el conocimiento compartido de ex musulmanes. Es más que lectura interesante, considerando los sucesos corrientes, es lectura obligatoria. No hay otro libro como este. Sin ser estridente este libro es fuerte, basado en hechos sin ser anticuado, profundo sin ser poco práctico. Sin duda alguna, es la mejor obra en su tema".

—DR. BAILEY SMITH, presidente y ejecutivo principal
Bailey Smith Ministries

"No espere acurrucarse con este libro y tener una lectura cómoda. En cambio, una vez que haya sido expuesto a los retos de las enseñanzas musulmanas y sus desesperantes necesidades espirituales, lo impulsará a arrodillarse en oración. Así mismo, por fin se pondrá de pie y saldrá a testificar del evangelio con un amigo musulmán. Lea este libro; está abarrotado de información pertinente e importante".

—DR. R. PHILLIP ROBERTS, presidente
Seminario Teológico Bautista Medioccidental, Kansas City

"Está escrito en forma personal y accesible; la investigación es extensa. Ergun y Emir Caner han producido una obra oportuna y valiosa para todos los que desean entender la relación entre el islam y el cristianismo".

—GARY LEDBETTER, redactor
The Southern Baptist Texan

DESENMASCAREMOS EL

ISLAM

UN ESTUDIO PROFUNDO DE LAS COSTUMBRES
Y CREENCIAS MUSULMANAS

DESENMASCAREMOS EL
ISLAM

ERGUN MEHMET CANER
EMIR FETHI CANER

Prólogo por Richard Land

EDITORIAL PORTAVOZ

Título del original: *Unveiling Islam: An Insider's Look at Muslim Life and Beliefs*, © 2002 por Ergun Mehmet Caner y Emir Fethi Caner, y publicado por Kregel Publications, Grand Rapids, Michigan 49501.

Edición en castellano: *Desenmascaremos el islam: un estudio profundo de las costumbres y creencias musulmanas*, © 2002 por Ergun Mehmet Caner y Emir Fethi Caner, y publicado por Editorial Portavoz, filial de Kregel Publications, Grand Rapids, Michigan 49501. Todos los derechos reservados.

Traducción: Dante N. Rosso

EDITORIAL PORTAVOZ
P.O. Box 2607
Grand Rapids, Michigan 49501 USA

Visítenos en: www.portavoz.com

ISBN 0-8254-1109-2

1 2 3 4 5 edición / año 06 05 04 03 02

Impreso en los Estados Unidos de América
Printed in the United States of America

Esta obra es dedicada a
María Eleonora Lindberg
Apocalipsis 14:13

CONTENIDO

Prólogo por Richard Land | 11

Prefacio: un hombre de granito | 13

Reconocimientos | 22

Introducción: palabras escalofriantes en un mundo aterrador | 24

Capítulo 1 La seguridad, la política y la yijad (guerra santa) | 33

Capítulo 2 Mahoma: el mensajero militante | 42

Capítulo 3 La historia del islam: un rastro de sangre | 69

Capítulo 4 El Corán: "Madre de libros" | 86

Capítulo 5 La Sunna y el Jadit: los otros libros | 99

Capitulo 6 Alá: nombres de terror, nombres de gloria | 108

Capítulo 7 Los fundamentos: los cinco pilares | 126

Capítulo 8 La mujer: amor, matrimonio y propiedad | 138

Capítulo 9 La salvación: justicia matemática | 149

Capítulo 10 Los días festivos: un calendario de la comunidad islámica | 159

Capítulo 11 Sectas y divisiones islámicas | 169

Capítulo 12   La ilusión de la libertad religiosa: el terrorismo desde
               adentro | 181

Capítulo 13   Las matanzas de la yijad | 191

Capítulo 14   Choque de culturas: el cristianismo a los ojos del
               musulmán común | 209

Capítulo 15   Jesús según el Corán | 222

Capítulo 16   Dentro del musulmán: cómo lograr una audiencia y
               ganar un alma | 233

Apéndice A   Índice temático del Corán | 246

Apéndice B   El libre albedrío, el fatalismo y el Corán | 252

Apéndice C   El cristianismo y el islam: una comparación de sus
               creencias | 254

Apéndice D   Glosario de términos islámicos en árabe | 259

PRÓLOGO

EN ESTOS TIEMPOS DIFÍCILES SERÍA CASI IMPOSIBLE encontrar un libro más oportuno y relevante que *Desenmascaremos el islam* en el mundo de las publicaciones cristianas. Tras los espantosos ataques terroristas del 11 de septiembre de 2001, los cristianos han buscado una guía confiable al mundo desconocido del islam y la amenaza súbita que representa. Dios, en su gracia y providencia, ha suministrado esa guía valiosa por medio de este libro. Los Caners han escrito la historia llamativa, inspiradora y dramática del islam y de su propia conversión a la fe salvadora en Jesucristo.

Ergun y Emir Caner son trofeos de la gracia de Dios que después de haber sido seguidores devotos de Alá, ahora lo son de Jesús de Nazaret. Su historia es un ejemplo impactante del amor de Dios, así como un recorrido sobrio e informativo por el mundo islámico.

Desenmascaremos el islam es un libro que hace exactamente lo descrito en el subtítulo: un estudio profundo de las costumbres y creencias musulmanas. Resulta ventajoso que este análisis vívido del islam sea presentado por cristianos que antes fueron musulmanes. Los Caners nos han provisto una perspectiva valiosa que se constituirá en fuente de información, ánimo e inspiración para los cristianos.

Quizás el aspecto más meritorio de este libro es "el rostro humano" que pone al conflicto entre la religión islámica y la relación personal con Jesucristo que es la esencia del cristianismo. La historia conmovedora de los Caners nos recuerda la persecución severa y muchas veces sangrienta que enfrentan los cristianos alrededor del mundo, quienes han llegado a entender que no todos los credos son iguales, sino que Jesús es "el camino, la verdad y la vida" (Jn. 14:6).

—RICHARD LAND, presidente
Comisión de ética y libertad religiosa
Convención Bautista del Sur

PREFACIO

UN HOMBRE DE GRANITO

PARECÍA QUE LO HABÍAN TALLADO DE GRANITO. De hombros anchos, las piernas rizadas de músculos, merodeaba la cancha de football como un tigre. Con agilidad maniobró hacia sus compañeros de equipo en ese áspero campito en Galion, Ohio. Luego se dio vuelta para darnos una guiñada. A los cuarenta y cinco años, corría, jugaba y pateaba como un hombre de la mitad de su edad. Su cabello negro azabache contrastaba su piel de bronce oliva. De tez limpia, afeitada y pronto a sonreír para los tres muchachos parados en las líneas laterales, era más que nuestro jugador de "soccer" favorito. Era nuestro padre. Era nuestro héroe.

Por supuesto, nosotros nunca lo llamábamos *soccer*. Lo llamábamos *fútbol*. Durante horas, nuestro padre solía patear la pelota de ida y vuelta a nosotros y nos agasajaba con historias de los partidos del pasado, partidos jugados en Turquía, Alemania, y en otros países. Con su espeso acento solía cantar canciones turcas con una voz fuerte y estrepitosa, mientras asesinaba las palabras que nos estaba enseñando.

Pero de todos los recuerdos de nuestro padre, este día prístino sobresale en la memoria de Ergun Caner. El auto amarillo de su padre, saturado en el humo de cigarrillos Pall Mall y Chesterfield. Esa nariz suspendida de forma elegante más allá de su rostro; esas manos fuertes, ásperas que rodeaban su bebida; esa risa; el viaje a casa a nuestro duplex en Whitehall, Ohio, cada momento perma-

Acar Mehmet Caner

nece grabado en la memoria de Ergun. Era el año 1978. Cuatro años después nuestro padre rechazaría a sus tres hijos. Veintiún años después veríamos a nuestro héroe una última vez. Muchos escritores declaran que nuestro libro es una "obra de amor". Ese no es el caso con nosotros, Ergun y Emir Caner. Este ha sido un arduo y a veces doloroso ejercicio de recuerdos no expresados que nunca están lejos debajo de la superficie. Tampoco es una exposición de un "padre malo" o la traición de los secretos de familia. Nuestro padre era una montaña de hombre maravilloso, sincero. En todo respecto era nuestro héroe: inteligente, afectuoso, cariñoso, apuesto, determinado, trabajador y gracioso. No le causó placer desconocer o desheredar a sus hijos. Le partió el corazón. Sin embargo, eso es todo lo que podía hacer, dado sus creencias y las enseñanzas del islam. En aquel día de agosto de 1999 cuando nuestro padre sucumbió al cáncer, la cruda realidad de los sistemas religiosos y nuestra relación con Jesucristo como nuestro Salvador llegaron a una vívida realidad.

A medida que comenzamos esta investigación del islam, sus enseñanzas, y sus adherentes, queremos que usted vea el lado humano de la religión: donde la fe a menudo significa el rechazo total de la cultura, la etnicidad, la familia y los amigos. Para encontrar la gloria del cielo en Jesucristo, los hermanos Caner perdimos nuestro padre —nuestro héroe terrenal— como lo han perdido millones de otros en todo el mundo.

Desde el 11 de septiembre de 2001, hemos hablado en todo el país en cientos de asambleas, colegios, universidades, iglesias, convenciones y conferencias. A menudo, los periodistas se quedan perplejos acerca de nuestra desheredación. La pregunta implicada es "¿por qué el cambiar su religión significaría la pérdida de la familia? ¿Acaso la religión no realza la familia? ¿No es su familia la cosa más importante?"

Dicha pregunta deja ver un prejuicio posmoderno y norteamericano Para el otro noventa y cinco por ciento de la población mundial, la conversión a Jesucristo a menudo significa repudiar, desheredación, arresto, y aun la muerte. En el mundo que no acepta la mentalidad "las creencias no importan", la actitud norteamericana parece insensata. En este momento, por amor al evangelio de Jesucristo, hombres y mujeres están siendo sometidos a latigazos, torturados, encarcelados, golpeados, maltratados y quebrantados. Los hogares son incendiados, las familias son ejecutadas, y otras vidas se pierden mediante venganzas repugnantes. Si usted cree que la tortura y el homicidio debido a la fe en Jesucristo es una cosa del pasado, está equivocado de forma trágica. Por todo el mundo, la sangre de cristianos desciende por las calles de piedras, sendas de tierra, callejones pavimentados y pisos de cemento de las prisiones.

La pregunta de los medios noticiosos también contradice una suposición equivocada, que "todas las religiones son lo mismo. Llegar a Dios, si es que hay uno, es como llegar a Chicago. Uno puede llegar allí en avión, en tren, o en automóvil. No importa qué camino tome (o qué religión siga), siempre que llegue a destino".

Esta actitud refleja la imagen de ciertos personajes de televisión popularizados por la cultura norteamericana.

Para los que sean de esa persuasión sincretista, podemos afirmar de manera clara que nosotros no cambiamos de religiones". La sangre de Jesucristo nos salvó. Lo que nos sucedió a nosotros no fue un acto de una persona religiosa; más bien, fue un acto de redención de la gracia de Dios.

No somos hombres particularmente religiosos. Si nos mirara a cualquiera de nosotros, no daría por sentado de inmediato que hemos servido como predicadores, evangelistas y pastores durante treinta años combinados. No podría adivinar que ahora somos profesores de teología así como de historia de la iglesia. No conformamos la caricatura de la corbata con el prensacorbata, del predicar con medias blancas y un traje malo. Ergun Caner se ha afeitado la cabeza durante años, usa perilla, y es proclive a predicar como los pastores negros del sur. Emir Caner juega baloncesto y tenis de manera regular, y se parece a la promesa de una fraternidad universitaria, y ha memorizado casi cada fecha en la historia de la iglesia. Ninguno de nosotros encaja el perfil "religioso", pero estamos vestidos en la justicia de Cristo. El cristianismo no es acerca de religión; es acerca de la relación del creyente con el Salvador. Debe entenderse que el cristianismo bíblico ortodoxo supone la existencia de la verdad. La verdad implica la existencia del error, y la pretensión mutuamente exclusiva a la verdad no pueden ambas ser correctas. Ese es el caso con el islamismo y el cristianismo. O el islamismo está correcto en la suposición de que "hay solo un Dios, Alá, y Mahoma es su profeta", o el cristianismo está correcto cuando Jesús dice, "Yo soy el camino, y la verdad, y la vida; nadie viene al Padre, sino por mí" (Juan 14:6). Ambos no pueden ser correctos.

A menudo, durante los debates y foros públicos, los musulmanes se han levantado y nos han formulado la pregunta punzante y conmovedora: "¿No fue usted que desposeyó a su padre cuando le dio la espalda a las enseñanzas del Corán?" Quizá tenía razón. Ni Ergun, ni Emir, ni Erdem (Mark) Caner deseaban romper nuestra relación con nuestro padre, pero estábamos conscientes de las consecuencias de seguir a Jesucristo. Quizá en esos términos en realidad nos separamos de nuestro padre. Pero para recibir vida eterna mediante Jesucristo nuestro Señor, uno a menudo experimenta la dolorosa destrucción de relaciones. Algunos de los que leen este libro han experimentado dicho rechazo. Nosotros comprendemos la senda que deben seguir.

La salvación viene a los hermanos Caner

Nuestro padre, Acar, conoció a nuestra madre en Suecia, donde ella estaba asistiendo a la universidad. Después que se enamoraron y se casaron y tuvieron sus dos primeros hijos, Ergun y Erden en Estocolmo, mis padres se mudaron a Estados Unidos, la tierra de las oportunidades. Emir nació después que llegamos a Ohio.

El matrimonio estaba destinado al fracaso desde el comienzo como resultado de un desacuerdo de culturas. Nuestra madre era hija única, criada en Estocolmo y educada por toda Europa. Cuando llegó a la edad de veinte años había asistido a la Sorbona en Paris y viajado por el mundo. Nuestro padre era de estirpe más fuerte. Como el menor hijo de su familia, se había ganado todo lo que poseía y estaba saturado en la cultura islámica. Las suposiciones acerca del matrimonio chocaban de forma abierta. El divorcio, que se finalizó en Estados Unidos, fue doloroso. Como en la mayoría de los divorcios, los niños se convirtieron en "sogas" humanas en un tire y afloje, arrancados entre sus padres. Se desarrolló una costumbre de las visitas de fin de semana entre Columbus y Gahanna, en la zona central de Ohio. Sin embargo, aun la desgarradora experiencia del divorcio no pudo prepararnos para el rechazo de nuestro padre

Al comenzar la escuela secundaria, Ergun era un joven normal, excepto que era un devoto musulmán. Aun durante el divorcio, nuestros padres habían mantenido nuestra crianza en la mesquita. Cada fin de semana, solíamos viajar a Broad Street en Columbus, Ohio, donde nuestro padre había ayudado a establecer la Fundación Islámica. La mesquita en Toledo estaba demasiado lejos para viajar en automóvil, por lo que se estableció el Centro de Fundación Islámica. En ciertas ocasiones nuestro padre llamaba a la oración.

Hacíamos nuestras *rakats* (oraciones diarias); celebrábamos Ramadán. Leíamos el Corán y el *Jadit* con regularidad. En todo sentido éramos musulmanes serios y devotos. Pero nuestra devoción no era un acto de amor, sino de temor. Ningún musulmán tiene la seguridad eterna. Todo musulmán teme las balanzas de justicia, que pesan sus hechos buenos contra sus hechos malos. Se nos enseñaba que el cristianismo y el islamismo eran antitéticos, que originaron de conflictos de siglos de antigüedad que databan desde las cruzadas, cuando miles de musulmanes fueron masacrados.

No obstante, esto no detuvo a Jerry Tackett. El mejor amigo de Ergun en la escuela secundaria era el hijo de un predicador y un activo miembro en la Iglesia Bautista de la Calle Stelzer. Jerry no conocía toda la historia. Sencillamente le dijo a Ergun que Jesús le amaba, y lo invitó a la iglesia para las reuniones de evangelización. En dicha iglesia, el ambiente era muy diferente a lo que Ergun había esperado. La gente era afectuosa. No se burlaba cuando él tropezaba con la letra de los himnos. Lo amaban a pesar de su reticencia, de manera literal lo amaron hasta la cruz.

Después de oír acerca de la gracia salvadora de Jesucristo, se le hizo evidente a Ergun que el islamismo estaba equivocado acerca de un aspecto primordial: no había forma en que Jesús podría haber sido un profeta, como enseñaba el islamismo. Jesús fue arrestado y encarcelado sobre la base de dos acusaciones: los romanos lo detuvieron por insurrección, los líderes judíos lo condenaron por blasfemia, es decir, por aseverar que era Dios. A fin de resolver el asunto de la resurrección, el islamismo enseña que Judas, no Jesús, fue crucificado, permitiendo que Jesús apareciera tres días después. Sin embargo, ese detalle de desinformación no confronta la cuestión de mayor importancia de la deidad de Jesús. Aun la historia ajena a la Biblia destaca que Jesús aseveró que era Dios, un acto de blasfemia, que era una ofensa capital.

Para citar un tema del filósofo cristiano C. S. Lewis, si Jesús afirmó que era Dios, no podría haber sido un profeta. Podría haber estado demente, como esos que deambulan por las calles asumiendo que son divinos. Pero si él era demente, no podría haber sido uno de los profetas de Alá. Podría haber sido un fraude, que engañaba a la gente pero, de nuevo, un impostor y charlatán no podría haber sido un profeta de Alá. Ergun enfrentaba otra opción: Jesús era lo que dijo que era: Emanuel, Dios con nosotros.

Esa noche en particular en las reuniones de evangelismo, la convicción del Espíritu Santo casi podía palparse. Al día siguiente, un viernes, Ergun regresó al centro islámico una nueva criatura, librado de las balanzas del temor por la gracia y la expiación de Jesucristo. Supuso que otros musulmanes también querrían librarse del temor. Ese no fue el caso.

No obstante, los hermanos de Ergun le escucharon. Erden aceptó a Cristo en el sótano de su hogar. Luego Ergun invitó a Emir a los cultos evangelísticos del año siguiente. En dicha ocasión, por primera vez en su vida, Emir oyó que Dios lo amaba y deseaba tener una relación personal con él. Aunque con anterioridad Emir había asistido a la iglesia, esta era la primera vez que podía acordarse que un predicador hablaba abierta y con franqueza acerca de sobre la exclusividad del evangelio. Solamente mediante la sangre de Jesús, derramada en le cruz, alguien podía salvarse. No obstante, el predicador también habló con compasión acerca del deseo de Dios de salvar a todos. Aunque solo había un camino, la senda estaba abierta para todos los que quisieran creer. El 4 de noviembre de 1982, Emir nació otra vez.

En 1982, Ergun se dedicó al servicio del Señor. Fue la última vez que vio a nuestro padre por diecisiete años. Acar repudió a sus hijos, aunque podría haber sido peor; según la cita en Jadit 9.57, los tres hermanos debían haber sido matados.

Tragedias y compromisos

Diecisiete años después, los hermanos Caner nos reunimos con nuestro padre, cuatro días antes de que muriera. Su segunda esposa lo convenció que nos viera, y llegamos en avión desde todo el país, con esperanza. Para esta fecha, Erden estaba casado, con un hijo, Anthony, era un exitoso corredor de bolsa, y había permanecido activo en su iglesia. Emir había terminado su doctorado y estaba enseñando en el Seminario Southeastern en Carolina del Norte. Ergun se había casado con Jill Morris en 1994, y tenía un hijo de cuatro meses, Braxton Paige. Ergun y Emir habían pastoreado y predicado, y terminado su educación. Lo único que faltaba era que Ergun terminara la disertación de su doctorado.

Sin embargo, cuando los tres hermanos entramos en la casa de nuestro padre, nuestra mente volvió a ese largo día en la cancha de fútbol. Éramos los tres hijos de Acar Mehmet Caner, nuestro héroe. En nuestra cultura, es un rito importante colocar a su hijo en las manos de su padre. Cuando Ergun lo hizo, sus ojos se llenaron de lágrimas, Diecisiete años después de la expulsión, Ergun y su padre se encontraron por última vez.

Durante todo el tiempo que estuvimos juntos, compartimos los temas generales. A Ergun le presentaron sus dos hermanastras, a quienes nunca había conocido. En la casa había otros hombres de la mesquita, algunos de los cuales habían enseñado a los hermanos durante su juventud. Todos evitamos lo inevitable y obvio: nuestro padre se estaba muriendo; era solo cuestión de tiempo.

Nos encantaría completar la historia con una conversión en la cama mortuoria, pero ese no fue el caso. Nuestra madre hizo una profesión de fe en 1991, y nuestra abuela hizo lo mismo en 1995, pero nuestro padre nunca aceptó a Cristo como Señor. En lo que nosotros respecta, él entró a la eternidad sin Cristo. A medida que se escriben estas palabras, frescas lágrimas fluyen de nuevo.

Si los sucesos del 11 de septiembre han estimulado un debate nacional, algunos de los temas de discusión no son nuevos para nosotros. Desde 1982, hemos predicado y enseñado sobre el islamismo, dando a conocer el deseo de nuestro corazón de la salvación entre los 1.200 millones de musulmanes que necesitan a Jesús. Después que nos permitieron predicar en sus iglesias, con amabilidad los pastores nos daban palmadas en la espalda y decían cuán fascinante les parecían las religiones del mundo.

Después que miles de personas fueron incineradas en el ataque del Centro del Comercio Mundial, la gente empezó a escuchar.

Pero por favor no supongan que esto es una diatriba llena de invectiva contra una religión del mundo. Queremos que los cristianos entiendan el islam con más claridad para presentar a Cristo con más eficacia. Queremos lo primero porque es nuestra historia, y es nuestro pasado. Queremos lo último porque deseamos haber tenido la oportunidad de haberlo hecho para nuestro padre... nuestro héroe.

RECONOCIMIENTOS

VARIAS GUÍAS A LO LARGO DE NUESTRO PEREGRINAJE cristiano, han hecho posible nuestros ministerios y este libro.

- Mark Erdem Caner, el más sabio de los hermanos
- Jerry Tackett, quien guió a Ergun a la fe en Jesucristo
- Clarence Miller, quien guió a Emir a la fe, nos bautizó, y nos permitió predicar nuestros primeros sermones en la iglesia Stelzer Road Baptist Church, Columbus, Ohio
- Brian Grable, quien disciplinó a Ergun sin saberlo
- Roger Williams, quien enseñó a Ergun como ser pastor
- David Eppling, el ejemplo consumado de un pastor y amigo
- Jim y Mónica Hunt, quienes han caminado con nosotros todo el tiempo
- Los doctores Paige y Dorothy Patterson, que dieron herramientas intelectuales y espirituales para el ministerio y fueron como padres
- El doctor Mac Brunson, pastor y amigo de Ergun
- El doctor Richard Well, el Criswell College y el Southeastern Baptist Theological Seminary, quienes nos permitieron el tiempo para completar el libro.

- Todos los que nos han permitido estar en sus púlpitos para predicar la infalible Palabra de Dios y a Cristo como el único Señor y Salvador

- La esposa de Ergun, Jill. Eres más que sencillamente la madre de nuestro hijo Braxton; eres mi corazón. *Jag älskar dig.*

- La esposa de Emir, Hana: Mi más grande fuente de fortaleza e inspiración. *Miluji te.*

Introducción

Palabras escalofriantes en un mundo aterrador

La imagen destellante en la pantalla era surrealista. Con regocijo efervescente, Shaykh Usamah Bin Ladin reposa después de una comida como invitado de un aliado en Kandahar, Afganistán. Insinúa con amplitud su papel central en la planificación y ejecución de los asaltos y ataques aéreos que sacudieron al mundo. Considerando el destino de uno de mártires voluntarios de esa operación, Bin Ladin cita de los Jadits:[1]

Me ordenaron que peleara contra la gente hasta que dijeran que no hay dios sino Alá, y su profeta Mahoma.

Algunas personas podrán preguntar: ¿por qué quiere pelearnos?

Hay una asociación entre los que dicen: Yo creo en un dios y Mahoma es su profeta, y los que no (...inaudible...)

Los que no siguen la verdadera *fiqh* [jurisprudencia o ley canónica]. La *fiqh* de Mahoma, la *fiqh* real. Sencillamente aceptan lo que se dice en sentido literal.

Con satisfacción se refirió a las indicaciones de que el ataque había hecho consciente a todo el mundo respecto del islamismo, y que con mucha probabilidad era uno de los acontecimientos más grandes en el "evangelismo" islámico en días recientes:

> Esos jóvenes que llevaron a cabo las operaciones no aceptaron ningún *fiqh* en términos populares, pero aceptaron la *fiqh* que el profeta Mahoma trajo. Esos jóvenes [...inaudible...] dijeron con hechos, en Nueva York y Washington, discursos que eclipsaron todos los otros discursos dados en todas otras partes en el mundo. Los árabes y no árabes –aun los chinos– entienden los discursos. Están por encima de todo los que dijeron los medios noticiosos. Algunos dijeron que en Holanda, en uno de los centros, la cantidad de personas que aceptaron el islamismo durante los días que siguieron a las operaciones era más que las personas que aceptaron el islamismo en los últimos once años. Escuché que alguien en la radio islámica que tiene una escuela en Estados Unidos, decir: "No tenemos tiempo para mantenernos al día con las demandas de los que nos preguntan sobre libros islámicos para aprender acerca del islamismo". Este acontecimiento hizo pensar a la gente [acerca del verdadero islam] que benefició muchísimo al islamismo.

Habló de las estimaciones del número de víctimas y del lapso de tiempo entre los dos impactos, y ambas cosas le causaron gran placer:

> [...inaudible...] calculamos de antemano el número de víctimas del enemigo, que morirían basado en la posición de la torre. Calculamos que los pisos que recibirían el impacto serían tres o cuatro pisos Yo era el más optimista de todos [...inaudible...] debido a mi experiencia en este campo, pensé que el incendio causado por la gasolina en el avión derretiría la estructura de hierro del edificio y desmoronaría el área donde el avión chocó y todos los pisos arriba del mismo solamente. Esto es todo lo que habíamos esperado.

> La diferencia entre el primer y segundo avión que se estrellaron contra las torres fue de veinte minutos. Y la diferencia entre el primer avión y el que se estrelló en el Pentágono fue una hora".[2]

Habló de su propósito de "arrancar a Estados Unidos de las cuevas" y terminó la sesión del videocasete con un poema escalofriante:

Atestiguo que contra la filosa hoja
Siempre enfrentaron dificultades y se mantuvieron juntos
Cuando la oscuridad viene sobre nosotros y somos mordidos por un
diente filoso, digo...
"Nuestros hogares están inundados con la sangre y el tirano
Va libremente errabundo en nuestros hogares"...
Y del campo de batalla se ha desvanecido
El brillo de las espadas y los caballos...
Y sobre los sonidos del llanto ahora
Oímos el redoble de tambores y el ritmo...
Están asaltando sus fuertes
Y gritando: "No detendremos nuestras invasiones
Hasta que liberen nuestras tierras".

Las personas en los países que el 11 de septiembre de 2001 perdieron ciudadanos y en especial personas en los Estados Unidos, oyeron la voz del terrorismo. Para muchos, en particular para los medios noticiosos, la cinta parecía prueba irrefutable que Bin Ladin era el principal conspirador en esos hechos. Los defensores islámicos de Bin Ladin, que habían pasado tres meses frente a las cámaras pidiendo pruebas a gritos, fueron silenciados. Para los que no están familiarizados con el Corán y el Jadit, la cinta fue un sacudón. Para nosotros, que conocemos estos fundamentos de la fe musulmana, fue una triste validación.

Durante los primeros meses después de los ataques, nosotros, los autores, fuimos empujados a las líneas del frente de una guerra de palabras e imágenes competitivas. Habiendo sido criados a seguir el islamismo y a prestar atención a cada palabra del Corán y los Jadits, de repente fuimos llamados a disipar mitos y rumores, en particular con respecto a la teología islámica y la idea de la yijad.

Al principio, nuestros detractores más vociferantes tendían a ser cristianos, quienes no creían que nosotros entendíamos los protocolos de la yijad y las creencias referentes a una eternidad para los mártires islámicos.

Eso fue antes de que la cinta de Bin Ladin se mostrara al público. Bin Ladin contó de las "olas" de yijad de las que nosotros habíamos hablado. Citó en abundancia de los Jadits. Declaró que el ataque era un golpe para la *fatwa* declarada que se había firmado dos años antes como una virtual declaración de guerra contra el Occidente. Habló del llamado universal a la yijad y la obligación de pelear.

Después que los videocasetes se mostraron al público, nuestras vidas, y las vidas de nuestras familias, se volvieron escenas borrosas de entrevistas por los medios noticiosos, sermones, y disertaciones en auditorios abarrotados de gente, después de las cuales nos apuramos para responder a innumerables mensajes por correo electrónico. Casi todos los días de la semana se volvieron un circuito de tiempo de aeropuertos, vuelos abarrotados de pasajeros, conferencias, y vuelos de regreso. Tampoco podíamos dejar las responsabilidades de nuestros trabajos: Emir estaba enseñando cursos completos en el Southeastern Baptist Theological Seminary en Wake Forest, Carolina del Norte, y Ergun también estaba enseñando cursos completos en el Criswell College, de Dallas, Texas.

En nuestro "tiempo libre" escribíamos este libro. A pesar de que habíamos estado discutiendo sobre este proyecto con Kregel Publications durante algún tiempo, la tragedia de repente colocó las cosas en una pista de alta velocidad. Todos los que participaban en la redacción y publicación de esta obra estimaron que nuestra historia debía publicarse tan pronto como fuese posible. Por lo tanto, todas las noches, después que nuestras esposas e hijos se iban a la cama, nosotros mecanografiábamos, editábamos y volvíamos a mecanografiar.

Este libro no es un ejercicio académico, sino un panorama del islamismo que se entiende con facilidad, que explica sus motivos, sus creencias y su historia. Su propósito es guiar y alentar a toda persona que quiere testificar con más eficacia a los musulmanes.

Por lo tanto, el libro que tiene en sus manos es único en su género, escrito por profesores de teología e historia de la Iglesia, que da la casualidad son hermanos y ex musulmanes. Hemos organizado mucha información en un conjunto que las personas sin previo conocimiento del islamismo pueda comprenderlo. Incluye la definición de los términos árabes. El libro es completo pero conciso, dirigido de forma explícita a los cristianos evangélicos que comparten nuestro deseo de alcanzar a los 1.200 millones de musulmanes con el evangelio de Jesucristo.

Unas cuantas advertencias: Primero, recuerde que esta es una guía con recursos, no un sistema teológico del islamismo. No obstante, hemos incluido notas finales en abundancia y sugerencias para lecturas adicionales. Segundo, los términos arábigos se expresan en fonética castellana y en transliteración, más bien que en árabe. Si las transliteraciones varían de las expresadas en otras fuentes, eso es debido a que hay pocas reglas y normas establecidas para transliterar el árabe. En el mejor de los casos, la caligrafía fonética no es precisa.

Tercero, el estilo de escribir como conversación es deliberado, el equivalente literario de las disertaciones que se dan en el aula: preciso pero no pedante.

Cuando este libro fue a la prensa, nuestra evaluación de los asuntos islámicos fue confirmada una vez más. En martes 18 de diciembre del 2001, los medios noticiosos mundiales transmitieron un discurso chocante desde Jerusalén por el Presidente de la Autoridad Palestina, Yasser Arafat. Contó de un joven palestino que había sido matado en la Franja de Gaza en un tiroteo con las fuerzas israelíes. Al hablar de manera apasionada acerca de su lucha contra Israel, Arafat llamó la atención de los palestinos a que consideraran al joven como un ejemplo de un mártir musulmán palestino. Arafat dijo que está dispuesto a sacrificar setenta palestinos para asegurar la muerte de un israelí. El discurso fue transmitido varias veces por la radio de Palestina:

> Defenderemos la Tierra Santa con nuestra sangre y con nuestro espíritu. No solo usamos uniformes, somos todos militares. Todos somos mártires en el paraíso.

En este momento, como lo informó *World Tribune,* la multitud comenzó a cantar que millones de palestinos estaban preparados a marchar como mártires a Jerusalén.[3] Estas palabras escalofriantes representan un punto de vista que es más que prevalente que la mayoría de los no musulmanes están dispuestos a creer.

En el segundo *sura* o capítulo del Corán (Al-Bagarah), dos versículos están en marcado contraste uno con otro. Primero, Alá alienta al musulmán a "combatid contra ellos hasta que dejen de induciros a apostatar y se rinda culto a Alá" (2:193). Pero luego Alá dice a Mahoma que no imponga el islamismo por la fuerza, porque "no cabe coacción en religión" (2:256).

Que el mundo musulmán sea guiado por líderes que estén dispuestos a seguir la última admonición. Y que nuestras iglesias se llene de un testimonio valiente y magnánimo para el regreso de Cristo, "la cual a su tiempo mostrará el bienaventurado y solo Soberano, Rey de reyes, y Señor de señores" (1 Timoteo 6:15).

Notas:

1. Todas las citas de la transcripción vienen del videocasete publicado en diciembre del 2001 por el gobierno de los Estados Unidos. Las transcripciones y anotaciones fueron preparadas de forma independiente por George Michael, traductor, *Diplomatic Language Services;* y Dr. Kassem M. Wahba, coordinador del programa en idioma árabe, *School of Advanced International Studies,* Johns Hopkins University. Michael y Wahba colaboraron en su traducción y la compararon con las traducciones del gobierno. No se encontraron anomalías en las traducciones.

2. De la segunda sección de la cinta, con un lapso de tiempo indeterminado.

3. *World Tribune,* Washington, D.C., 19 de diciembre de 2001, A1.

DESENMASCAREMOS EL

ISLAM

1

LA SEGURIDAD, LA POLÍTICA
Y LA YIJAD (GUERRA SANTA)

¡DIOS LO AMA! Esta es la aseveración del cristianismo. La clave, en realidad, para ganar personas a una fe salvadora en Jesucristo se basa en esta afirmación, Sin embargo, en el Corán no se encuentra dicha declaración. A tiempo que la Biblia enseña que Dios odia el pecado y está enojado con los pecadores (por ejemplo, Proverbios 6:16; Jeremías 4:4; Romanos 1:18; Santiago. 4:4), la escritura islámica afirma que Alá *odia* los pecadores: "Alá no ama a los que se exceden" (*sura* 2:190).[1]

La Biblia dice:

Porque de tal manera amó Dios al mundo, que ha dado a su Hijo unigénito, para que todo aquel que en él cree, no se pierda, mas tenga vida eterna (Juan 3:16).

Estas cosas os he escrito a vosotros que creéis en el nombre del Hijo de Dios, para que sepáis que tenéis vida eterna, y para que creáis en el nombre del Hijo de Dios (1 Juan 5:13).

Mas Dios muestra su amor para con nosotros, en que siendo aún pecadores, Cristo murió por nosotros (Romanos 5:8).

El Corán dice:

"Gastad por la causa de Alá, y no os entreguéis a la perdición. Haced el bien. Alá ama a quienes hacen el bien" (*sura* 2:195).

"Di: Si amáis a Alá, ¡seguidme! Alá os amará y perdonará vuestros pecados. Alá es indulgente, misericordioso" (*sura* 3:31).

"Di: ¡Obedeced a Alá y al Enviado! Si vuelven la espalda...Alá no ama a los infieles" (*sura* 3:32).

La gran diferencia entre las dos religiones es la *característica personal de Dios*. Alá envió profetas y mensajeros para proclamar la verdad. En el cristianismo, Dios el Padre envió a su Hijo para ser la verdad, para morir por el pecado. Y reconciliar hombres y mujeres con Él. En el islamismo, se espera que la salvación sea ganada mediante las buenas obras de uno (*sura* 3:31). Uno debe amar a Alá a fin de que Alá corresponda al amor de esa persona. En el cristianismo, Dios amó a las personas primero a fin de asegurar la salvación de ellas.

No hay seguridad para el creyente del islam. A la persona se la deja incompleta y esperando que la voluntad de Alá se cumpla. Las buenas obras solo pueden dar a uno esperanza del cielo, pero nunca la garantía de tal cosa. Puesto que a Dios se lo elimina de la ecuación, la cuestión de si uno será admitido al cielo queda sin contestar hasta el día del juicio. Para el cristiano, el juicio vino en la cruz, un suceso rechazado por Mahoma y el islam.

El fatalismo: el corazón de la inseguridad del islamismo

"No mandamos a ningún enviado que no hablara en la lengua de su propio pueblo, para que les explicara con claridad. Alá extravía a quien Él quiere y dirige a quien Él quiere. Él es el poderoso, el Sabio" (*sura* 14:4).

Alá es exaltado y se agrada mientras envía a gente al infierno:

esta es la aseveración fatalista del islamismo. Fatalismo es la creencia de que los sucesos están determinados de antemano para siempre de tal modo que los seres humanos son impotentes para cambiarlos. En este caso, Alá enviará al cielo a todo aquel que él quiera. Con razón no hay seguridad en el islamismo. Uno puede ser el más fiel de los creyentes en Alá y aun así ser enviado al infierno *con toda justicia*. La paradoja es que alguno puede ser la peor persona del mundo e hipotéticamente todavía ser enviado al paraíso. Uno no necesita mirar más allá del fundador del islam, Mahoma, para ver la ansiedad e inseguridad que dicho punto de vista produce.

El mensajero inseguro
Mahoma dijo: "Por Alá, aunque soy el apóstol de Alá, todavía no sé lo que Alá me hará a mí" (*jadit* 5.266).

Mahoma dudó de su propia salvación, a pesar de que era el más grande de los profetas [del islamismo], el apóstol del mismo Alá. Por lo tanto, ¿cómo pueden los musulmanes tener un verdadero sentido de seguridad cuando el que les dio su fe (o como dice el musulmán: les restauró la verdad) él mismo estaba receloso? En el Corán se le ordena al musulmán "Di: "¡Obedeced a Alá y al Enviado!" (*sura* 3:32) y a seguir su "ejemplo ejemplar". Como resultado, cuanto más devotamente uno entienda el Corán y siga el ejemplar, tanto menos seguro estará de alcanzar el paraíso. Además, cuanto más sensible uno sea de sus fracasos morales, tanto más espiritualmente ansioso debe volverse.

El creyente inseguro
"Hemos asignado a cada hombre su suerte; y el día de la resurrección le sacaremos una Escritura que encontrará desenrollada" (*sura* 17:13).

A pesar de que esta declaración parece relativamente franca, un musulmán devoto sabe mejor que presumir sobre las buenas obras solamente. Hacer eso difamaría y abusaría la soberanía de Alá. Una de las más famosas frases que es usada a menudo en el mundo musulmán, "En sha' Allah... ("Si Dios quiere"), ilustra la complejidad de esta unión. Y aunque los musulmanes nunca pueden estar seguros de su destino, pueden estar seguros acerca de las muchas cosas que les impedirán gozar de los placeres del paraíso.

"Da lo mismo que adviertas o no a los infieles: no creen" (*sura* 2:6-7).

"Alá no ama a los infieles" (*sura* 3:32). El musulmán puede estar plenamente seguro de que Alá nunca restaurará a un creyente que ha rechazado las enseñanzas y la fe del islamismo. Por eso es que tantos musulmanes repudian a hijos que se han convertido a otra religión, en particular al cristianismo. ¿Por qué amarlos cuando el todopoderoso Alá nunca los amará? Del mismo modo, la peor persona en el mundo, en realidad, es el musulmán que da la espalda a la creencia en Alá. En realidad, se tiene una mayor oportunidad de ganarse el cielo si uno nunca sabe el credo: "No hay otro dios sino Alá, y Mahoma es el mensajero de Alá".

"Mahoma dijo: 'La persona muerta está siendo torturada en la tumba, no por una cosa grande que hay evitar, sino por haberse manchado con su orina'" (*jadit* 2.460).

Al musulmán se le instruye para que ayune, ore, adore, dé dinero a los pobres, y haga un peregrinaje a La Meca. Sin embargo, todas estas cosas al parecer no pueden mantener a alguien fuera del infierno si se ha ensuciado con orina.[2]

Los creyentes en Alá también deben preocuparse de quien habla acerca de ellos. Según el Jadit: "El difunto es castigado debido al llanto de sus familiares" (2.375) Por lo tanto, los familiares no deben afligirse demasiado o su ser querido difunto será castigado.

Además, si una persona habla mal de otra persona, "el infierno se ha afirmado para él" (*jadit* 2.448).

En todo el pensamiento musulmán, el infierno siempre parece estar mucho más cerca que el paraíso. A las personas se les recuerda de forma continua de la ira de Alá y de la cuesta resbaladiza hacia el castigo eterno. Por ejemplo, si alguien tiene fiebre, Mahoma creía que la "fiebre" es del calor del infierno (*jadit* 7.619). Como consecuencia, el Corán tiene mucho que decir acerca de quién es al que Alá *no* ama:

Porque Alá no ama a los transgresores (2:190).

Porque [Alá] no ama al pecador desagradecido (2:276).

Porque Alá no ama a los que hacen mal (3:57).

Porque Alá no ama al arrogante, al vanaglorioso (4:36)[3]

La política y la seguridad eterna

Cualquier religión edificada sobre un fundamento de salvación mediante la justicia personal se basa en que el adepto ama a Dios antes que Dios ame al adepto. Alá debe ser inducido a amar al individuo mediante alguna demostración de su fidelidad hacia él (*sura* 4:54). No obstante, en correspondencia por mostrar este amor, los musulmanes esperan algo en cambio. Su obediencia les gana prosperidad (*sura* 24:51-55).

Aquí está la profunda debilidad de una religión en la cual no hay una conexión genuina entre Dios y el ser humano. Alá guía a la gente hacia la verdad mediante Mahoma, su mensajero, pero uno no debería jamás anticipar hablar con Alá de manera personal o relacionarse con él. El amor nunca forma parte de la ecuación. La religión depende de un sentido de deber y un deseo por la restitución

El mundo islámico cuenta las bendiciones de Alá en una variedad de formas. El musulmán fiel será políticamente victorioso: "A quienes de vosotros crean y obren bien, Alá les ha prometido que ha de hacerles sucesores en la tierra, como ya había hecho con sus antecesores..." (*sura* 24:55). Según un erudito musulmán, las personas que son obedientes al Corán heredan autoridad "a fin de que puedan mantener la Ley de Alá".[4]

Heredar y mantener autoridad es un tema importante en la relación del musulmán con Alá. Así como el individuo espera prosperidad del arreglo, así también Alá espera dar prosperidad, dándola a los que ponen en vigor su ley. Con razón que los guerreros musulmanes victoriosos fueron pronto en obligar a un pueblo conquistado a aceptar el islamismo, o por lo menos someterse a su ley. La prosperidad se extiende a otros aspectos de la vida también. Los musulmanes creen que siempre que sean fieles a Alá vivirán en paz y seguridad en vez de sufrir persecución a manos de opresores. No tendrán que practicar la fe en secreto. No obstante, es paradójico que para ganar esta libertad religiosa los musulmanes creen que deben privar de libertad religiosa a otros. Arabia Saudita es un ejemplo de esta paradoja en acción. La clave es que la prosperidad se entiende como la integración de la política y la religión. La teología islámica de la prosperidad es importante de forma vital a una relación simbiótica con Alá. Por lo tanto, la política y la religión están inextricablemente vinculadas. Cuando Alá otorga éxito, espera que sus fieles amplíen el reino política y espiritualmente. El éxito político es intrínseco a la seguridad eterna, aunque no se garantiza.

"¡Creyentes! ¡No toméis como amigos a los enemigos Míos y vuestros, dándoles muestras de afecto, siendo así que no creen en la Verdad venida a vosotros! Expulsan al Enviado y os expulsan a vosotros porque creéis en Alá vuestro Señor. Si salís para luchar por Mi causa y por deseo de agradarme, ¿les tendréis un afecto secreto? Yo sé bien lo que ocultáis y lo que manifestáis. Quien de vosotros obra así, se extravía del camino recto" (*sura* 60:1).

La seguridad eterna se basa además en el odio de los musulmanes hacia los enemigos de Alá. Mahoma dio el mandamiento antedicho como una guía futura para todos los creyentes, y todavía está se aplica. Los musulmanes no deben confiar a otros que buscan perjudicar la causa de Alá. La peor cosa que los enemigos de

Alá pueden hacer es persuadir a los musulmanes a que rechacen la verdad, "querrían que no creyerais..." (*sura* 60:2). Por lo tanto, al musulmán se le dice que odie a los enemigos del islamismo para lograr más esperanza del paraíso. Tampoco puede un musulmán amar de manera secreta a personas dando la apariencia de odiarlos de forma abierta. Si lo hace, Alá lo juzgará de todos modos. Al final, el musulmán, de modo externo e interno, debe odiar de manera apasionada a los que se oponen a la expansión de la causa de Alá.

La yijad y la seguridad eterna

"Y si sois muertos por Alá o morís de muerte natural, el perdón y misericordia de Alá son mejores que lo que ellos amasan" (*sura* 3:157).

"El Profeta dijo, 'La persona que participa en [batallas santas] en la causa de Alá y nada le impulsa a hacerlo excepto la creencia en Alá y sus apóstoles, será recompensada por Alá ya sea con un premio, o botín [si sobrevive] o será admitido al [si es matado en la batalla como mártir]'" (*jadit* 1.35).

Los locutores en la televisión de manera continua diseminan la noción correcta desde el punto de vista político de que *yijad* significa "lucha interna por piedad" y no conflicto militar. Sin embargo, no se requiere la enseñanza de un clérigo para ver que el Corán promete el paraíso a los que mueren en la batalla por el islamismo con más certeza que le promete salvación a cualquier otro.

El Jadit explica de manera clara que la *yijad* tiene como su principal característica una lucha sangrienta que significa batallas militares. El apóstol de Alá dijo: "No hay *jijra* [es decir, migración de La Meca a Medina] después de la conquista [de La Meca], pero la *yijad* y la buena intención permanecen; y si eres llamado [por el gobernador musulmán] para pelear; vé inmediatamente" (52:42).

La promesa de seguridad eterna es el motivo fundamental detrás de la pasión por Alá en el ansioso joven guerrero musulmán. Sigue los pasos del mensajero Mahoma, quien peleó por la causa de Alá. Obedece las nobles palabras del Corán y el Jadit, que otorgan legitimidad su uso de la espada. Y si es matado en la batalla, logra el deseo de su corazón: la garantía de Alá de un lugar en el nivel más alto del paraíso.

La búsqueda de un Dios personal

El joven Timoteo creció en Egipto, el hijo de devotos musulmanes. Cuando estudiaba el Corán y adoraba dentro de la mística secta sufi del islamismo, Timoteo deseaba tener una relación más cerca, más íntima con Alá. A la edad de catorce años comenzó a predicar en público el islamismo el primer lunes de cada mes lunar.

Ansioso por ganar a otros a la fe, Timoteo comenzó a escribirle a un cristiano en Estados Unidos. Con diligencia John le respondió a Timoteo durante dos años. Entonces Timoteo se quedó consternado cuando John lo visitó a él en Egipto. Más tarde Timoteo relató: "me puse celoso de la intimidad que John tenía con Dios y aumenté mis recitaciones del Corán".

Luego de un increíble examen de conciencia, Dios se manifestó a Timoteo:

> Una noche Cristo se me apareció en un sueño y con una voz tierna y dulce, me dijo: "¡Te amo!" Vi cuán obstinadamente le había resistido todos estos años y le dije con lágrimas en mis ojos, "¡Yo también te amo! Tú eres eterno para siempre jamás". Me desperté con la cara mojada de lágrimas, lleno de un gozo abundante, creyendo que Cristo mismo había tocado mi mente así como mi corazón, y yo me rendí. Me sentí lleno de una gran pasión por Cristo, brincaba de emoción, cantaba alabanzas a su nombre y hablaba con Él día y noche. No quería ni dormir sin la Palabra de Dios, la Biblia, junto a mi pecho.[5]

Timoteo había encontrado lo que había estado buscando durante toda su vida: una relación íntima y personal con Dios. El amor le dio seguridad eterna. No obstante, eso no vino sin costo. El hecho de que Timoteo rehusó esconder su fe casi le costó la vida. Perseguido y encarcelado, Timoteo se refugió en el amor de Cristo. Por fin las autoridades lo sentenciaron a muerte. Sin embargo, Timoteo logró escaparse y emigrar a Estados Unidos. En la actualidad, muchos años después, Timoteo se aferra a la más grande promesa de la Biblia: la salvación. Concluye su testimonio con las siguientes palabras:

¡Señor, por favor no permitas que apure tu salvación, en medio de los problemas, pero por favor dame paciencia para que pueda soportar las dificultades como un soldado de la cruz de Cristo! Señor, que tu amor me consuma a tal extremo que el hacer tu voluntad sea el verdadero pan de mi vida.[6]

Notas

1. Todas las citas del Corán usadas en este libro son de la bien aceptada interpretación al castellano por Julio Cortés. Aunque el texto cita del Corán, debe entenderse que solo el texto en árabe es aceptado como el verdadero Corán. Todas las otras traducciones son consideradas como interpretaciones de la escritura dada a Mahoma.

2. Es una ironía que Mahoma también estipulara que el beber orina de camello devolvería la salud a un enfermo. "El profeta les ordenó que siguieran a sus camellos, y bebieran la leche y orina de ellos; por tanto siguieron los camellos y bebieron la leche y orina de ellos hasta que sus cuerpos se sanaron" (*jadit* 7.590).

3. Para más discusión, refiérase a *Does God Love Me?* de Tom Terry en aboutisa.com; con acceso 26 de noviembre de 2001.

4. Mushaf Al-Madinah An-Nabawiyah, traductor y comentarista, *The Holy Quran*, p. 1024

5. "In the Valley of Tears", de Timothy Abraham, en http:// www.answering-islam.org; con acceso 26 de noviembre de 2001.

6. *Ibíd.* Timoteo y los autores de esta obra se han hecho muy buenos amigos. Consideramos un privilegio usar su testimonio.

2

MAHOMA:
EL MENSAJERO MILITANTE

"Y cantaban un nuevo cántico, diciendo: Digno eres de tomar el libro y de abrir sus sellos; porque tú fuiste inmolado, y con tu sangre nos has redimido para Dios, de todo linaje y lengua y pueblo y nación" (Apocalipsis 5:9).

"Te hemos enviado como testigo, como nuncio de buenas nuevas y como monitor, para que los hombres crean en Alá y en su Enviado, para que le ayuden y honren, para que le glorifiquen mañana y tarde" (*sura* 48:8-9).

LOS LÍDERES ORDENAN OBEDIENCIA. Cualquier religión importante debe primero ser vista a través de los ojos de su fundador. En el cristianismo como en el islamismo, los fundadores demandan respeto y sumisión. Tanto Mahoma como Cristo les dijeron a sus seguidores que escucharan sus palabras y observaran sus vidas como un modelo para agradecer a Dios. Pablo les dice a los cristianos en Filipenses 2:5: "Haya, pues, en vosotros este sentir que hubo también en Cristo Jesús". En el Corán, el profeta explica: "En el Enviado de Alá tenéis, ciertamente, un bello modelo para quien cuenta con Alá y con el último Día y que recuerda mucho a Alá" (*sura* 33:21).

Los ejemplos no necesitan ser seguidos precisa y exactamente en ninguna religión. Pero los discípulos deben poder confiar en los mandamientos y enseñanzas de los líderes. El primer criterio para evaluar el valor del islamismo o el cristianismo es determinar si Mahoma o Jesucristo eran modelos dignos.

Puesto que musulmanes y no musulmanes han escrito biografías muy diferentes de Mahoma, la principal fuente de información es la más confiable. Una de nuestras mejores fuentes disponibles con facilidad es el Jadit, la tradición oral que los musulmanes han guardado con cuidado casi desde los días de la vida del profeta.

La vida

Nacimiento, niñez y tragedia

El cristianismo y el islamismo tradicionales enseñan que Jesús nació de la virgen María. El origen de Mahoma es más complejo y menos afortunado que la niñez de Cristo con José y María. Mahoma nació en La Meca alrededor del año 570, y formaba parte de una tribu cuyo deber era guardar la Kaaba, una piedra usada para varias ofrendas a las deidades paganas. Abdullah, el padre de Mahoma, murió antes de su nacimiento y su madre Amina murió cuando Mahoma solo tenía seis años de edad. Un abuelo, Abd al-Muttalib, cuidó del muchacho por dos años; luego él también murió. Por último, el tío de Mahoma, Abu Talib, se volvió su custodio. Con todas las calamidades que le acontecieron, Mahoma vivió una niñez normal, excepto que nunca participó en las actividades paganas de la vida en La Meca.

El amor de su vida

"¡Profeta! Di a tus esposas[1]: Si deseáis la vida de este mundo y su ornato, entonces ¡venid!, que os proveeré y os dejaré en libertad decorosamente" (*sura* 33:28).

Cuando joven, Mahoma conquistó el patrocinio de una viuda rica, Khadija, y administró un exitoso comercio de caravanas a Siria. Por fin se casó con Khadija, quien era quince años mayor que él. El matrimonio demostró ser una realización personal para ambos, aunque sus dos hijos murieron en la infancia. También tuvieron cuatro hijas, dos de las cuales se casaron con futuros califas, líderes espirituales y políticos del islamismo. Khadija murió cuando Mahoma tenía cincuenta años. Durante veinticinco años, Mahoma había conocido una sola mujer, quien fue el amor de su vida y su más grande defensora. En realidad, Mahoma era una excepción en su cultura; la mayoría de los hombres de alta posición tomaban numerosas esposas. Solo después Mahoma tuvo otras once mujeres como esposas y concubinas, la más joven de las cuales tenía nueve años cuando consumaron su matrimonio.

La primera revelación: ¿divina o demoníaca?

"Di: 'Yo no soy el primero de los enviados. Y no sé lo que será de mí, ni lo que será de vosotros. No hago más que seguir lo que se me ha revelado. Yo no soy más que un monitor que habla claro'" (*sura* 46:9).

Debido a su matrimonio acomodado desde el punto de vista económico, Mahoma disfrutó de quince años de tiempo libre para meditar. Cuando tenía cuarenta años, creyó que el ángel Gabriel lo llamaba como el último y más autorizado profeta. El relato más aceptado dice:

Cuando fue la noche en que Dios lo honró con su misión y de ese modo mostró misericordia sobre Sus siervos, Gabriel le trajo el mandamiento de Dios. 'Él vino a mí', dijo el apóstol de Dios, 'mientras yo dormía, con una sobrecama de brocado sobre la que había algo escrito, y dijo, "¡Lée!" Yo dije, "¿Qué leeré?" Me apretó con ella tan estrechamente que pensé que era la muerte; luego me soltó y dijo: "¡Lée!" Yo dije, "¿Qué leeré?" Me apretó con ella de nuevo que pensé que era la muerte; luego me soltó y dijo: "¡Lée!" Yo dije, "¿Qué leeré?" Me apretó con ella la tercera vez de modo que pensé que era la muerte y dijo: "¡Lée!" Yo dije, "¿Qué pues, leeré?" —y esto dije sólo para librarme a mí mismo de él, para que no me hiciera lo mismo de nuevo. Dijo: "Lée en el nombre de tu Señor quien creó, quien creó a hombre de sangre coagulada. ¡Lée! Tu Señor es el más beneficioso, Quien enseñó por la pluma. Enseñó a los hombres lo que no sabían"

[96:1-5]. Así que lo leí, y se fue de mí. Y desperté de mi sueño, y fue como si estas palabras estuvieran escritas en mi corazón.[2]

El "llamado" de Mahoma crea dificultades. El futuro profeta expresa escepticismo respecto al encuentro, aunque él ve en su visión a uno de los arcángeles de Dios. ¿Por qué el más grande de los profetas dudaría de la validez de la definición de su propia visión. Pueden citarse dos razones posibles: O Mahoma era muy débil o cándido para entender la profecía, o Alá no se reveló a sí mismo con suficiente claridad o no entendió la debilidad del hombre.

Mahoma estaba aterrorizado de la fuente de su revelación, al principio creía estar poseído por un espíritu maligno o *yinn*. Relató a su fiel esposa lo que había experimentado. El relato, aunque mediado por el Jadit de Sahih Al-Bukhari, explica:

"Entonces el Apóstol de Alá volvió con la Inspiración y su corazón latía con fuerza. Luego fue a Khadija bint Khuwailid y dijo: '¡Cúbreme! ¡Cúbreme!' Lo cubrieron hasta que se le pasó el miedo y luego le contó todo lo que le había pasado y dijo: 'Tengo miedo que me ocurra algo'. Khadija contestó: '¡Jamás! Por Alá, Alá nunca te retirará su favor. Mantén buenas relaciones con tus vecinos y parientes, ayuda al pobre y al desposeído, sirve generosamente a tus huéspedes y atiende a los afligidos por calamidades que lo merezcan'" (*jadit* 1.1.3).

Para quienes quisieran imitar la fe del fundador de la religión, las dudas de Mahoma son conflictivas, porque ¿qué gran profeta duda de la fuente de sus revelaciones proféticas? Los profetas de la Biblia a veces se preguntan cómo hará Dios para cumplir sus palabras, pero jamás dudan que es Él quien ha hablado. En realidad ningún gran profeta de la Biblia atribuye la revelación de Dios a los demonios, como creyó Mahoma estar poseído por demonios después de la revelación de Alá.

Por último, la teología islámica afirma que las mujeres son intelectualmente inferiores a los hombres. Un Jadit explica "El profeta dijo: '¿Acaso el testimonio de una mujer no equivale a la mitad del de un hombre?' La mujer dijo: 'Sí'. El dijo: 'Es por la deficiencia de la mente de la mujer'". Sin embargo, fue Khadija quien confirmó las revelaciones de Mahoma.

Debemos observar que Mahoma recibió su primera visión en el mes de Ramadán, el mes sagrado del islam, cuando los musulmanes hacen ayuno de comida, bebida, intercambio sexual y otras actividades. Por eso, atacar la visión de Mahoma es atacar el más sagrado de los meses del calendario

Más revelaciones

Os llamarán mentirosos, os perseguirán; os desterrarán y lucharán contra vosotros. (Waraqa a Mahoma)

Después de la primer revelación, la voz de Alá cayó durante alrededor de tres años. El profeta se deprimió, dudando que Alá estuviera satisfecho con su conducta y su obediencia. Incluso su fiel esposa Khadija preguntó: "¿No será que tu Señor está desconforme contigo?" Mahoma buscaba consuelo en su santuario favorito, el Monte Hira. Allí el profeta experimentó su noche oscura del alma, incluso llegó a pensar en la posibilidad de arrojarse de la montaña para acabar con su vida. Sin embargo, según uno de sus biógrafos musulmanes, la paz le llegó por medio de las palabras de Alá:

Por la tarde y cuando la noche despliega sus alas sobre el mundo en paz, tu Señor no os ha abandonado; ni está disgustado contigo. Con seguridad el final será mejor para ti que el comienzo. El Señor pronto os recompensará y estarás satisfecho. ¿Acaso no os encontró huérfano y os dio amparo? ¿Acaso no os encontró perdido y os condujo a la verdad?...Siempre proclama la bondad de tu Señor.[3]

El llamado de Mahoma fue confirmado por fin después de una larga búsqueda del alma. Dado su estado mental, surge la pregunta obvia: ¿se puede confiar en ese llamado? Recordemos que el torturado profeta creyó de manera repetida que estaba poseído por los demonios. ¿Qué lo convenció de que ahora recibía lo que ansiaba de manera tan vehemente: la auténtica voz de Dios? Primero, debemos evaluar el deseo de su esposa. Ella le aseguró a su esposo que él sería "el Profeta de esta nación". Segundo, se puede cuestionar la confirmación de la revelación. Las esposas de Mahoma creían que las visiones eran auténticas por las convulsiones incontrolables de Mahoma. Aishah, la esposa más joven, racionalizó:

> Pensando que algo funesto estaba por ocurrir, todo el mundo en la habitación estaba asustado menos yo, porque no temí nada, sabiendo que era inocente y que Dios no sería injusto conmigo. En cuanto a mis padres, cuando el profeta se recuperó de su convulsión, estaban pálidos de muerte antes de que el rumor se demostrara verdadero. Después que Mahoma se recuperó, se sentó y comenzó a secarse la frente donde se había juntado espuma del sudor. Dijo: "¡Cosas buenas! Oh Aishah, Dios ha enviado pruebas de tu inocencia".[4]

Tercero, las revelaciones posteriores se volvieron más y más excéntricas. En determinado momento Mahoma afirmó que hablaba con los muertos. Preguntado por sus discípulos novicios acerca de ese incidente, el profeta replicó: "[Los muertos] me oyen no menos de lo que vosotros lo hacéis, salvo que no pueden contestarme". Mahoma no solamente afirmaba que hablaba con muertos; oraba por los muertos en el cementerio de Baqi en Gharqad. Los estudiosos musulmanes no dan explicaciones convincentes sobre este fenómeno. Más bien creen que Mahoma era un psíquico, dotado de sensibilidad y percepción intensificadas. Un comentarista dice que la comunicación entre los vivos y los muertos es un "hecho incuestionable".[5]

Mahoma oscilaba entre revelaciones de Satanás y de Alá. La más famosa de esas visiones es la que terminó conociéndose como "Versos Satánicos". Mahoma reveló a sus seguidores las palabras de Alá:

> ¿Habéis considerado a al-hat y al-Uzza
> Y a al-Manat, el tercero, el otro?
> Son los cisnes exaltados;
> Se aguarda su intercesión;
> No se descuidan sus apetencias.[6]

Esta revelación, que ordena permitir la intercesión de ciertos ídolos, impactó a los discípulos de Mahoma. Reconociendo la discrepancia teológica y la concesión al paganismo que significaba, Mahoma retiró su revelación, explicando que Satanás lo había engañado para que escribiera esos versos. El ángel Gabriel vino al profeta y declaró: "Dios cancela lo que Satanás interpone". Y como era de esperar, Mahoma recibió con rapidez una revelación sustitutiva que cancelaba las tres últimas frases (versículos).

Cuarto, Mahoma sentía la necesidad de mejorar las palabras de Alá, ya que cambió la sabiduría de Alá por la suya en varias ocasiones. Un Jadit habla de las imperturbables enmiendas de Mahoma:

> En varias ocasiones, con el consentimiento del Profeta, había cambiado las palabras finales de los versículos. Por ejemplo, cuando el profeta había dicho: 'Y Dios es poderoso y sabio' ['*aziz, hakim*], 'Abdollah b. Abi Sarh sugirió escribir "conocedor y sabio" ['*alim, hakim*], y el Profeta contestó que no había objeción alguna. Habiendo observado una serie de cambios de ese tipo, 'Abdollah renunció al islam sobre la base de que las revelaciones, si eran de Dios, no podían ser cambiadas a sugerencia de un simple escriba como él mismo. Después de su apostasía se fue a La Meca y se unió a los coraixíes.[7]

Casi mil cuatrocientos años después, el investigador curioso se hace la misma pregunta que el escriba 'Abdollah: ¿Cómo puede un simple mensajero de Alá tener el derecho, el poder o la arrogancia para cambiar las palabras del mismo Dios? Incluso si la fuente fuera Dios mismo, no se puede confiar en el Corán, ya que su autor humano era descuidado y desconsiderado con la revelación.

Consideremos que 'Abdollah se unió a los coraixíes, que se dedicaban a la adoración del dios luna. Para 'Abdollah, la teología politeísta contra la que luchaba Mahoma se había vuelto más convincente que el nuevo monoteísmo.

Persecución e intento de asesinato

Cuando Mahoma proclamó a los de La Meca que sus dioses eran puros mitos y que Alá era el único Dios verdadero, en seguida fue perseguido. Poco después, murió su esposa Khadija, y su gran benefactor, Abu Talib también falleció. Sin su protección, ni siquiera los hombres de su propia tribu intercederían por el profeta. El ataque a Mahoma comenzó con altercados verbales y expresiones de indignación. La gente acusaba al auto proclamado profeta de ser lunático, mentiroso y poseído por el demonio. No estando seguro contra el daño físico en La Meca, Mahoma hubo de buscar refugio en otra parte.

Antes de partir de La Meca, Mahoma proclamó haber sido transportado al reino del cielo, pasando primero por los alrededores de Jerusalén. Allí se había encontrado con todos los profetas mayores, incluyendo Moisés y Jesús. Alá usó ese viaje fantástico para explicarle a su profeta las oraciones diarias de la adoración islámica. Esto fue el colmo para muchos en La Meca. Querían tener fuera de la vista al imaginativo profeta. Sin embargo, dos años más tarde, en el 621, una docena de hombres de Medina aceptaron de forma secreta la fe del islam en la peregrinación anual a la Kaaba. Al año siguiente, el grupo sumó adherentes que se comprometieron de manera celosa con su líder, al punto que estaban dispuestos a morir por su líder de igual manera que lo harían por su propia familia.

Esta secta que estaba creciendo enfureció a los líderes de La Meca. Para acabar con esa nueva religión, idearon un plan para asesinar a Mahoma, pensando que haciendo desaparecer al profeta terminarían con la fe recién inventada. Sin embargo esa decisión se convirtió en el punto de comienzo cronológico y teológico de la fe islámica. Hoy los musulmanes comienzan su calendario lunar con la huída (*jijra*) de Mahoma de La Meca. Los musulmanes consideran la protección de Alá a Mahoma durante esta persecución como una confirmación de su fe.

Mahoma y su mejor amigo Abu Bakr burlaron a los asesinos y llegaron a salvo a Medina el 24 de septiembre del año 622. Aquí el nuevo grupo de creyentes en Alá fue bien recibido en una región que tenía una fuerte tradición en el monoteísmo judío. El profeta se aclimató con rapidez a las costumbres culturales del judaísmo. Siguiendo el ejemplo de los judíos, los musulmanes enfrentaban a Jerusalén (no a La Meca) cuando oraban a Alá, y también comenzaron a guardar el día de Expiación como día de ayuno en la comunidad islámica. Con rapidez Mahoma unificó una región dividida en facciones. Enseñó a los ciudadanos a vivir en paz y a protegerse de los enemigos extranjeros. Sin embargo los judíos pronto observaron las contradicciones entre las Escrituras hebreas y el Corán y rechazaron el mensaje y la autoridad de Mahoma. El Corán es despreciativo en sus afirmaciones sobre los judíos:

"¡Combatid contra quienes, habiendo recibido la Escritura, no creen en Alá ni en el último Día, ni prohíben lo que Alá y Su Enviado han prohibido, ni practican la religión verdadera, hasta que, humillados, paguen el tributo directamente!" (*sura* 9:29).

"Verás que entre los más hostiles a los creyentes son los judíos y los asociadores", (*sura* 5:82a).

"Los que no crean, tanto gente de la Escritura como asociadores estarán, eternamente, en el fuego de la gehena. Ésos son lo peor de la creación" (*sura* 98:6).

El legado

Yijad

Mahoma había unificado la región, pero había perdido la habilidad para encontrar de qué vivir. Ya no podía sostener económicamente a su familia con el comercio de caravanas. Por eso los musulmanes comenzaron a asaltar caravanas para obtener ganancias. Se sentían justificados porque sus enemigos los habían expulsado de sus hogares; eran soldados de la causa de Alá. No todos los nuevos creyentes estaban dispuestos a tomar la espada y procurar poder y un gobierno teocrático. Por medio de su profeta guerrero, Mahoma, Alá prometía incentivos para quienes lucharan en la causa de Alá:

"Los creyentes que se quedan en casa, sin estar impedidos, no son iguales que los que combaten por Alá con su hacienda y sus personas. Alá ha puesto a los que combaten con su hacienda y sus personas un grado por encima de los que se quedan en casa.

A todos, sin embargo, ha prometido Alá lo mejor, pero Alá ha distinguido a los combatientes por encima de quienes se quedan en casa con una magnífica recompensa, con el rango que junto a Él ocupan, con perdón y misericordia. Alá es indulgente, misericordioso" (*sura* 4:95-96).

"He de borrar las malas obras de quienes emigraron y fueron expulsados de sus hogares, de quienes padecieron por causa Mía, de quienes combatieron y fueron muertos, y he de introducirles en jardines por cuyos bajos fluyen arroyos: recompensa de Alá. Alá tiene junto a sí la bella recompensa" (*sura* 3:195).

Mahoma mismo dio el ejemplo de la *yijad* (combatir; la guerra santa). No hubo un llamado gubernamental a la guerra, solo el deseo individual que conducía a las mejores recompensas en el cielo. Los valores éticos parecían jugar un papel mínimo o nulo. Todo cuanto hicieran los musulmanes estaba justificado, porque su causa era justa. Los musulmanes pensaban que recibían el perdón de todos sus pecados solo por luchar en la yijad. ¿No es de sorprender entonces que la guerra santa continúe siendo un llamado profético?

Mahoma dio su receta para la victoria, ahora registrada en el Corán, con lo que le confirió una significación eterna:

"Se os ha prescrito que combatáis, aunque os disguste. Puede que os disguste algo que os conviene y améis algo que no os conviene. Alá sabe, mientras que vosotros no sabéis...Tentar es peor que matar. Si pudieran, no cesarían de combatir contra vosotros hasta conseguir apartaros de vuestra fe" (*sura* 2:216-217).

Las expediciones militares de Mahoma
"Cuando hayan transcurrido los meses sagrados, matad a los asociadores [paganos] dondequiera que les encontréis. ¡Capturadles! ¡Sitiadles! ¡Tendedles emboscadas por todas partes!" (*sura* 9:5)

En lo que respecta a quién combatir, el musulmán recibe una

respuesta inequívoca en *sura* 9:29: "Combatid contra quienes, habiendo recibido la Escritura, no creen en Alá ni en el Último Día". Esta exhortación termina recién cuando los enemigos son "sometidos" y paguen un tributo permanente por la protección islámica. Este programa de tributos une eternamente al islam con el estado. Así, la seguridad de cualquier no musulmán está en manos del mismo militante musulmán al que se le promete el cielo por matar al incrédulo. El Jadit afirma que ningún musulmán que mate a un infiel merece la muerte.

La gran diferencia entre Jesucristo como Dios y Salvador y Mahoma como profeta de Alá está en este punto. Jesucristo derramó su propia sangre en la cruz para que la gente pudiera venir a Dios. Mahoma derramó la sangre de otra gente para que sus adherentes pudieran tener poder político por toda la península arábiga. Más aún, como se considera a Mahoma el "bello modelo de quien espera en Alá y en el Último Día" (*sura* 33:21), no necesitamos mirar más allá del carácter de su fundador para tener una explicación de los hechos violentos en el islam. ¿Era Mahoma una persona pacífica que derramada la sangre de otras personas solo como último recurso? Cuando mataba a otros, ¿eran sus actos parte de la guerra o venganza personal? Las respuestas a estas preguntas tiñen la integridad ética de la visión islámica del mundo.

Una batalla importante para el profeta se dio en marzo del 624 en Badr. Mahoma había conducido trescientos hombres contra una gran caravana de mercaderes camino a La Meca. Se dice que el botín obtenido por los atracadores equivalía a 50 mil dólares de hoy; un necesario ingreso de riqueza para seguir adelante con la empresa militar. En respuesta, La Meca envió 950 huestes para desafiar a los musulmanes. El encuentro resultó en una breve y contundente victoria de los musulmanes, que perdieron catorce hombres. Los de La Meca perdieron cuarenta y cinco hombres y otros setenta fueron hechos prisioneros. El profeta atribuyó la victoria al poder de Alá. Para atraer más hombres a luchar por la causa del islam. Mahoma reveló las palabras de Alá al mensajero: "¡Profeta! ¡Anima a los creyentes al combate! Si hay entre vosotros veinte hombres tenaces, vencerán a doscientos. Y si cien, vencerán a mil infieles" (*sura* 8:65).

Sin embargo, en la victoria, Mahoma cometió un acto de crueldad que demuestra su necesidad de venganza. Entre los prisioneros enviados a su campamento había un poeta persa llamado Uqbah ibn Abu Muayt. Este poeta había afirmado que sus leyendas populares eran más agradables de escuchar que el Corán. Cuando el guerrero profeta ordenó que se lo ejecutara, el hombre exclamó: "Oh, Mahoma, si me matas, ¿quién cuidará de mis hijos?" El profeta respondió: "El fuego del infierno". Otros prisioneros fueron más afortunados que el poeta, algunos fueron liberados sin condiciones si tenían familias numerosas. Otros fueron liberados a condición de que enseñaran a otros a leer y escribir. Las acciones de guerrero parecían erráticas, dependientes de su humor y su percepción de la condición del prisionero.

Era evidente que Mahoma progresaba y ganaba confianza. Él y sus seguidores ya no toleraban la insubordinación o que se pusiera en ridículo el nombre de Mahoma o de Alá. Cualquiera hallado insultando el nombre o la causa de Alá recibía de inmediato su merecido. Un ejemplo de ello es la poetiza Asma, que de manera continua satirizaba al poeta. Una noche Umayr ibn 'Awf, un líder militar entre los musulmanes, atacó a la poetisa cuando estaba amamantando a uno de sus siete hijos. Aunque estaba casi ciego, ibn 'Awf no permitió que su incapacidad frenara su celo. Arrancando la criatura de los brazos de su madre, el militante asesinó alegremente a la mujer. Luego volvió al campamento y contó a Mahoma lo que había hecho. Los estudiosos musulmanes encuentran alivio de este suceso por el hecho de que la tribu a la que la poetisa pertenecía, Banu Khutmah, se convirtió el islam.

Los problemas de Mahoma con la comunidad judía se pueden ver con más claridad por medio de la lucha con un poeta de La Meca llamado Ka'b. Hijo de padre árabe y madre judía, Ka'b criticó la eficacia y el carácter del profeta. Mahoma lo combatía tanto intelectual como militarmente. Contrató un talentoso poeta de nombre Asan ben Thabit para que cantara sus glorias y sus acciones. Y envió a sus seguidores que eliminaran a su antagonista. Una noche engañaron a Ka'b para que saliera de su casa y lo asesinaron. Uno de los cruzados, Abu Na'ilah, tomó a Ka'b del cabello, lo arrastró al suelo y dijo a sus amigos: "¡Maten al enemigo de Dios!" Y lo mataron a espada.

Aunque los musulmanes parecían invencibles, pronto comprendieron que la evangelización por medio de la espada no era fácil. En la Batalla de Uhud, por ejemplo, los habitantes de La Meca no habían olvidado la parodia de las batallas anteriores. También conocían el terreno mucho mejor que los musulmanes. Se libró una batalla empedernida. Un guerrero musulmán llamó de manera particular la atención por su ferocidad: "Por Dios, mataba hombres, sin perdonar a ninguno, como un enorme camello enloquecido". Las fuerzas musulmanas usaban el grito de guerra "¡Alá Akbar: Dios es grande!" Asan ben Thabit, el poeta de Mahoma cantaba: "Los dispersamos como cervatillos". No se perdonó mujeres ni animales. Thabit escribió después: "Los atacamos empujando, matando, castigando...Si las mujeres Harithite no hubieran tomado su bandera, los hubiéramos apresado a todos para venderlos en el mercado como cabras".

Pero la batalla dio un giro cuando los arqueros musulmanes desafiaron las órdenes de Mahoma y ayudaron a sus amigos sitiados cerca de ellos. Los musulmanes fueron flanqueados y rodeados por las fuerzas de la Meca. Las mujeres de La Meca se unieron a las fuerzas estimulando a sus valientes hombres con panderetas. Una mujer, atrapada en el esplendor de la batalla arrancó las entrañas de un musulmán caído y se envolvió el cuerpo con ellas. Mahoma y el resto de los musulmanes se retiraron a terreno más alto. Los de La Meca, comprendiendo que el triunfo estaba a mano, pensaban que el Dios Uval era vencedor. Mahoma les respondió gritando "Dios es más alto y glorioso. Nuestros muertos están en el paraíso, los vuestros en el infierno". Los musulmanes fueron derrotados y tuvieron que reagruparse.

En el 627, una confederación árabe de diez mil hombres luchó contra los musulmanes de Medina. Los de La Meca se desalentaron por su incapacidad de cruzar una profunda fosa frente a la fortificación musulmana, de modo que se replegaron, dejando los restantes judíos de Medina desprotegidos. Viendo la oportunidad para exterminar la última tribu judía, Mahoma acusó a los judíos de conspirar con los de La Meca. Ochocientos judíos fueron decapitados al borde de una zanja, un procedimiento que ocupó todo un día y continuó hasta bien entrada la noche.

Algunos afirman que quienes lucharon por la cruz de Cristo cometieron crímenes similares contra la humanidad durante las cruzadas y en otras expediciones militares. Pero lo que está en juego y que mancha el supuesto honor de Mahoma, Alá o Cristo, no es lo que hacen los seguidores en tiempo de guerra. Ambos bandos han cometido graves ofensas. En realidad, la guerra misma demuestra el alcance de la maldad humana. Lo que está en juego es la valía del líder. Jesús no comandó las sangrientas cruzadas. Los apologistas musulmanes no presentan un argumento sólido para la valía de Mahoma cuando equiparan su propensión al derramamiento de sangre con los ejércitos cristianos, que desobedecieron las Escrituras.

Las fallas personales de Mahoma también son un asunto grave. Aunque los musulmanes consideran a Mahoma un simple hombre, le adjudican un carácter sumamente noble, que los musulmanes están llamados a imitar. Con demasiada frecuencia lo hacen. No es de sorprender que algunos musulmanes estén dispuestos a morir por su fe y que otros no sienten ningún reparo ético contra matar por Alá y su profeta. Es claro que Jesús fue un profeta de la paz y la misericordia muy superior. Mahoma era cruel en la guerra, sin consideración por las implicancias éticas cuando se encontraba en la cúspide de la barbarie. La única vida que Jesús entregó de manera voluntaria fue la suya. Su carácter muestra una continua e inagotable compasión. Mahoma era errático y hostil para con los que no lo seguían.

Después de erradicar a los judíos de Medina, Mahoma progresó con rapidez hacia su meta final: la conquista de La Meca. Con el deseo de gobernar su tierra natal y considerándola la ciudad santa del islam, el profeta puso la mira en sus enemigos. Los sucesos que condujeron a la batalla se muestran en la ilustración 1.

Ilustración 1: los años de éxito

Año

627 Mahoma somete a los aliados de La Meca / Coraixíes.

Mahoma parte en peregrinación a La Meca con 1400 seguidores.

628 Mahoma y los líderes de La Meca firman un tratado de 10 años de paz que autoriza al profeta a realizar peregrinaciones. Al fin Mahoma logra que se lo considere un adversario parejo y no un bandido renegado. Mahoma lucha con los judíos por Khaybar. No cree poder controlar Arabia sin exterminarlos. Los judíos se rinden y pagan un tributo anual a cambio de la supervivencia.

Mahoma se casa con Sufia, una mujer judía.

630 Los coraixíes rompen la tregua, asesinando a varios aliados de Mahoma. Indignado por la interrupción de la tregua, Mahoma prepara diez mil hombres para marchar sobre La Meca, matando a todo el que se resistía. El profeta entra con poca resistencia. Su rival, Abu Sufyan, se convierte inmediatamente el islam. Se destruyen las imágenes de los dioses paganos y se establece el centro del islam en la Kaaba. Solo se ejecutan cuatro personas, entre ellas una poetiza que escribía versos satíricos contra Mahoma.

Mahoma estaba indignado cuando se rompió la tregua. Preparó diez mil hombres para marchar sobre la ciudad de La Meca con la orden de matar a cualquiera que se resistiera. Pero una vez allí, el profeta pareció menos inclinado a derramar sangre de forma innecesaria. Mahoma entró en la ciudad con poca resistencia y su mayor rival Abu Sufyan se convirtió inmediatamente al islam. Las imágenes de los dioses paganos fueron en seguida destruidas y se estableció la Kaaba como el centro del islam. Se ejecutaron tan solo cuatro personas, entre ellas a una poetisa que había cometido el crimen capital de componer versos satíricos contra el profeta.

En el patrón general de su vida, Mahoma era misericordioso y perdonador, incluso compartía de forma equitativa el botín de guerra. Pero también fue asesino y culpable de crímenes contra la humanidad.

Al analizar la vida militar de Mahoma, se hacen necesarias algunas observaciones. Primero, Mahoma era menos cruel que muchos otros guerreros de la península arábiga. El deseo de Mahoma era ver a sus compatriotas convertidos al islam, a sus ojos, la verdadera religión era la única entrada al paraíso. Tercero, Mahoma era táctico de manera increíble en el campo de batalla. Sin embargo en seguida surgen las críticas. Primero, Mahoma no tenía ninguna simpatía para con sus críticos. Segundo, no hacía ninguna diferencia entre combatientes y mujeres y niños no combatientes. Tercero, la generosa misericordia que mostraba hacia su propia tribu en La Meca no se repetía en otras partes. A los judíos y miembros de otras tribus no les mostraba esa amabilidad. Cuarto, Mahoma permitía a sus líderes usar tácticas salvajes para someter al enemigo. Quinto, es significativo que rara vez ganaba conversos salvo por medio de la coerción. Su meta era el control total de toda la península arábiga. Para ese fin forzaba la conversión de todos los pueblos al islam. Si la terquedad de grandes poblaciones de judíos o cristianos lo hacía poco práctico, la gente debía aceptar la sumisión frente al islam y sus seguidores y pagar un tributo para su protección.

¿Qué explicaciones dan los historiadores y teólogos musulmanes a estas conclusiones? Muhamad Haykal, un destacado defensor de la fe islámica, responde: "¿Equivale acaso a una parte —por ínfima que sea— de la matanza que hubo en la Primera o la Segunda Guerra Mundial? ¿Es comparable acaso con los hechos de la Revolución Francesa o las muchas otras revoluciones que se dieron entre las naciones cristianas de Europa?"[8] Otra vez, esta comparación es débil. Primero, las Guerras Mundiales no se pelearon en nombre de la religión, sino por una paz mundial justa. Segundo, muchos europeos fueron a la guerra en respuesta a ataques contra su propia soberanía; no instigaron la guerra como lo hacía Mahoma. Su meta no fue la conquista, sino la supervivencia y la libertad. Tercero, los musulmanes generalizan de manera continua todas las actividades de los europeos y occidentales como representativas de la ética cristiana. Pero no ven ninguna ironía en su generalización cuando acusan a los occidentales de suponer que todos los terroristas son musulmanes. Si la comparación fuera en realidad equivalente, los occidentales estarían justificados al decir que los ataques suicidas representan al islam.

Enfrentado a tener que explicar las acciones del profeta guerrero, Haykal afirma con arrogancia que incluso si todas las acusaciones contra Mahoma fueran ciertas, todavía podría "refutarlas con el sencillo argumento de que los grandes están por encima de la ley". Con ese razonamiento, Mahoma, aunque fue solamente un profeta de Alá y su mensajero, está más allá del mojón de los derechos y las responsabilidades humanas debido a su "grandeza". Podía matar a quien quisiera y cuando quisiera. Podía casarse con más de cuatro mujeres, aunque la ley islámica lo prohibía en su tiempo. La ironía es que los eruditos musulmanes proclaman a Mahoma como alguien a quien hay que escuchar e imitar. Haykal concluye: "Su vida [la de Mahoma] constituye el *más alto* ideal, el ejemplo *perfecto* y la instancia concreta del mandamiento de su Señor".[9] ¿Hay alguna duda de dónde sacan los musulmanes su inspiración y su instigación?

El mayor peligro para los judíos y los cristianos vino cuando fueron forzados a someterse dentro de una sociedad islámica. En ese marco, no hay ningún concepto de pluralismo ni libertad religiosa. El mandato coránico es que cualquiera hallado culpable de diseminar "malicia en la tierra" (*sura* 5:32), un juicio totalmente subjetivo, estará sujeto a uno de cuatro castigos:

> "Retribución de quienes hacen la guerra a Alá y a Su Enviado y se dan a corromper la tierra: serán muertos sin piedad, o crucificados, o amputados de manos y pies opuestos, o desterrados del país. Sufrirán ignominia en la vida de acá y terrible castigo en la otra" (*sura* 5:33).

Sin embargo los países musulmanes difieren ampliamente con relación a la definición del término "traición" contra Alá y el estado islámico. En el ejemplo perfecto de Mahoma, el criterio se extiende desde la insurrección violenta hasta la oposición verbal. Según esa interpretación los misioneros son criminales culpables de traición.

Profeta polígamo

"Los hombres tienen autoridad sobre las mujeres en virtud de la preferencia que Alá ha dado a unos más que a otros y de los bienes que gastan. Las mujeres virtuosas son devotas y cuidan, en ausencia de sus maridos, de lo que Alá manda que cuiden. ¡Amonestad a aquéllas de quienes temáis que se rebelen [primero], [segundo] dejadlas solas en el lecho, [finalmente] pegadles"(*sura* 4:34).[10]

Las esposas de Mahoma se jactaban de que era un gran esposo, sin embargo propugnaba el castigo a la mujer; aunque como último recurso. Pensaba que quienes golpean a sus esposas no eran "los mejores musulmanes", lo que no llega a ser una condenación de tal práctica. Como ejemplo de esposo y líder, sin embargo, Mahoma muestra contradicción en su estilo de vida. Mientras estaba casado con Khadija, su primera esposa, Mahoma fue contra la costumbre en cuanto a la poligamia, se mantuvo monógamo durante 25 años. Pero, después de la batalla de Uhud, extendió su grupo familiar, es posible que por alianzas políticas. En total, se casó con once mujeres y tomó otras dos como concubinas.

Ilustración 2: las esposas de Mahoma

Nombre de la esposa	Año aprox. de matrimonio	Edad de la mujer al casarse
Khadija	595	40
Sawda	620	30 (?)
Aishah	623	9
Hafsah	625	18
Um Salma	626	29
Zaynab	626	30
Juweiriyeh	627	20
Zaynab bint Jarsh	627	38
Rayhana (judía)	627	(?)
Maryam (cristiana)	628	(?)
Um Abeba	628	35
Sufia	628	17
Maimoona	629	27

Mahoma fue una figura compleja. Su grado de fidelidad y amabilidad en el matrimonio superó por lejos la ética matrimonial de su tiempo entre las tribus paganas de la península arábiga. Por el otro lado, su permiso para golpear a la mujer no se ajusta a las normas de las sociedades del siglo XXI, salvo las musulmanas. Su poligamia es una conducta aceptable en el contexto histórico, ya fuera cristiano o pagano. Pero si la norma es la establecida en Génesis 2:24, su estilo de vida fue pecaminoso y no debería ser imitado. En las páginas de la Biblia se encuentran ejemplos de poligamia, pero tal práctica nunca se propugna en las Escrituras. A la inversa, el Corán dice de manera explícita que un hombre puede tomar más de una esposa. En el análisis final, Mahoma mejoró las condiciones de la mujer de su tiempo, pero esas mejoras son inadecuadas en el contexto del siglo XXI. El islam no sostiene la importancia de la esposa y no protege a las mujeres del maltrato que se encuentra en las sociedades islámicas actuales.

¿Qué opinión tenía Mahoma sobre sus esposas? En una oportunidad expresó lo siguiente: "Sed amables con las mujeres salidas de vuestra costilla. Si intentáis enderezar una costilla, la quebrarás. Aceptad a las mujeres como son, con todas sus curvaturas". Mahoma disfrutaba de pasar tiempo con sus esposas. "Me gustan los pequeños y las mujeres y los aromas dulces". "Pero —explicó— nada de eso puede darme la felicidad que encuentro en la oración". Esto explica por qué Mahoma pasaba muchas noches orando de pie con los pies hinchados en lugar de estar en cama con alguna de sus numerosas esposas.

Mahoma llevó un estilo de vida sencillo, incluso después de tener éxito en lo económico. Construyó casas de ladrillos de adobe para sus esposas y en una oportunidad le dijo a Aishah que no debía descartar ninguna prenda que se pudiera remendar. Después de una disputa de celos entre sus esposas, Mahoma las abandonó durante un mes para meditar. Se preguntaba si debía divorciarse de alguna o de todas ellas por sus actitudes. De su viaje solitario trajo una revelación de Dios:

"¡Oh! Profeta, di a vuestras esposas: si deseas la vida de este mundo y su vanidad, venid —os proveeré generosamente, y os enviaré al mundo espléndidamente adornadas. Pero si deseáis a Dios y al Profeta y al paraíso, entonces conducíos como debéis. Para quienes así lo hicieran, Dios ha provisto una gran recompensa".[11]

Los matrimonios de Mahoma se pueden dividir entre categorías: amorosos, diplomáticos y de relaciones tribales. Su primer matrimonio con Khadija fue con claridad de una mutua devoción, amor y compromiso. Las relaciones diplomáticas incluyen el de Umm Salama, una viuda cuyo esposo había fallecido en Uhud. Mahoma sabía que ella provenía de la tribu de sus enemigos originales, los Makhzum, y deseaba reconciliarse con ese clan convirtiéndolos al islam. Las relaciones tribales incluían aquellos que estaban relacionados de alguna manera con Mahoma.

El más conocido de esos matrimonios tribales fue el de su octava esposa Zaynab. Prima suya por el lado materno, Zaynab se casó con el hijo adoptivo de Mahoma, Zayd. Este matrimonio resultó infructuoso y miserable. En realidad, los historiadores sugieren que Zaynab tenía intenciones de casarse con Mahoma desde el principio. Mahoma estaba preocupado por la propuesta de casarse con su nuera, pero lo justificó con el razonamiento de que su hijo era solo adoptivo y no un hijo verdadero. Entonces Mahoma recibió una revelación de Alá:

"Y cuando decías al que había sido objeto de una gracia de Alá y de una gracia tuya: "¡Conserva a tu esposa y teme a Alá!", y ocultabas en tu alma lo que Alá iba a revelar, y tenías miedo de los hombres, siendo así que Alá tiene más derecho a que Le tengas miedo. Cuando Zayd había terminado [el matrimonio] con ella, te la dimos por esposa para que [en el futuro] no se pusiera reparo a los creyentes que se casan con las esposas de sus hijos adoptivos, cuando éstos han terminado con ellas. ¡La orden de Alá se cumple! (*sura* 33:37)

En consecuencia, Mahoma debe consumar el matrimonio para

destruir el tabú pagano respecto a casarse con alguien con quien se está relacionado por adopción. Mahoma afirmaba que estaba protegiendo y proveyendo para Zayd por medio del matrimonio. El *sura* citado arriba también revela mucho sobre el matrimonio islámico. La incompatibilidad mutua es suficiente para disolver el matrimonio. Como escribe un comentarista del Corán: "Pero los matrimonios son terrenales, no celestiales, y no forma parte del plan de Alá torturar a las personas por una unión que debió haber sido una fuente de felicidad y en realidad es una fuente de miseria".[12]

En general se le confiere derechos a la mujer, pero no igualdad con el hombre. El Corán afirma que "Ellas tienen derechos equivalentes a sus obligaciones, conforme al uso, pero los hombres están un grado por encima de ellas. Alá es poderoso, sabio" (*sura* 2:228). Aunque algunos comentaristas consideran que esa ventaja es en lo económico, una vez más las escrituras islámicas son ambiguas, dejando la interpretación librada al lector. Observemos también que los hombres pueden divorciarse de sus esposas, pero las mujeres no tienen ese derecho explícito en el Corán.

El más cuestionable de los matrimonios de Mahoma fue con la joven Aishah. Mahoma se comprometió con ella cuando ella tenía apenas seis años y consumó el matrimonio cuando tenía nueve. En realidad fue la única virgen con que se casó el profeta. Aishah se convirtió en una ferviente defensora de Mahoma, pero también fue una esposa muy celosa. Cuando Alá le reveló a Mahoma el derecho de "tomar para ti a la que quieras" (*sura* 33:51), la joven esposa respondió: "Me parece que tu Señor se apresura a satisfacer tu deseo". En definitiva, ella lo amó con fervor y lo sirvió incluso después de su muerte. Ella copió más de mil ajadit [tradiciones], sirvió como consejera a los líderes musulmanes, y visitaba cada día la tumba de su difunto esposo. Mahoma murió sobre su regazo, evidencia de su superioridad sobre las demás esposas. Tenía tan solo dieciocho años.

Sigue siendo un misterio cómo un profeta de tan noble carácter pudo desposar a alguien tan joven, incluso para la cultura de la época. Muchos tratan de poner un barniz a esta pedofilia. Tal vez

Mahoma no amaba a Aishah al comienzo sino que quería fortalecer los lazos con su tribu. Sin embargo, es poco plausible sugerir que Mahoma hubiera querido afirmar la naciente comunidad islámica casándose con una niña de nueve años. El erudito musulmán Haikal argumenta que: "Es contrario a la lógica afirmar que pudo haberse enamorado de ella a esa tierna edad". Pero esto no responde al problema remanente: ¿Cómo puede algún hombre consumar un matrimonio con una niña de nueve años? Esta pregunta por lo general se ignora.

La centralización del islam: Mahoma y La Meca

Cuando Mahoma conquistó La Meca, fue directamente al Kaaba, dio siete vueltas a su alrededor con su camello y luego exigió que se le abriera la puerta. Cuando entró al santuario de la piedra sagrada, extrajo un ídolo de madera en forma de paloma y dispersó por la tierra su material carcomido. Después de sacar 360 ídolos, Mahoma declaró: "Ha llegado la verdad, ha desaparecido la mentira". Borró las figuras de las paredes, incluso aquellas que representaban a Cristo y a la Virgen María. Cuando la Kaaba estuvo vacía habló a la tribu:

No hay Dios sino Dios
Nada existe fuera de él
Ha hecho realidad Su promesa a Su siervo
Ha dispersado a Sus enemigos
¡Coraixíes! Ahora Dios quita de ustedes sus ídolos
Y perderán su ancestral arrogancia,
Porque el hombre sale de Adán
Y Adán salió del polvo.[13]

Se había establecido el centro del islam ahora y para siempre. Mahoma exigía que todos los musulmanes hicieran un peregrinaje al Kaaba, y hasta el día de hoy la piedra de la Kaaba es el punto focal de la fe islámica. Millones vienen cada año a orar a su alrededor.

Después de este hecho monumental, las cosas cambiaron de forma rápida. Muchas mujeres comenzaron a cubrirse el rostro con velos como las esposas del profeta. En el 631, también cono-cido como "el año de la delegación", las tribus de Arabia envia-ron representantes a La Meca para someterse a Alá y su mensajero. Mahoma envió misioneros por toda la península para convertir muchos a la nueva fe. Ahora su meta estaba establecida de manera firme: espiritual y gubernamentalmente, Mahoma era el dueño de Arabia. Se reprimieron las peleas entre tribus y la comunidad se afianzó bajo el nombre de Alá a medida que la fe reemplazaba la sangre como un vínculo más apretado. Así continúa la vida del islam hasta nuestros días.

La muerte a los ojos de Mahoma

"Cada uno gustará la muerte, pero no recibiréis vuestra recom-pensa íntegra hasta el día de la Resurrección. Habrá triunfado quien sea preservado del Fuego e introducido en el Jardín. La vida de acá no es más que falaz disfrute" (*sura* 3:185).

En febrero del año 632, sin saberlo, el mensajero de Alá hizo su último peregrinaje desde su hogar en Medina a La Meca. Allí habló sus últimas palabras a sus seguidores:

"¡Oh! Creyentes, escuchad mis palabras porque no sé si se me permitirá estar otro año entre vosotros. Vuestras vidas y pose-siones son sagradas e inviolables [y eso deberéis observar] unos para con otros, hasta que os presentéis frente al Señor, siendo este día y mes sagrado para todos; y recordad que deberéis pre-sentaros ante el Señor quien os exigirá un informe de vuestros hechos...Escuchad mis palabras y prestad atención. Sabed que todos los musulmanes son hermanos. Son todos una herman-dad; y ningún hombre tome alguna cosa de su hermano a menos que le sea libremente dada. Huid de la injusticia. Y que los que están aquí reunidos informen a lo que no están lo mismo, a los que se les diga más tarde tal vez recuerden mejor que quienes lo escuchan ahora".[14]

Mahoma volvió a su hogar en Medina, donde pasó sus últimos días con su amada Aishah. Reuniendo a sus amigos más cercanos y su familia, les habló de manera íntima: "He legitimado solamente aquello que Dios mandó en Su Libro". Luego habló a su hija Fátima y a su tía Safiyah y les explicó: "Trabajad para lograr la aceptación del Señor; porque en verdad no tengo poder para salvaros de ninguna manera". El 8 de junio de 632 Mahoma murió. Fue enterrado en su hogar, donde más tarde los musulmanes construyeron una mezquita. Su fiel compañero Abu Bakr se dirigió a sus seguidores: "¡Oh musulmanes! ¡Si alguno de vosotros ha estado adorando a Mahoma, entonces tengo que deciros que Mahoma está muerto. Pero si realmente adoráis a Dios, entonces sabréis que Dios vive y jamás morirá!"

¿Cuál era entonces la visión de Mahoma sobre la muerte? El Corán se refiere con frecuencia a la muerte tanto de los creyentes en Alá como de los no creyentes. Para el no creyente, el cuadro es horrible para decir lo menos:

"Si pudieras ver cuando los ángeles llamen a los que no han creído, golpeándoles en el rostro y en la espalda. Y ¡Gustad el castigo del fuego de la gehena. Por las obras que habéis cometido, que Alá no es injusto con Sus siervos!" (*sura* 8:50–51).

"A tragos, que apenas podrá pasar. La muerte vendrá a él por todas partes, sin que llegue a morir. Le espera un duro castigo" (*sura* 14:17).

Es obvio que el creyente en Alá tiene un destino mucho más placentero en la otra vida:

"A los que temieron a Alá se les dirá: '¿Qué ha revelado vuestro Señor?' Dirán: 'Un bien'. Quienes obren bien tendrán en la vida de acá una bella recompensa, pero la Morada de la otra vida será mejor aún. ¡Qué agradable será la Morada de los que hayan temido a Alá! Entrarán en los huertos del edén, por cuyos bajos fluyen arroyos. Tendrán en ellos lo que deseen. Así retribuye Alá a quienes le temen" (*sura* 16:30–31).

En la mente de Mahoma, Dios predetermina tanto la muerte

como la otra vida. Dios también observa las obras de la persona. El Corán determina que: "Hemos asignado a cada hombre su suerte" (*sura* 17:13). En consecuencia, Mahoma dependía de sus buenas obras, junto con la misericordia de Alá, para ganarse el cielo. Los musulmanes carecen del concepto de pecado original, la noción cristiana de que hombres y mujeres nacemos pecadores. En lugar de eso, el pecado viene de la ignorancia y del orgullo. Mahoma veía a Alá como ajeno por completo de la creación a causa de su santidad, pero de manera paradójica Alá no parece estar demasiado preocupado por la impiedad en el día del juicio. Alá exige solamente que el bien supere el mal en la balanza final.

¿Un héroe moderno?

¿Es Mahoma alguien a quien seguir como el ejemplo perfecto de obediencia a Dios? La respuesta debe ser un rotundo no. ¿Cómo podemos confiar en sus revelaciones y visiones cuando expresó dudas de que fueran revelaciones y a veces él mismo se creyó poseído por el demonio? La propia madre adoptiva de Mahoma, Halima, admitió que pensaba que Mahoma estaba "poseído por el diablo".

Además, ¿cómo podemos creer revelaciones de Dios que Mahoma mismo cambió o modificó? Su descuido con las palabras del mismo Alá, palabras que Mahoma no se sintió siquiera obligado a cumplir, arroja sombras sobre su fiabilidad.

En lo moral, las acciones de Mahoma a veces parecen censurables. Mató a sus críticos por decir lo que pensaban, ordenó una severa golpiza a una mujer para sacarle información, tuvo relaciones sexuales con una criatura de nueve años. Fue un general despiadado y asaltó caravanas solo para obtener ganancias para expandir su movimiento. También llegó a romper las reglas de compromiso cuando luchó durante un mes sagrado. Sin embargo se lo ensalza como al profeta más amado. Descrito por un erudito musulmán:

Mahoma es el más favorecido de la humanidad, el más honrado de todos los apóstoles, profeta de la misericordia, cabeza o *Imam* de los fieles, portador de la bandera de gloria, intercesor, sostenedor de la más alta posición, poseedor del Río del, bajo cuya bandera estarán los hijos de Adán en el Día del Juicio. El mejor de los profetas, y su nación la mejor de las naciones...y su credo el más noble de todos los credos.[15]

Cualquier relato franco de la vida de Mahoma se puede resumir en los términos de *complejidad, conveniencia* y *depravación*. Bajo cualquier patrón, la vida en la tierra de Jesucristo, el Hijo de Dios, excede por lejos a Mahoma en integridad, gracia y sabiduría. Jesús nunca quitó la vida de otro. No rebajó a las mujeres ni explotó a las jóvenes por obtener ganancias sociales. Cristo fue el modelo de verdadero amor. Vino y fue rechazado, y mientras éramos todavía pecadores, Cristo murió por nosotros (Romanos 5:8). Mahoma vino a derramar sangre y a matar a quienes estaban en desacuerdo con él. Cristo vino para buscar y salvar lo que se había perdido (Lucas 19:10).

Mahoma unificó un país, en realidad buena parte del mundo, con una roca en La Meca como centro. Jesucristo unifica a los pecadores bajo su propia muerte y resurrección. Nadie cuestiona la influencia de ambos hombres, pero el carácter de su influencia es tan distinto como difieren entre sí la guerra y la paz.

Una cosa es discutir la vida de Mahoma, otra diferente por completo es imitarla. Mahoma mandó en el Corán: "Combatid y matad a los asociadores [paganos] dondequiera los encontréis" (*sura* 9:5). Este pasaje admite una de dos interpretaciones: Es descriptivo, explica cómo luchaba Mahoma contra las tribus paganas de la península arábiga en el siglo séptimo. O es prescriptivo, demanda a los creyentes que sigan la lucha hasta que Alá sea vencedor por completo. Los seguidores de Mahoma han tomado prescriptivamente este mensaje. Y en un mundo que busca paz, imitar la vida de este guerrero produce derramamiento de sangre.

Notas

1. Según Fahd en *Holy Quran* se refiere a las esposas del santo profeta. Ellas fueron mujeres extraordinarias con especiales deberes y responsabilidades al casarse con Mahoma.
2. Ibn Ishaq, *Sinat Rasul Allah, The Life of Muhammad,* trad. A. Guillaume (Nueva York: Oxford University Press, 1980), p. 106.
3. M. H. Haykal, *Life of Muhammad,* (Plainfield, Ind.: Ameran Trust Publications, 1976), p. 80.
4. *Ibíd.,* p. 337
5. *Ibíd.,* p. 496
6. Norman Geisler y Abdul Saleeb, *Answering Islam: The Crescent in the light of the Cross* (Grand Rapids: Baker, 1993), p. 193.
7. *Ibíd., p.* 157.
8. Haykal, p. 238.
9. *Ibíd.,* p. 298. Véase también Geisler y Saleeb, *Answering Islam,* p. 176. Cursivas añadidas.
10. Debemos señalar que algunos traductores del Corán usan la frase "golpéalas levemente", aunque eso no aparece en el texto. Una vez más, el texto ambiguo ha llevado a mucha injusticia.
11. Haykal, p. 154.
12. Fahd, *Holy Quran,* (nota al pie de página 3723).
13. Betty Kelen, *Muhammad: The messenger of God* (e-reads, 1975), p. 207
14. Caesar E. Farra, *Islam, Beliefs and Observances* (Hauppauge, N.Y. Barrons Educational Services, 2000), p. 58. Las palabras traducidas han sido corregidas para mayor claridad cuando hubo necesidad.
15. Citado en Geisler y Saleeb, *Answering Islam,* p. 84

3

LA HISTORIA DEL ISLAM:
UN RASTRO DE SANGRE

Amnesia colectiva

UNA RECIENTE INVESTIGACIÓN DE LA empresa de encuestas Gallup pidió a jóvenes criados en los Estados Unidos que contestaran tres de las preguntas básicas sobre la historia de Norteamérica.[1]

* *¿En qué año Cristóbal Colón descubrió América?* Solo el 42% nombró el año 1492. El 22% dio una respuesta equivocada y el restante 46% no pudo dar ninguna respuesta.
* *¿En qué guerra la cuestión de los derechos de los estados fue un asunto importante?* A esta pregunta el 39% pudo responder que en la Guerra Civil Norteamericana, el 19% dio una respuesta equivocada y el restante 43% no pudo dar ninguna respuesta.
* *¿En qué año se declaró la independencia de los Estados Unidos?* Solamente uno de cada cuatro jóvenes norteamericanos sabía que los Estados Unidos declararon su independencia de Inglaterra en 1776, a pesar del día festivo anual dedicado a esa fecha patria, alrededor del 19% dio una fecha equivocada y un sorprendente 56% ni siquiera pudo esbozar una respuesta.

Lo que los norteamericanos no saben de historia occidental es mínimo en comparación con lo que no saben de historia oriental, en particular la historia del mundo islámico. De modo que los occidentales no se dan cuenta de que las tragedias de hoy surgen de catorce siglos de lucha entre dos gigantes religiosos y políticos: el islamismo y el cristianismo (véase la ilustración 3).

Ilustración 3
Sucesos en la lucha entre islamismo y cristianismo

Año	
691	Se edifica la Mesquita de la Cúpula de la Roca
715	Se edifica la Gran Mesquita en Damasco
732	La batalla de Tours frena el avance del islam en Europa
1095-1291	Las cruzadas determinan las amargas relaciones entre el cristianismo y el islam para los siglos futuros
1453	Los turcos otomanos conquistan el Imperio Bizantino
1492	El cristianismo católico romano se refuerza de nuevo en España
1914-1918	Los gobernantes otomanos cometen un cálculo erróneo fatal al juntar las fortunas del Imperio con las del Kaiser Wilhelm

Bernard Lewis, profesor emérito de Estudios sobre el Cercano Oriente de la Universidad de Princeton, ha ofrecido esta visión general de los "ataques y contraataques, *yijads* y cruzadas, conquistas y reconquistas":

Durante los primeros mil años de avance del islam, el cristianismo estuvo en retirada y bajo amenaza. La nueva fe conquistó las antiguas tierras cristianas del Levante [Palestina] y el norte de África e invadió Europa, gobernando por un tiempo Sicilia... Durante los últimos trescientos años, desde el fracaso del segundo sitio turco de Viena en 1683 y el surgimiento de los imperios coloniales europeos en Asia y África, el islam ha estado a la defensiva, y la civilización cristiana y post-cristiana de Europa y sus hijas ha puesto a todo el mundo, incluyendo al islam, bajo su órbita.[2]

El artículo de Lewis apareció en la revista *Atlantic Monthly* en septiembre de 1990, exactamente 11 años antes de los ataques a las Torres Gemelas y al Pentágono. Durante esos años los musulmanes cumplieron los que Lewis anticipaba y volvieron en números sin precedentes a su proposición inicial de que el mundo vive o bien en la Casa del islam o en la Casa de la Incredulidad. Desde el punto de vista musulmán, dice Lewis: "La mayor parte del mundo está todavía fuera del islam, e incluso el interior de las tierras islámicas, según la interpretación de los musulmanes radicales, la fe del islam ha sido socavada y la ley del islam abolida. En consecuencia, la obligación de una guerra santa comienza en la casa y continúa afuera, contra el mismo enemigo infiel".[3]

A medida que el islam revierte hacia el modelo que lo rigió durante el primer milenio, los incrédulos de cualquier raza, credo o trasfondo son objeto de caza de los guerreros musulmanes. En las nuevas cruzadas, occidente está comprometido en una batalla que es política en su proceso, pero religiosa en esencia.

Los cuatro jinetes de Mahoma (632-661)

Abu Bakr (632-634): asegurando la religión

Cuando Mahoma murió en el año 632, el islam entró en su período más vulnerable. Abu Bakr, un suegro de Mahoma y uno de sus primeros conversos, fue nombrado califa (sucesor) de Mahoma. Este compañero íntimo de Mahoma supo cómo llevar adelante la guerra ofensiva *(yijad)*, logrando tres objetivos principales:
1.   El islam salvó la Península Arábiga del caos de la revolución y aseguró con firmeza la continuidad de su patrimonio.

2. El mensaje de Mahoma fue preservado de forma definitiva por medio de la primera versión escrita del Corán.

3. La conquista cumplió el mandamiento de Mahoma: "No existirán dos religiones en la Península Arábiga".[4]

Omar (634-644): el apóstol Pablo del islam

Con su base asegurada, los seguidores del islam expandieron el reino. El segundo califa, Omar, extendió el imperio musulmán con la conquista de Siria (634), Irak (636), Egipto (639) y Persia (642). También Jerusalén quedó sometida al control musulmán.[5] Omar, un genio político, administró de manera magistral ese creciente territorio. La mayoría de los musulmanes todavía lo venera como el más justo de los califas. Sentando un ejemplo de piedad para con los no musulmanes, Omar definió la protección que debía darse a los cristianos.

La protección abarca su vida y sus propiedades, sus iglesias y cruces, los enfermos y los sanos y todos sus correligionarios. Sus iglesias no deben ser usadas como morada, ni demolidas, ni debe infligirse ningún daño a las mismas ni a sus dependencias, ni a sus cruces, ni debe causarse daño alguno a sus propiedades. No debe obligárseles a nada en materia de religión, ninguno debe sufrir daño a causa de la religión... Lo que está escrito aquí, está bajo el pacto de Dios y la responsabilidad de Su Mensajero, de los Califas y los creyentes, y deberá cumplirse mientras paguen la *Yizia* [el impuesto por su defensa] que se les exige.[6]

Estos derechos fueron otorgados a los no musulmanes después de su sometimiento. Solo después de declarar la paz (definida según la ley islámica), los cristianos pudieron ser protegidos. John Kelsay, un estudioso de la ética, experto en los valores de la guerra, explica lo siguiente:

El método del descuido (desatención) y el método del sometimiento se ven como institucionalizados en la existencia de las entidades políticas islámicas y no islámicas. El primero se podría describir como el territorio del islam (*dar al-islam*); el último es el territorio de la guerra *(dar al-harb)*. El territorio del islam denota una entidad política que reconoce la supremacía de los valores islámicos... El territorio del islam es en teoría el territorio de la paz y la justicia. De forma más concreta, los teóricos suniíes pensaron en la *yijad* como el modelo de acción islámica en la intersección del territorio del islam con el territorio de la guerra.[7]

En consecuencia, la *yijad* (guerra santa) se completa solo cuando todo el mundo queda bajo el sometimiento de Alá y cuando sus leyes reinan sobre todo.

Las leyes de misericordia escritas por Omar no eran tan compasivas como parecen. Un cronista contemporáneo de Omar, Ibn Timmiya, observó las restricciones decretadas entre estos "actos de misericordia":

Los cristianos no tienen derecho a construir nuevos lugares de adoración.

Los cristianos no tienen derecho de reconstruir una iglesia en las tierras conquistadas.

Los musulmanes pueden confiscar lugares de adoración en las ciudades tomadas por asalto.

Los musulmanes pueden destruir cualquier iglesia en una tierra conquistada.

Cuando el cronista preguntó al misericordioso Omar qué les ocurriría a aquellos que violaran las leyes, afirmó: "Cualquiera que violare esas leyes quedará desprotegido. Y los musulmanes tendrán permiso para tratarlos como rebeldes o disidentes, es decir, está permitido matarlos".[8]

Uthman (644-656) y Alí (656-661): guerra civil

En el año 644, Uthman, un esclavo persa, asesinó a Omar. Como tercer sucesor de Mahoma, Uthman fue considerado un gobernante egoísta preocupado solo por sus parientes. Hacia el final de su ocupación, los musulmanes estaban tan divididos que costaba distinguir entre amigos y enemigos. Los rebeldes mataron al califa Uthman en su propia casa mientras leía el Corán. (Uthman codificó el Corán en su forma definitiva. Las ediciones modernas todavía llevan su nombre). El odio que se le tenía era tan intenso que su cuerpo fue dejado por días sin enterrar, un gran pecado en el Corán. Por último fue enterrado con sus ropas manchadas de sangre, un reconocimiento simbólico de su martirio.[9] Ali ibn Abu Taleb, yerno de Uthman y sobrino de Mahoma tomó el control del reino. Aishah, la viuda de Mahoma, luchó de forma reñida contra Ali y los miembros de su tribu. Musulmanes contra musulmanes se enfrentaron en dos grandes batallas que terminaron sin victoria. En el año 661 Alí fue asesinado, y desde entonces, el islam ha estado dividido entre los seguidores de Alí, los shiitas y los musulmanes tradicionales, los sunitas.

El fruto bendito de la yijad (661-1095)

Después de la muerte de Alí continuaron las disputas internas, el islam había adoptado una visión más amplia: la conquista del mundo conocido. A lo largo del año 732, esa meta parecía estar al alcance. La expansión abarcó a Chipre (647), Túnez y Kabul en el Afganistán moderno (670), la isla de Rodas (672), el sitio de Constantinopla (677), el norte de África (700), España (711), la frontera china de Turkestán (715) y Marruecos (722). Hacia el final de su primer siglo, el islam se extendió hasta el límite occidental de China y la frontera sur de Francia. El norte de África fue sometido por completo.

Mientras tanto, Damasco, en Siria, se convirtió en la capital del mundo islámico. La riqueza y las conquistas del islam aumentaron de forma casi ilimitada, y se levantaron dos grandes construcciones. Primero se construyó la Cúpula de la Roca en Jerusalén, sobre el Monte del Templo judío en el año 691, para demostrar la superioridad del islamismo sobre el judaísmo. Segundo, en el año 715 la Gran Mezquita de Damasco reemplazó la Catedral de San Juan para demostrar la superioridad del islam frente al cristianismo corrupto.[10]

El punto decisivo en Tours

La batalla de Tours es una de las batallas más importantes que se hayan librado. El islam había avanzado por el norte de África y

España. Si conquistaba Francia, derrotaría con facilidad a Italia, el centro del cristianismo occidental. Carlos Martel detuvo esa invasión en Tours:

> Durante casi siete días los ejércitos se miraron uno al otro, en espera ansiosa por el momento de iniciar la batalla. Por fin estaban listos para el combate. Y en la conmoción de la batalla los hombres del norte ... se mantuvieron apretados uno junto al otro como si fueran un baluarte de hielo; y con grandes golpes de sus espadas arrasaron con los árabes. Formados en faja alrededor de su jefe, los hombres de Austrasia arrasaban con todo lo que tenían al frente... Las incansables manos blandían las espadas contra el pecho [del enemigo].[11]

El islam fue derrotado por completo, pero solo por un tiempo. Luego los musulmanes apuntaron sus espadas hacia el este en la causa de Alá.

Bagdad asciende a la preeminencia

En la batalla de Tours, se detuvo el avance del islam hacia el oeste. La derrota resultó en grandes disputas internas y los líderes del islam decidieron que Bagdad se adecuaba a sus necesidades como capital mejor que Damasco. El énfasis se orientó hacia una expansión interna de la teología, la ley y la ciencia islámica.

Bagdad floreció en riqueza y en ciencia y como puerta para el comercio y la cultura. Los inventos incluyeron el péndulo del reloj, el compás magnético y el álgebra. Bagdad tenía una biblioteca incomparable que incluía escritos de Aristóteles y Platón. En medicina, los musulmanes fueron los primeros en usar la anestesia en cirugía, descubrieron que las epidemias se desparramaban por el contacto y el aire, desarrollaron el primer hospital ambulatorio (a lomo de camello) y separaron la farmacología de la medicina.[12]

La energía de la militancia musulmán se orientó hacia el descubrimiento intelectual. Una de las primeras obras históricas islámicas, *La vida del mensajero de Dios de Ibn Ishaq*, fue una valiosa biografía de Mahoma. La literatura se enriqueció a medida que los musulmanes estudiaron el arte de la fabricación de papel de los chinos. La dieta islámica mejoró con la introducción de ciruelas, alcachofas, coliflores, apio, calabazas, zapallos y berenjenas. Ahora se recuerda este período como la época de oro del islam.

El Cairo alcanza la supremacía

Por impresionantes que fueran esos esfuerzos intelectuales, las metas políticas del islam se resintieron. Durante tres siglos las tierras que poseían se estancaron, algunas regiones comenzaron a declarar gobiernos independientes. Surgieron nuevas dinastías que desafiaban la soberanía de Bagdad. La dinastía Fatimida, centrada en El Cairo, tomó el norte de África, Palestina y buena parte de Siria. Sin embargo su presencia fue limitada porque otros de la región no los apoyaban. Al final la dinastía Fatimida no pudo gobernar el corazón del islam en Medio Oriente.

Aunque El Cairo es el hogar de la universidad más antigua del mundo, la Universidad de al-Azhar, la historia del islam lo recuerda por el sexto califa de la dinastía Fatimida, al-Hakim (996–1021), que se autoproclamó la encarnación de Dios. Su violenta persecución de cristianos y la destrucción de los lugares sagrados para los católicos romanos estimuló el comienzo de uno de los capítulos más oscuros de la historia, las cruzadas. Cuando al-Hakim desapareció sin dejar rastros, surgió todo un mito acerca de su paradero.

Las cruzadas (1095–1291)

Las cruzadas se iniciaron porque los cristianos adoptaron la doctrina islámica de la *yijad,* es decir, la guerra santa, y la llevaron al centro de su universo. Dos siglos antes de la primera cruzada oficial, el papa León IV (847-55) prometió el perdón de pecados a cualquiera que luchara contra los infieles. De esa manera León implantó con firmeza la *yijad* cristiana en el pensamiento occidental cristiano.[13] Juan VIII (872-82) y otros papas aseguraban a los creyentes en Cristo de su seguridad eterna si morían luchando.

En 1064-65 siete mil cristianos cayeron en una emboscada camino a Jerusalén para adorar.

De forma repentina cayeron en manos de los árabes que saltaron sobre ellos como lobos hambrientos sobre una presa mucho tiempo esperada. Masacraron de forma brutal a los primeros peregrinos, descuartizándolos. Al comienzo nuestra gente intentó resistir, pero pronto se vieron obligados a refugiarse en el pueblo como mendigos. Después de la huida, ¿quién puede explicar con palabras la cantidad de hombres que fueron muertos allí, cuántas formas de muerte hubo, o el alcance de las calamidades y los sufrimientos?[14]

Ahora los cristianos tenían un motivo para poner en práctica su fe militante. La iglesia en combinación con el estado se llenaron de furia espiritual. Ahora los cruzados se pondrían a la altura de los musulmanes en brutalidad.

Precursor de las cruzadas

¡Deus Volt! (¡Es la voluntad de Dios!) era el grito de guerra de Urbano II (1088-99) y la iglesia católica romana. La iglesia occidental se debatía ante la retirada de los cristianos orientales en 1054. Una cruzada para reclamar buena parte de las tierras del este podría ayudar a reunificar Roma y Constantinopla.

En la ofensiva inicial, los cristianos resultaron victoriosos en Antioquía y Jerusalén donde la población fue prácticamente diezmada. Los judíos quedaron atrapados en el medio y los cristianos fueron brutales de manera particular en matar y destruir las sinagogas.

Los cristianos creían que la masacre mostraba la aprobación de Dios: Él había desbaratado al enemigo, permitiendo a los cristianos reconquistar los atesorados sitios de la Tierra Santa. Esa idea condujo a Bernardo de Clairvaux (1090-1153), un místico cristiano occidental, a desarrollar la teología de que el llamado más elevado y honroso de la vida era ser un sacerdote guerrero. De esa manera de Clairvaux elevó el oficio de soldado a la vez que rebajaba el de sacerdote. Sin embargo, ni siquiera el poder persuasivo de Clairvaux pudo preparar a los sacerdotes-soldados para lo que enfrentarían ante el genio militar de Saladín.

Después de reunir las facciones caóticas del islam y declarar la *yijad*, Saladín reconquistó Jerusalén en 1187. Sin embargo no pudo prevalecer contra una gran fuerza que sitiaba la ciudad de Acre, y por fin Ricardo Corazón de León hizo prisioneros a 2.700 musulmanes fuera de los muros de la ciudad y los hizo matar uno por uno durante la noche. La sangre de los cristianos había corrido por las manos de los infieles y ahora los cristianos agradecían esa venganza.

Los resultados de las cruzadas

En una época de avances científicos, literarios e intelectuales, en particular en el mundo islámico, las cruzadas destacan la brutalidad y la inclemencia de ambos lados. Con el transcurso del tiempo los musulmanes ganaron la mayoría de las batallas a lo largo de dos siglos de guerras. El islam se vio fortalecido mientras el cristianismo se debilitó. Desde el punto de vista cristiano las cruzadas:

- no lograron unificar la iglesia;

- demostraron mucha más preocupación cristiana por los botines y la posesión de lugares especiales que por la renovación espiritual;

- destacaron la victoria por la espada sobre la evangelización.

Para muchos musulmanes, las cruzadas jamás han terminado. Para muchos cristianos, se convirtieron en el pasado que habría de obsesionar el futuro.

El frente se dirige al Este (1298-1515)

Durante las cruzadas, un mongol llamado Genghis Kahn (1162-1227) comenzó a forjar un nuevo imperio. En 1258 incluso Bagdad fue devastada. La barbarie ambiental mongol afecta la agricultura hasta el día de hoy. Los mongoles, enemigos del islam, avanzaron hacia el Este hasta Egipto, donde fueron contenidos por la alianza musulmana.

Sin embargo, no fue la espada lo que por fin derrotó a los mongoles, sino el islam mismo. Muchos de los guerreros mongoles se convirtieron y para el siglo XIV un líder mongol preconizó el islam como la religión del imperio mongol. Otros líderes mongoles eran enemigos del islam, pero los musulmanes sobrevivieron a su mayor amenaza. Sin embargo esas adversidades dejaron al islam en declinación intelectual: los eruditos musulmanes fueron deportados o asesinados, los centros culturales fueron saqueados y destruidos.[15]

El islam necesitaría tiempo para sanar sus heridas, pero el corazón del islam se mantuvo intacto, preparándose para volver a levantarse.

Restauración del esplendor del islam (1515-1919)

Mientras la cristiandad tuvo el avivamiento del protestantismo, el islam vio el surgimiento de los turcos como héroes de la fe. Mientras el cristianismo se dividía por las diferencias teológicas, el islam se reunificaba por necesidad política.

Dos sucesos que cambiarían la historia en el siglo XV contribuyeron a ese nuevo vigor: la toma de Constantinopla y la pérdida de España. Primero, en 1453, los otomanos islámicos derrotaron al imperio cristiano bizantino en Constantinopla y se expandieron a la península balcánica. Constantinopla fue rebautizada Estambul e inaugurada como nueva capital del imperio otomano. Un informe contemporáneo de la batalla de Constantinopla demuestra la importancia de la *yijad:*

> Entonces se vio el papel esencial del líder en la batalla cuando el sultán se puso de pie y habló a sus soldados tomando el ejemplo del mensajero de Alá *(s.a.w.)* durante la batalla de Uhud dando un ejemplo de coraje en pocas palabras, al decir: "hijos míos, aquí estoy, listo para morir en el camino de Alá, cualquiera que desee el martirio, que me siga. Entonces los musulmanes siguieron a su líder como el desborde de una represa arrasando con los obstáculos de Kurf hasta que entraron en la ciudad y levantaron allí la palabra del monoteísmo... De esa manera cayó la ciudad de Heraclio [Constantinopla] que se había mantenido de forma obstinada frente a los musulmanes durante ocho siglos. [Ahmad, autenticado por Al Albany][16]

Fernando de Aragón e Isabel de Castilla terminaron con la dominación musulmana en España y la península Ibérica y restablecieron el cristianismo romano en 1492. Toda Europa occidental era de nuevo parte de la cristiandad. Aunque privados de su base logística en España, los turcos persistieron en el deseo de gobernar Europa. Atacando desde el este y el sur, pusieron sitio a Viena en dos oportunidades. No es de sorprender que los cristianos compararon a los turcos con una horda satánica.

En su apogeo, el imperio otomano se extendió hasta Polonia en el norte, Bagdad en el este, el extremo de la península arábiga al sur y Marruecos en el oeste. Jerusalén, La Meca, El Cairo, Túnez y Belgrado estaban bajo la dominación turca. Sin embargo el imperio otomano declinó a causa de las disputas internas y como resultado del avance del colonialismo de Europa occidental.

En el siglo XVIII, Rusia se instauró protectora de los Balcanes cristianos en contra de los turcos. Rusia y Turquía libraron una serie de guerras que se extendieron desde el siglo XVII hasta el XX. El mayor éxito de Rusia se dio en una guerra de mar y tierra que abarcó desde 1768 hasta 1774, con la que derrotó por fin al ejército turco y diezmó su flota naval. La guerra ruso-turca liberó por completo de la dominación del sultán a Bulgaria, Rumania y Serbia.

El último golpe al imperio otomano vino cuando los turcos se aliaron a los alemanes en la Primera Guerra Mundial (1914-18). En 1923 la conferencia de Lausana marcó los límites modernos de lo que fuera el vasto baluarte musulmán.

Después de mil años de expansión sin precedentes, ahora el islam estaba inactivo. Durante todos esos siglos sus antecedentes de dominación, incluso en Europa, habían sido impresionantes. Árabes, moros y otomanos habían controlado España durante ochocientos años, Portugal durante seiscientos años, Grecia y Bulgaria durante quinientos años, Rumania y Serbia durante cuatrocientos años, Sicilia durante trescientos años y Hungría durante ciento cincuenta años. J. Domínguez señala que: "Italia, Austria, Bosnia, Croacia, Eslovenia, Albania, Moldavia, Armenia, Georgia, Polonia, Ucrania y el este y sur de Rusia fueron todos campos de batalla donde el islam conquistó o fue conquistado en conflictos violentos destacados por la crueldad, el encarnizamiento, y una pavorosa pérdida de vidas, a lo largo de bastante más de mil años".[17]

El islam a la defensiva

Al declinar el imperio otomano, el islam enfrentó un panorama del mundo desconocido para su psiquis, un frente al que adoptó una postura de supervivencia defensiva. Los héroes del islam habían surgido siempre para extender su causa, pero a lo largo de los siglos XVIII a XX se adaptaron cínicamente como sobrevivientes, no como conquistadores. Mientras, esperaban una nueva era dorada de supremacía.

La colonización de las tierras asiáticas y africanas fue aborrecible en particular para los musulmanes. En la conferencia de Berlín de 1884, los poderes coloniales se repartieron África entre ellos de manera tiránica, aunque el 80% del continente permanecía bajo control africano. Gran Bretaña tomó gran parte del norte de África musulmana, mientras Francia tomó la llanura occidental y ecuatorial. Italia tomó Somalia y Etiopía, y Bélgica optó por el Congo. Muchos límites nacionales modernos se establecieron en esa conferencia.

Sin embargo, para los musulmanes un crimen europeo todavía peor era el envío de misioneros cristianos. En la mente de los musulmanes el colonialismo y las misiones se identificaban como elementos entramados de la corrupción occidental. Todavía es así. En efecto, los misioneros son vistos con más desprecio que los colonialistas debido a la naturaleza eterna de su misión. Consideremos por ejemplo a David Livingstone (1813-1873) que llegó al África en la década del año 1840. Considerado un héroe para muchos cristianos, para los musulmanes es uno de los europeos más detestables de la historia.

El insulto final del colonialismo llegó cuando Gran Bretaña permitió un hogar judío en Palestina, promesa que cumplió después de la Segunda Guerra Mundial. Los musulmanes ya no controlarían uno de sus lugares más venerados.

Los árabes culparon de todas esas ofensas de forma directa a los europeos y sus aliados norteamericanos.

Conclusión

Debemos extraer varias conclusiones de los mil cuatrocientos años de historia cristiana y musulmana compartida:

- Con la notable excepción de las cruzadas, los musulmanes han iniciado casi todas las guerras, debido principalmente a la filosofía de la *yijad*.

- La guerra no es un mero capítulo en la historia del islam, es el vehículo principal de la expansión religiosa. Es la obligación de cada musulmán traer la paz al mundo por medio de la espada.

- Los musulmanes conservadores ven la cultura occidental como destructiva para las tradiciones y las creencias islámicas.

- Aunque la gente actual está familiarizada solo con el islam a la defensiva de los últimos tres siglos, la religión jamás ha olvidado los mil años anteriores de conquista para la causa de Alá. Ahora ha resurgido el islam conquistador tradicional.

Hoy se ha suscitado una lucha política, cultural, teológica y social por el alma del musulmán. Como lo explica Lewis, los ideales musulmanes han sufrido una triple derrota: primero, el islam perdió su predominio; segundo, por medio de la invasión de los extranjeros y sus ideas, la autoridad musulmana se vio socavada dentro de sus propios territorios; tercero, el reto social del modernismo estimuló la emancipación de las mujeres y la rebelión de los jóvenes. "También resultó natural que esta furia [musulmana] se dirigiera principalmente contra el enemigo milenario y que sacara fuerzas de las antiguas creencias y lealtades".[18]

Muchos fieles musulmanes creen que no tienen otra opción que salir a la ofensiva. Cuanto más intensa sea su creencia en que el occidente ha degradado sus valores islámicos, mayor será el riesgo de reacciones violentas. Por ejemplo, existen una serie de circunstancias al hacer este escrito:

- El Frente Nacional de Salvación y el Grupo Islámico Armado esperan derrocar a los líderes moderados en Argelia.

- En 1996 el Partido para la Prosperidad Islámica se convirtió en el grupo político más numeroso en el parlamento de Turquía.

- Desde la liberación norteamericana de Kuwait de manos iraquíes en la Guerra del Golfo, Kuwait ha proscrito la educación no islámica y todo proselitismo cristiano.

- El gobierno de Brunei, bajo un camuflaje de libertad religiosa, está presionando a las escuelas cristianas a reemplazar las clases de religión cristiana por instrucción islámica. Las reuniones cristianas de más de cinco personas ahora son ilegales.

- Todos los ciudadanos mauritanos deben ser musulmanes sunitas. El intento de abandonar esa fe es un crimen.

- Aunque la constitución de Bangla Desh garantiza la libertad religiosa, una enmienda de 1998 estableció el islam como religión oficial.

- Los líderes islámicos de Kenia han declarado la yijad contra la Iglesia Interior de África y contra la *World Vision Internacional*.

- En 1992, el gobierno de Tanzania prohibió toda enseñanza religiosa fuera de las iglesias.[19]

Estos son apenas algunos casos del resurgimiento de la militancia islámica. El islam está surgiendo como un poder al que hay que respetar y reconocer.

Aprendiendo del pasado

En 1542, el anabaptista Balthasar Hubmaier (1480-1528), en su libro *On Heretics and Those Who Burn Them* (Sobre los herejes y quienes los queman), defendía la libertad religiosa total.[20] Hubmaier presentó un modelo de actitud para los cristianos modernos en relación con los musulmanes. Escribió que un turco musulmán "no puede ser doblegado por la fuerza, ni por la espada, ni por el fuego, sino solamente por la paciencia y la súplica, por medio de lo cual esperamos pacientemente el juicio divino".[21] Hubmaier estuvo en contra del sistema político vengativo de su época y por último fue llevado a la muerte por sus ideas, incluso su simpatía por los turcos. Consideremos entonces la tradición de Hubmaier. Es el deber del creyente en Jesucristo persuadir a los musulmanes con compasión, esperar con paciencia, y orar con fervor por ellos.

Notas

1. George Gallup y Alec Gallup, "American Teens Need a History Lesson" 5 de mayo de 2000; http://www.gallup.com/poll/releases/pr000505.asp; acceso del 17 de diciembre de 2001.

2. Bernard Lewis, "The Roots of Muslim Rage", *The Atlantic Monthly* 266.3 (septiembre de 1990): 47–60.

3. *Ibíd.*, p. 49.

4. Véase también capítulo 2, "Offensive War to Spread Islam".

5. Jacques Jomier, *How to Understand Islam*, (Nueva York: Crossroad, 1991), p. 20. Jomier hace una comparación entre el apóstol Pablo y Omar, que yo utilizo.

6. "The Rightly-Guided Caliphs", http://www.usc.edu/dept/MSA/politics.firstfourcaliphs.html; acceso del 17 de diciembre de 2001.

7. John Kelsay, *Islam and War* (Louisville: John Knox, 1993), pp. 33–34.

8. *Behind the Veil.* Véase capítulo 4, "Discrimination Between a Muslim and a Non-Muslim".

9. "The Right-Guided Califs", pp. 5–6.

10. Gerode Braswell, *Islam* (Nashville: Broadman and Homan, 1996), p. 26.

11. Paul Halsall, "Medieval Sourcebook: Arabs, Franks and the Battle of Tours, 732: Three Accounts", http://www.fordham.edu/halsall/source/732tours.html; acceso del 17 de diciembre de 2001.

12. Braswell, *Islam*, p. 31.

13. Debemos señalar que evangélicos como los petrobusianos, los henricanos y los arnoldistas, quienes fueron ellos mismos perseguidos por la iglesia católica romana, eran pacifistas que no participaron en la ofensiva. No se puede culpar a todo el cristianismo por los

hechos que ocurrieron ya que hubo un gran contingente de disidentes en la iglesia.

14. El analista de Nieder-Altaich, "The Great German Pilgrimage of 1064-65", trad. James Brundage, *Internet Medieval Sourcebook*, http://www.fordham.edu/halsall/source/1064pilgrim.html; acceso del 12 de febrero de 2002.

15. "The Mongol Empire: A Historical Website", http://www.geocities.com/Athens/Forum/2532/page2.html; acceso del 17 de diciembre de 2001.

16. Muhammad El-Halaby, "The Liberation of Constantinople", *Nida'ul islam* (julio-septiembre 1996); http://www.islam.org.au; acceso del 17 de diciembre de 2001.

17. J. Domínguez, "Islam: The So—Many Totalitarian Regimes", http://www.biblia.com/islam/islam.html; acceso del 17 de diciembre de 2001.

18. Lewis, p. 50.

19. Paul Marshall, *Their Blood Cries Out* (Dallas: Word Publishing, 1997), pp. 44-68.

20. *Anabaptista* significa literalmente "re-bautizador". El nombre les fue dado a los cristianos del siglo XVI que sostenían que solamente los creyentes adultos debían ser bautizados.

21. H. Wayne Pipkin y John H. Yoder, *Balthasar Hubmaier, Theologian of Anabaptism* (Scottdale, Pa.: Herald, 1989), p. 62.

4

EL CORÁN: "MADRE DE LIBROS"

La historia de Tony

EN SU PRIMER AÑO COMO ESTUDIANTE de la universidad, a Tony le asignaron como compañero de habitación en la residencia universitaria, a Asklar. Tony se había criado en una iglesia evangélica, había aceptado a Cristo como Salvador a los doce años y había sido presidente de su grupo de jóvenes. Parecía que Dios lo había usado para alcanzar a otros en dos viajes de misión. Pero Tony se sentía frustrado en sus intentos de compartir su fe con Asklar. Nada de lo que decía parecía conmover a su compañero de habitación.

Cada vez que Tony citaba un versículo bíblico de su preparación para la evangelización, Asklar refutaba el texto con una enseñanza islámica que contradecía la premisa misma de Tony. Descubrió que los musulmanes conocían las historias del Antiguo Testamento, pero de alguna manera cada historia resultaba cambiada.

Tony estaba aprendiendo un elemento fundamental de la teología islámica. Muchas de las historias del Antiguo Testamento y de los Evangelios aparecen en el Corán, pero con reformas. El Corán, escrito alrededor de seis siglos después de Cristo, "re-narra" la Biblia con orientación hacia las creencias musulmanas. Para poder alcanzar a su amigo, Tony debe aprender primero acerca del libro que Asklar estaba siempre leyendo.

La autoridad

Según los estudiosos del islam ortodoxo, el Corán fue compilado en los años 646-650 a partir de material escrito por Mahoma antes de su muerte en el 632. La palabra arábiga *Qur'an* viene de la raíz *qara'a* que significa "leer o recitar". El ángel Gabriel ordenó a Mahoma tres veces "lee" y "recita" cuando lo confrontó en julio del 610 en la cueva de Hira, a cinco kilómetros al noreste de La Meca.

Según el islam, el Corán es la revelación final de Alá. En arábigo el Corán también se conoce como *Al-Kitab* (el libro), *Al-furkan* (la distinción) y *Al-dikhr* (la advertencia).

Muchas veces los cristianos suponen que el Corán es tan largo como la Biblia, sin embargo el libro consiste en 114 capítulos *(suras)*, 6.616 versículos[1] *(ayas)*, 77.943 palabras y 338.606 caracteres arábigos. Según los estudiosos islámicos, 86 capítulos fueron revelados en La Meca, mientras que 28 fueron revelados en Medina. En contraste, la Biblia tiene 1.189 capítulos, y es alrededor de tres veces más larga.

La revelación

La doctrina islámica entra en un enigma en el asunto de la revelación. Alá es remoto y no se revela en un nivel íntimo, no obstante quiere comunicar su verdad con humanidad. Esta aparente brecha se salta por medio de los arasul (los "enviados"), que eran profetas humanos, dotados de una condición especial y capaces de comunicar la voluntad de Alá.

Sin embargo la comunicación resultó en realidad un monólogo de Alá a la humanidad. Mientras cada profeta supuestamente cumplió su misión al producir un libro, la revelación final, y en consecuencia —según los musulmanes— la más importante, fue dada al último profeta, es decir Mahoma.

El islam enseña que el Corán es una copia textual de la revelación final de Dios, que está inscripta en tablas que siempre han existido en el cielo. Los musulmanes señalan al *sura* 85:21-22: "¡Sí, es un *Corán* glorioso, en una Tabla bien guardada!"

Según la tradición musulmana, estas revelaciones fueron enviadas al más bajo de los siete cielos en el monte Ramadán durante la noche de poder (*lailat ul-Qadr; sura* 17:85). De allí fueron reveladas a Mahoma por medio del ángel Gabriel (*sura* 25:32). Debido a la creencia musulmana de que el Corán es una revelación dictada exacta, los musulmanes besan el libro, lo ponen sobre la frente, y lo guardan en el estante más alto de la casa. También por la misma razón los musulmanes ven con sospecha cualquier traducción del Corán, porque las palabras originales son imposibles de entender por completo salvo en su original en árabe. Solo en el árabe contiene el Corán plenamente las palabras y el testimonio de Alá.

Los musulmanes llaman al Corán "Madre de libros" (*sura* 43:3), y piensan que ningún otro libro o revelación se le compara. Los suras 2:23 y 10:37–38 retan a cualquiera a "presentar algún otro libro de igual belleza".

La inspiración

El término árabe usado para explicar el proceso de revelación es *wahy*, que puede significar "inspiración divina". *Wahy* se explica en *sura* 42:51:

> "A ningún mortal le es dado que Alá le hable si no es por inspiración, o desde detrás de una cortina, o mandándole un enviado que le inspire, con Su autorización, lo que Él quiere. Es altísimo, sabio".

El Corán dice poco acerca de cómo recibió en realidad sus revelaciones, de manera que confiamos en los relatos de otros, como Ibn Isaac, Ibn Isham, Ibn Athir y 'Ali Halabi para entender. Sus escritos mencionan siete tipos de revelación experimentados por Mahoma:

1. Mahoma tenía ataques, durante los que sudaba en abundancia en medio de las revelaciones, según su esposa Aishah. Le sonaban campanadas en los oídos. Se trastornaba, y le cambiaba el rostro. 'Umar ibnu'l Khattab dice que Mahoma temblaba, echaba espuma por la boca y rugía como un camello.

2. La revelación le llegaba por medio de sueños.
3. La inspiración le llegaba en forma de visiones.
4. A veces veía un ángel en la forma de un joven alto.
5. En otras oportunidades veía verdaderos ángeles (*sura* 42:51).
6. Una noche (conocida como el *Mi'raj*) recibió la revelación mientras cruzaba los "siete cielos".
7. Alá le habló desde detrás de una cortina (*sura* 42:51)

Los relatos de ataques están registrados en fuentes musulmanas. Algunos autores los han comparado con ataques epilépticos, pero es mejor dejar que los relatos hablen por sí mismos antes de hacer comentarios. Identificar a Mahoma con una enfermedad neurológica o la posesión demoníaca no ayuda a la extensión del testimonio del evangelio. Sin embargo es interesante observar que, de acuerdo con 'Amr ibn Sharhabil, Mahoma mismo dijo a su esposa Khadija que temía estar poseído por demonios y se preguntaba si otros lo consideraban poseído.[2]

Períodos y métodos de revelación

Según la tradición, la revelación de los suras la recibió y la escribió un Mahoma analfabeto, por medio del ángel Jibril (Gabriel) durante tres períodos. Los suras del primer período de La Meca (611-15) son escritos sobre el juicio y la revelación sobre la naturaleza de Alá y su reino, (suras 1, 51-53, 55-56, 68-70, 73-75, 77-97, 99-104, 111-114).

El segundo período de La Meca (616-622) produjo suras más largos relacionados con doctrinas, muchas tomadas de manera directa del Pentateuco. Durante ese tiempo, el islam se declaró primero como la única religión verdadera (suras 6-7, 10-21, 23, 25-32, 34-46, 50, 54, 67, 71-72, 76).

El período de Medina (623-632) duró cerca de los últimos diez años de vida de Mahoma. Estos últimos escritos tratan principalmente sobre el gobierno y la ética (suras 2-5, 8-9, 22-24, 33, 37, 47-49, 57-59, 60-66, 98, 110).

Si Mahoma no sabía leer ni escribir, ¿cómo recogió los textos coránicos? Algunos *aulema* creen que compañeros del profeta memorizaron las palabras que Mahoma comunicaba, y fueron ellos los que pudieron haber corroborado la versión final del secretario de Mahoma, Zaid ibn Thabit. El islam enseña que Mahoma no previó su muerte y no hizo preparativos para la compilación de sus revelaciones. La tarea de reunir las revelaciones recayó sobre los compatriotas de Mahoma.

Sahih Al-Bukhari, un erudito musulmán de los siglos IX y X, escribió que cuando Mahoma caía en sus impredecibles trances, sus revelaciones se escribían en cualquier cosa que hubiera a mano. Se usaban huesos de la pierna o el muslo de animales muertos, hojas de palmeras, pieles, esteras, piedras y cortezas.[3] Cuando no había nada disponible, sus discípulos (Abdullah ibn Mas'ud, Abu Musa y Ubayy ibn Ka'b) intentaban memorizar las revelaciones. Estas colecciones orales fueron transmitidas por "recitadores" que memorizaban los suras y los narraban ante la gente.

Según Bukhari, durante los años que siguieron a la muerte de Mahoma, se perdieron largas secciones cuando varios recitadores fallecieron en la Batalla de Yamama. Esto instó a Hazrat Omar, que había sido compañero de Mahoma, a pedir al califa Abu Bakr que se reunieran en una colección las revelaciones y recitaciones existentes. El secretario de Mahoma, Zaid ibn Thabit, fue designado por Abu Bakr para reunir las revelaciones.

Más tarde el texto de Zaid se entregó a Hafsah, una de las esposas de Mahoma e hija de Umar, el segundo califa. Uno de los puntos más controvertidos de la transmisión comienza con el reinado de Uthman, el tercer califa (644-656).

Para el tiempo de Uthman, se habían desparramado varias versiones del Corán entre la comunidad islámica. Decidido a acabar con las variaciones en los códices y normalizar el texto, Uthman escogió como modelo la colección de Zaid ibn Thabit, tomada del manuscrito de Hafsah. Según la tradición islámica, la colección de Zaid fue elegida porque su dialecto quraishi era la lengua que hablaba Mahoma y se consideró como el "prototipo" del árabe. (Sin embargo este dialecto ya no existe, y los lingüistas ya no pueden distinguir entre el árabe moderno y el quraishi). Se enviaron copias de la colección de Zaid a todas las provincias musulmanas, mientras que todos los demás manuscritos fueron quemados. Así, la elección final de un "canon" tuvo poco que ver con su autenticidad. Se puede deducir que en la época de Uthman , no había dos copias iguales del Corán, sin embargo, fueron todos destruidos por decreto, excepto uno.

El concepto que el Corán tiene de la Biblia

El Corán, al presentarse como el testimonio final e infalible de Alá, describe la Biblia como incompleta (y necesitada del Corán para completar la revelación) y defectuosa (corrompida desde el meollo).

Primero, el Corán describe la Biblia como un libro del que los musulmanes pueden extraer algunas enseñanzas. El *sura* 2:136 señala: "Decid: 'Creemos en Alá y en lo que se nos ha revelado, en lo que se reveló a Abraham, Ismael, Isaac, Jacob y las tribus, en lo que Moisés, Jesús y los profetas recibieron de su Señor. No hacemos distinción entre ninguno de ellos y nos sometemos a Él'".

En realidad se consideran las Escrituras como dadas a Moisés y a Jesús por Alá, considerados profetas de Alá: "Envió la Ley (de Moisés) y el Evangelio (de Jesús)...como guía para la humanidad" (*sura* 3:2-3). La idea de que Alá envió el Antiguo y el Nuevo Testamento como precursor del Corán se ve con claridad en el quinto *sura*:

"Hemos revelado la Torá, que contiene Dirección y Luz. Quienes no decidan según lo que Alá ha revelado, ésos son los infieles...Hicimos que les sucediera Jesús, hijo de María, en confirmación de lo que ya había de la Torá. Le dimos el *Evangelio*, que contiene Dirección y Luz, en confirmación de lo que ya había de la *Torá* y como Dirección y Exhortación para los temerosos de Alá. Que la gente del *Evangelio* decida según lo que Alá ha revelado en él. Quienes no decidan según lo que Alá ha revelado ésos son los perversos. Debes decidir entre ellos según lo que Alá ha revelado. No sigas sus pasiones "(*sura* 5:44, 46, 47, 49).

El quinto *sura* se confirma con tres interesantes textos adicionales:

"¡Gente de la Escritura! No hacéis nada de fundamento mientras no observéis la Torá, el *Evangelio* y la Revelación que habéis recibido de vuestro Señor" (*sura* 5:68).

"Este *Corán*...viene a confirmar los mensajes anteriores" (*sura* 10:37).

"Si tienes alguna duda acerca de lo que te hemos revelado, pregunta a quienes, antes de ti, ya leían la Escritura. Te ha venido, de tu Señor, la Verdad. ¡No seas, pues, de los que dudan!" (*sura* 10:94).

Al musulmán devoto se le ordena que no discuta con un judío o un cristiano acerca de la revelación, sino que insista que Alá ha agregado el Corán a la revelación divina. El *sura* 29:46 afirma: "No discutáis sino con buenos modales con la gente de la Escritura...Y decid: Creemos en lo que se nos ha revelado a nosotros y en lo que se os ha revelado a vosotros". Este punto es muy importante: los musulmanes no ven que el Corán contradiga al Antiguo y al Nuevo Testamentos, sino que los completa. A los judíos y los cristianos se los insta a dar testimonio de esa verdad en *sura* 21:7: "Antes de ti, no enviamos sino a hombres a los que hicimos revelaciones. Si no lo sabéis, ¡preguntad a la gente de la Amonestación!".

De manera que el Antiguo y Nuevo Testamento se consideran otorgados de manera divina pero humanamente corruptos. Los judíos y cristianos son llamados por el Corán a reconocer que la Biblia ha sido corrompida por mentiras y distorsiones.

"¡Gente de la Escritura! ¿Por qué disfrazáis la Verdad de falsedad y ocultáis la Verdad conociéndola?" (*sura* 3:71)..."Algunos de ellos trabucan con sus lenguas la Escritura para que creáis que está en la Escritura lo que no está en la Escritura" (*sura* 3:71, 78).

El Corán es entonces la revelación exacta, completa y final de

Alá. Encontramos curiosas reminiscencias de las advertencias en Apocalipsis 22:18-19 en las amonestaciones del Corán:

"No cabe alteración en las palabras de Alá" (*sura* 10:64).

"No hay quién pueda cambiar las palabras de Alá" (*sura* 6:34).

Contradicciones con la Biblia

Muchas enseñanzas del Corán contradicen de forma directa la Biblia. Estas contradicciones llaman la atención sobre las diferencias de pensamiento entre los musulmanes y los cristianos cuando se intenta testificarles. Como el islam enseña que la Biblia ha sido corrompida, consideran que sus propias versiones de las historias bíblicas son las correctas. Varios suras enseñan que Alá envió la revisión de los relatos bíblicos a Mahoma para que "arreglara" la Biblia corrupta (suras 6:34; 4:82; 10:65). Presentamos aquí algunos ejemplos de esos cambios:

La esposa de Faraón adoptó a Moisés (sura 28:9)

Éxodo 2:10 afirma que la hija de Faraón adoptó a Moisés, pero el Corán dice que fue su esposa. Si la esposa de Faraón hubiera adoptado a Moisés, este hubiera sido hijo del Faraón mismo y heredero del trono de Egipto.

La Trinidad incluye a María (sura 5:116)

El *sura* 5:116 afirma que los cristianos adoran tres dioses: el Padre, la Madre (María) y el Hijo (Jesús). Una secta hereje de cristianos, los coloridianos, enseñaban esa doctrina, y Mahoma pudo haberlos encontrado en Arabia. Pero por alguna razón, el Corán malinterpreta por completo la enseñanza cristiana.

Una mala interpretación similar aparece en *sura* 5:73-75: "No creen, en realidad, quienes dicen: Alá es uno de tres". Es obvio que la acusación es a los cristianos y es una suposición equivocada que la Trinidad hace a Dios uno de tres. El cristianismo ortodoxo enseña que Dios es una esencia y tres personas.

Faraón y la torre de Babel (sura 28:38; 40:25)

El Corán dice que un hombre llamado Amán, un siervo de Faraón, construyó una torre alta para llegar a Dios. Pero el incidente de la torre de Babel ocurre en Génesis 11, mucho antes de que hubiera faraones, y el nombre Amán es un nombre lingüístico aún posterior. El único "Amán" en las Escrituras está en la historia de Ester en Babilonia, mucho después de la cúspide del esplendor de Egipto.

*Los samaritanos construyeron el becerro israelita
(sura 20:85-97)*

El Corán dice que el becerro adorado por los israelitas en el Monte Horeb fue construido por un samaritano. El término samaritano no fue acuñado hasta el año 722 a.c., varios siglos después del Éxodo, cuando fue fabricado el ídolo.

El sacrificio de Ismael (sura 37:100-111)

Génesis 22 no identifica al hijo de Abraham que fue puesto sobre el altar para el sacrificio. El contexto sugiere sólidamente que fue Isaac. Pero el *sura* 37 identifica a Ismael. Esto solo puede ser sostenido por la tradición y marca uno de los dos días festivos del islam.

Saúl condujo el ejército de Gedeón (sura 2:249)

Jueces 7 identifica Gedeón como el líder del ejército de trescientos soldados escogidos por Dios. El *sura* 2 hace a Saúl el general de ese ejército, aunque este rey no había nacido todavía.

Jesús no fue crucificado (sura 4:157)

Los judíos se jactan del *sura* 4:157 diciendo "'Hemos dado muerte al Ungido, Jesús, hijo de María, el enviado de Alá', siendo así que no le mataron ni le crucificaron, sino que les pareció así".

La sangre no tiene importancia para Alá (sura 22:34-37)

"Y hemos establecido un ritual para cada comunidad, a fin de que invoquen el nombre de Alá sobre las reses de que Él les ha provisto. Tenéis en ellos bien...Alá no presta atención a su carne ni a su sangre, sino a vuestro temor de Él". El cristianismo enseña la naturaleza esencial de la sangre, señalando la obra expiatoria de Jesucristo. Levítico 17:11 afirma: "Porque la vida de la carne en la sangre está, y yo os la he dado para hacer expiación sobre el altar por vuestras almas; y la misma sangre hará expiación de la persona". El Nuevo Testamento continúa el tema con la obra de Cristo Jesús (véase Hebreos 9:22).

Enseñanzas extrañas del Corán

Además de las obvias malas interpretaciones de la historia y de la teología que llegaron a la edición de Uthman del Corán, hay una serie de enseñanzas que se pueden considerar excéntricas, en especial vistas a la luz del siglo XXI. Por ejemplo:

Siete cielos (sura 65:12)

Sura 65:12 registra que Dios creó siete cielos o niveles de cielo y también siete tierras.

El genio y las estrellas fugaces (sura 37:6–10; 55:33–35; 67:5; 72:6–9)

Los meteoros y las estrellas fugaces son misiles disparados sobre los "satanes" y [yins] genios que tratan de escuchar la lectura del Corán en el cielo, y luego pasan lo que escuchan a los hombres en forma de los suras.

Las personas se convierten en monos (suras 2:65–66, 7:163–167)

Según los suras 2 y 7, Alá convierte en monos a ciertos pescadores por no cumplir el sábado judío.

Declaraciones contradictorias en el Corán

Se puede encontrar en el Corán una serie de hechos y afirmaciones que sencillamente no se corresponden con otras afirmaciones del mismo. Estas inconsistencias y desacuerdos internos rara vez afectan a los musulmanes, pero ilustran la falibilidad humana en la fuente fundamental de enseñanza islámica.

María y los ángeles

Al describir la anunciación, el Corán dice que un ángel vino a María (*sura* 19:17-21), pero los suras 3:42 y 45 mencionan varios ángeles en el momento de la anunciación de la concepción de Jesús.

El día de Alá

¿Cuánto dura el día para Alá? *Sura* 22:47 afirma que el día de Alá equivale a mil años solares, pero *sura* 70:4 afirma que un día es cincuenta mil años solares.

Segador de almas

Diversos pasajes ofrecen relatos contradictorios con relación a quién se lleva el alma en la muerte: el Corán dice que es el Ángel de la Muerte (*sura* 31:11), los ángeles en general (*sura* 47:27) o Alá (*sura* 39:42).

Los días de la creación

¿Cuánto tiempo le llevó a Alá crear la tierra? Los suras 7:54; 10:3; 11:7 y 25:59 afirman que la creación llevó seis días, pero en *sura* 41:9-12 el relato de la creación llega a los 8 días.

¿Es más antiguo el cielo o la tierra?

¿Cuál fue creado primero? El *sura* 2:29 afirma con claridad que Alá creó primero la tierra y luego el cielo, pero *sura* 79:27-30 invierte el orden.

La creación de la raza humana

¿De qué sustancia fueron creados los hombres? Las respuestas que dan son de sangre coagulada (*sura* 96:1-2), agua (*sura* 21:30), arcilla horneada (*sura* 15:26), polvo (*sura* 3:59), nada (*sura* 19:67), tierra (*sura* 11:61), o una gota de un fluido espeso (*sura* 16:4; 75:37).

¿La idolatría como el pecado imperdonable?

¿Perdona alguna vez Alá la idolatría? El Corán es ambiguo. El pecado se enumera entre los imperdonables en los *sura* 4:48 y

116, pero perdonable en los *sura* 4:153 y 25:68-71. Abraham cometió este pecado de politeísmo al adorar la luna, el sol y las estrellas (*sura* 6:76-78) sin embargo los musulmanes creen que todos los profetas carecen de pecado.

¿Se ahogó el hijo de Noé?

Según *sura* 21:76, Noé y toda su familia sobrevivieron al diluvio, pero *sura* 11:42-43 informa que uno de los hijos de Noé se ahogó.

El castigo para el adulterio

El castigo para el adulterio en *sura* 24:2 es cien azotes tanto para el hombre como para la mujer. En *sura* 4:15 el castigo es prisión de por vida para la mujer pero ningún castigo para el hombre que se arrepiente y hace reparaciones.

¿Los cristianos, al cielo o al infierno?

El destino eterno de los cristianos es dudoso. Los *sura* 2:62 y 5:69 enseñan que los cristianos entrarán al paraíso, pero los *sura* 5:72 y 3:85 dicen que irán al infierno.

Faraón ¿se ahogó o se salvó?

El Corán es incierto en relación con lo que ocurrió con el Faraón que persiguió a Moisés. *Sura* 10:92 afirma que sobrevivió a la batalla, pero otros tres textos dicen que se ahogó (los suras 28:40; 17:103; 43:55).

¿Los musulmanes en el infierno?

¿Enviaría Alá a sus propios siervos al infierno? De acuerdo con *sura* 19:71 todos los musulmanes irán al infierno (por un tiempo), mientras que muchos otros pasajes afirman que aquellos que mueren en la yijad van en seguida al paraíso.

¿Jesús está vivo o muerto?

Sura 3:144 afirma que todos los mensajeros murieron antes que Mahoma, pero *sura* 4:158 dice que Jesús fue llevado a Dios sin morir. En su comentario sobre *sura* 3:46 Yusaf Ali enseña que

Jesús vivió hasta alrededor de los treinta y tres años, pero *sura* 5:110 dice que enseñaba a la gente siendo ya anciano.[4]

Notas

1. Cada versículo o porción del *sura* se conoce como un "aya", que significa "milagro" en arábigo. Mahoma afirmaba que el Corán era su único milagro, aunque el Corán no existió en su forma escrita durante su vida.

2. Al Waqidi relata que Mahoma tenía tal aversión por la cruz que destrozaba cualquier cosa que entraba a su casa que tuviera forma de cruz.

3. Sahih Bukhari, Jadit, comp. y ed.: 6.477.

4. Para un análisis más profundo del Corán, véase: Robert Morley, *La invasión islamica*, (Grand Rapids: Editorial Portavoz, 1995) y Anis Shorrosh , *Islam Revealed*, (Nashville: Thomas Nelson, 1988).

5

La Sunna y el Jadit: los otros libros

La historia de los Henderson

Los Henderson se preguntaban por qué les resultaba tan difícil iniciar una relación con sus vecinos musulmanes. Los Henderson solo querían hacerse amigos y con el tiempo comunicarles el evangelio. Cuando los Askar se mudaron a su nuevo hogar en la casa vecina, Shane y Cheryl Henderson aparecieron en la puerta de entrada para saludarlos y ofrecerles pan casero recién horneado. El matrimonio, obviamente islámico por su atuendo, se mostró cortés pero reservado y dejaron el pan a un lado de forma cautelosa. Shane y Cerril se volvieron a casa desalentados.

Primer golpe.

Uno de los últimos meses del verano Shane invitó a sus vecinos a un asado. Sabiendo que los musulmanes no comen cerdo, Shane compró camarones, almejas y langostinos. Los Askar vieron la comida y de repente recordaron que tenían un "compromiso anterior".

Segundo golpe.

Después de algunos otros acercamientos un poco tímidos e incómodos, Shane renunció. Luego, en cierta ocasión el señor Askar observó que Shane estaba luchando por bajar del auto con varias bolsas de provisiones. Se acercó a ayudar. El señor Askar parecía más amigable que antes y muy dispuesto a ayudar. Sorprendido por ese gesto, Shane dio un salto y con rapidez le extendió a su vecino la única mano que tenía libre, la izquierda. Pero en lugar de recibirle la mano para saludarlo, el señor Askar se quedó un momento mirándola y luego se disculpó.

Tercer golpe.

Muchos cristianos bien intencionados caen en serias ofensas contra sus conocidos musulmanes. Por lo general la causa es el desconocimiento de prescripciones menos conocidas del islam. Algunas de esas prescripciones sociales se encuentran en el Corán, pero los occidentales son más propensos a romper reglas que se hallan en un texto del que jamás han oído hablar, el Jadit. El Corán contiene enseñanzas que Mahoma creía haber recibido de forma directa de Alá. Pero algunas de las reglas más culturalmente idiosincrásicas están en realidad en el Jadit, una colección de los dichos *(ajadit)* y ejemplos *(sunna)* de Mahoma. Los Henderson se hubieran sentido incómodos de saber que el Jadit prohíbe comer mariscos y cualquier comida preparada a base de grasa de cerdo. Saludar con la mano izquierda es insultante según el compendio de enseñanzas islámicas.

El Jadit como explicación

El Corán es la más alta autoridad en el islam, por haber sido transmitido a Mahoma por Alá mismo por medio del ángel Gabriel. Siguiendo al Corán en importancia, la Sunna y el Jadit hacen las veces de instrucciones para los musulmanes de manera muy similar a lo que el *Midrash* sirve a los hebreos. Como la Sunna y el Jadit siempre van juntos en las compilaciones, el propósito de este capítulo será examinarlos para entender la enseñanza islámica.

La Sunna es el código legal de jurisprudencia islámica, y es autoritativo en los gobiernos de estados islámicos. Describe los hechos de la vida de Mahoma y ofrece ejemplos de ética y de vida.

El Jadit (en plural ajadit) es similar a las Sunnas, pero no son idénticos. A diferencia de un retrato biográfico, cada Jadit es el relato de un episodio de la vida del profeta y lo que dijo. Así, mientras la totalidad de la Sunna presenta una historia significativa de Mahoma, los volúmenes del Jadit exponen los mandamientos fundamentales y eternos de Mahoma.

Según el Concilio Sudafricano de Teólogos Musulmanes, el Jadit / la Sunna es la explicación razonable de un Corán que de otro modo es a veces ambiguo. Explican que: "El Sagrado Corán, sin el Jadit o la Sunna del Profeta, resulta ininteligible en ciertas oportunidades y en vista de eso, el Sagrado Corán ha ordenado a los musulmanes en algunas ocasiones que sigan al Profeta en sus dichos y hechos. De tal manera que si uno cree en el Sagrado Corán, no queda otra alternativa que sostener el Jadit del Profeta". En *Studies in Hadith Methodology and Literature* de M. M. Azami, se da la siguiente definición de un Jadit:

> Según los *Muhaddithiin* [eruditos en el Jadit] representa "lo que fue transmitido sobre la autoridad del Profeta, sus hechos, dichos, aprobaciones tácitas o la descripción de sus *sifaat* [características] y de su aspecto físico. Sin embargo, el aspecto físico del Profeta no se incluye en la definición que utilizan los juristas.[1]

La expansión del islam después de la muerte de Mahoma enfrentó a los estudiosos del islam con una tarea desalentadora: preservar el conocimiento de las enseñanzas del Profeta. Así nació la ciencia de la evaluación de los Jadit. Hay cuatro versiones del Jadit, todas ellas han adquirido popularidad.

La colección de Sahih Al-Bukhari está reconocida por la abrumadora mayoría del mundo musulmán como una de las colecciones más auténticas de los dichos de Mahoma. Según los eruditos islámicos, se controló la compatibilidad con el Corán de cada parte de su colección, y se estableció de forma minuciosa la veracidad de cada cadena de informantes. Bukhari (810–870), cuyo nombre completo es Abu Abdullak Mamad bin Ismail bin Ibrahim bin al-Mughira al-Ja'fai, dedicó dieciséis años a compilar su investigación, y terminó con 3.295 ajadit divididos en 97 "libros" con 3.450 capítulos.[2] Sus criterios para la aceptación dentro de la colección estuvo entre los más rigurosos de todos los estudiosos de los ajadit, categorizó cada recuerdo y frase como sigue: acertado *(sahih)*, bueno *(hasan)*, débil *(da'if)* e inventado o falsificado *(maudu')*. Todas las citas de este capítulo provienen de la versión de Bukhari del Jadit.

La traducción de Sahih Muslim es una colección mucho más grande. Muslim (817-875); su nombre completo es Abul Husain Muslim bin al-Hajjaj al-Nisapuri, fue alumno de Bukhari. De los trescientos mil ajadit que evaluó, cerca de doce mil —basados en un criterio de aceptación menos riguroso que el usado por Bukhari— fueron aceptados en su colección.[3]

Dos colecciones parciales tienen menos seguidores entre los eruditos islámicos. Las colecciones parciales de Sunan Abu Daawuud y Malik'i Muwatta son de aproximadamente la mitad del volumen de las de Bukhari y Muslim, pero influyen en sectas islámicas tales como los drusos.[4]

Cómo evaluar el Jadit y la Sunna

Según el Corán, *sura* 15:9, los musulmanes creen que las Sunnas y los ajadit son el cumplimiento de una profecía: "Somos Nosotros Quienes hemos revelado la Amonestación y somos Nosotros sus custodios [de la corrupción]". En los catorce siglos desde que fuera formulado el islam, los musulmanes han protegido un registro viviente del ejemplo de Mahoma de cómo se debe vivir el islamismo. Por eso se desarrolló una ciencia de la transmisión para preservar las enseñanzas, dichos y acontecimientos de la vida del profeta, (véase la ilustración "Criterios para establecer los ajadit").[5]

Los aulema, hombres entrenados para memorizar, desarrollaron el estudio académico de la transmisión. Estos aulema se convirtieron en eruditos de la comunidad islámica, desenmascaraban las falsificaciones y falsos atributos a que habían estado expuestas las comunidades de musulmanes.

Los aulema desarrollaron una clasificación de cuatro tipos de ajadit: (1) qudsi, supuestamente las palabras exactas de Mahoma; (2) marfu, informes de testigos directos de las palabras de Mahoma, tales como "Escuché al profeta decir..."; (3) mauquf , la afirmación de un compañero que oyó a Mahoma hacer una afirmación; (4) maqtu', una narración de los sucesores.

Criterios para establecer los ajadit

1 Referencia a una autoridad particular

3 Número de relatores en cada etapa de la Isnad

4 Naturaleza del texto y de la Isnad

Qudsi – sagrada
Marfu – elevada
Mauquf – detenida
Maqtu' – cortada

Mutawatir – consecutivos,

o

Ahad – aislados,

Ziadatu Thiqah – agregado por relator confiable
Munkar – denunciado
o
Mudraj – intercalado

5 Veracidad y memoria de los relatores

lo que incluye

2 Vínculos de Isnad (interrumpidos o continuados)

Mash'bur – famosos
Aziz – inusuales o
Ghairb – escasos / extraños

Sahi – sólida
Hasan – buena
Da'if – débil o
Maudu' – inventada / falsificada

Musnad – sostenidos
Mursal – apresurados
Muttasil – continuos
Munqati – rotos
Mu'dat – confusos
Mu'allaq – suspendidos

Temas abarcados

Aunque no hay un índice de temas del Jadit de Bukhari que sea autoritativo, Muhsin Khan de la Universidad de California del Sur ha desarrollado un conjunto descriptivo de títulos de capítulos (véase la ilustración de temas de capítulos del Jadit). Eso demuestra la variedad de temas que abarca.[6]

Orina de camello, calzados y ojos malignos

En el Jadit se encuentran algunas enseñanzas extrañas. Uno no debería burlarse de los cursos de salud antiguos, pero si el islam sostiene la infalibilidad de sus textos sagrados, el Jadit enfrenta a los musulmanes con un dilema. Las enseñanzas de Mahoma, ¿son citas históricas dentro de un contexto cultural o en realidad prescriptivas?

Mahoma expuso, por ejemplo, las virtudes medicinales de la orina de camello: "El profeta les ordenó seguir sus camellos, y beber su leche y su orina, de modo que siguieron sus camellos y bebieron su leche y su orina hasta que sus cuerpos estuvieron saludables" (7:590). Pensaba que "la fiebre viene del calor del infierno, de modo que quítenla (enfríenla) con agua" (7:619). Una mosca común en la taza de alguien es señal inequívoca de salud: "Mahoma dijo, 'si cae una mosca común en la bebida de alguno de ustedes, debe sumergirla (en la bebida), porque una de sus alas tiene una enfermedad y la otra la cura para esa enfermedad'" (4:537).

Mahoma pensaba que el aspecto de un niño está determinado por si es el hombre o la mujer quien tiene el orgasmo primero: "Mahoma dijo, 'En cuanto al niño, si la descarga del hombre precede a la descarga de la mujer, el niño atrae la similitud con el hombre, y si la descarga de la mujer precede a la del hombre, entonces la criatura atrae la similitud con la mujer'" (5:275).

Mahoma fue un hombre supersticioso. Enseñó que: "el efecto de un ojo maligno es un hecho" (7:636), y "Si quieres ponerte el calzado, ponte el derecho primero, y si quieres quitártelo, quítate el izquierdo primero" (7:747).

Temas de los capítulos del Jadit

1. Revelación
2. Creencia
3. Conocimiento
4. Abluciones (Wudu')
5. Ducharse (Ghusl)
6. Períodos menstruales
7. Restregar manos y pies
8. Oraciones (Salat)
9. Virtudes del salón de oración
10. Períodos de oración
11. Llamado a la oración (Adbaan)
12. Características de la oración
13. Oración del viernes
14. Oración de temor
15. Los dos festivales (Eids)
16. Oración de guerra
17. Invocar a Alá por lluvia (Istisqaa)
18. Eclipses
19. Postración durante el recitado del Corán
20. Acortar las oraciones (At-Taqseer)
21. Oración nocturna (Tahajud)
22. Acciones durante la oración
23. Funerales (Al-Janaa'iz)
24. Impuesto de caridad obligatorio (Zakat)
25. Impuesto de caridad obligatorio después del Ramadán
26. Peregrinación (Hajj)
27. Peregrinaciones menores (Umra)
28. Peregrinos impedidos de completar la Hajj
29. Castigo por cazar durante la peregrinación
30. Virtudes de Medina
31. Ayuno
32. Oración nocturna en Ramadán
33. Retiro a una mezquita para recordar a Alá
34. Ventas y comercio
35. Ventas en que los bienes se entregan después
36. Contratos
37. Transferencia de deudas
38. Representaciones, autorizaciones y negocios con apoderados
39. Agricultura
40. Distribución de agua
41. Quiebra
42. Objetos perdidos recogidos por alguien
43. Vejaciones
44. Asociaciones
45. Hipotecas
46. Manumisión de esclavos
47. Obsequios
48. Testigos
49. Pacificación
50. Condiciones
51. Legados y testamentos (Wasaayaa)
52. Lucha por la causa de Alá (Yijad)
53. Un quinto del botín para la causa de Alá (Khumus)
54. Inicio de la creación
55. Profetas
56. Virtudes y méritos del Profeta
57. Compañeros del Profeta
58. Méritos de los Ayudantes en Medina
59. Expediciones militares dirigidas por el Profeta
60. Comentario profético sobre el Corán
61. Virtudes del Corán
62. Matrimonio (Nikaah)
63. Divorcio
64. Sostén de la familia
65. Alimento, comidas
66. Sacrificio por un nacimiento
67. Caza, matanzas
68. Festival de sacrificio en Al-Adha
69. Bebidas
70. Enfermos
71. Medicinas
72. El vestido
73. Buenos modales, forma
74. Pedido de permiso
75. Invocaciones
76. Enternecer el corazón
77. Voluntad divina (Al-Qadar)
78. Votos y juramentos
79. Expiación por juramentos no cumplidos
80. Leyes de herencia (Al-Faraa'id)
81. Límites y castigos establecidos por Alá (Hudood)
82. Castigo de los incrédulos en guerra con Alá
83. Rescates por homicidio
84. Tratamiento a los apóstatas
85. Hablar bajo presión
86. Trampas
87. Interpretación de sueños
88. Las aflicciones y el fin del mundo
89. Juicios (Ahkaarn)
90. Deseos
91. Aceptar información de una persona confiable
92. Guardar el Corán y la Sunna
93. Singularidad de Alá

La sunna y la vida de Mahoma

En cuanto a la ética, al musulmán se lo insta a seguir el ejemplo jadítico de Mahoma. Él dijo: "Aténganse a mi Sunna" y en otro lugar: "Cualquiera que descuide mi sunna no me pertenece". Algunos aspectos de la *sunna* son obligatorios *(waajib)* y algunos son recomendaciones *(mustahabb)*. Las prescripciones en ambas categorías abarcan prácticamente todos los aspectos de la vida.

La lectura de los ajadit puede contribuir mucho a ayudar a los cristianos a entender el estilo de vida musulmán. El Jadit establece acciones como:

- sentarse de piernas cruzadas con la pierna derecha arriba durante la oración (*muftarishan;* Bukhari, 784);
- sacrificar un camello mientras está de pie con su pata delantera izquierda atada (Bukhari, 1598);
- sostener un recipiente para beber con la derecha (Muslim, 3785);
- dividir el tiempo por igual entre las esposas (Bukhari, 4813).

Prácticamente cada acción que realizan los musulmanes, desde cómo se acercan a la casa hasta cómo se cepillan los dientes, tiene un precedente en el Jadit. Ciertos actos de protocolo deben ser tomados con cuidadosa consideración. Cuando se duda, y para evitar ofender, el no musulmán debería permitir que el musulmán actuara primero.

Shane y Cheryl aprendieron la lección. Ojalá nosotros también podamos hacerlo antes de perder la oportunidad de testificar.[7]

Notas

1. M. M. Azami, *Studies in* Hadith *Methodology and Literature,* (Nueva York: American Trust, 1978), 23.
2. *Survey of Islam* (Institute for the Study of Islam and Christianity, 2000), versión en disco compacto, capítulo 4.
3. Bill Musk, *The Unseen Face of Islam* (Londres: Monarch, 1989), p. 277

4. Maliki fue profesor de leyes y fundador de una escuela jurídica que enseñó a más de mil estudiantes. Maliki revisó su *Muwatta* durante toda su vida.

5. De http://www.usc.edu/dept/MSA/fundamentals/hadithsunnah.

6. *Ibíd.* Adaptado de una monografía, The Islamic Society of Greater Kansas City, Kansas.

7. Partes de este capítulo se presentaron por primera vez como una monografía de los autores en un seminario de la reunión anual de la *International Evangelical Theological Society*, 15 de noviembre de 2001, Colorado Springs, Colorado.

6

ALÁ: NOMBRES DE TERROR, NOMBRES DE GLORIA

Los "sobrenombres divinos" de Dios

POCOS DÍAS DESPUÉS DE LOS ATAQUES a las Torres Gemelas y el Pentágono, se realizó un servicio recordatorio en un estadio de básquetbol. Miles de personas se reunieron para expresar su congoja y orar. Sobre una gran plataforma ubicada en el centro del campo, los líderes del encuentro se amontonaron alrededor del micrófono. En el centro del escenario estaba Oprah Winfrey, una anfitriona norteamericana de programas de entrevistas por televisión y magnate casi siempre presente de los medios de comunicación. En una variedad de escenarios de medios de gran visibilidad, Winfrey se estaba convirtiendo en la educadora de Norteamérica. Toda su enseñanza se centraba en la doctrina de que el islam es una religión pacífica y bondadosa.

Ese día en el estadio un ministro cristiano se paró frente al micrófono y comenzó la invocación: "oramos en el nombre de nuestro Dios: el Dios del cristianismo, del judaísmo y del islam..."

¿Estaban todas aquellas personas reunidas en el estadio, cristianos, judíos, musulmanes y otros, en realidad hablando con el mismo "Dios", que sencillamente tiene diferentes "sobrenombres divinos" que invocan los adherentes de las diferentes religiones?

¿Están en lo cierto desde el punto de vista espiritual los seguidores del estilo *Oprah* en que toda persona tiene una "luz interior" que uniformiza todos los sistemas de fe, ya que el viaje de indagación de cada persona es una búsqueda de la "luz interior de sentido y propósito"?

El mensaje de Oprah con relación a la benevolencia del islam y a su similitud con otros sistemas de fe ha sido adoptado ahora en los reportajes que hacen los medios de comunicación sobre el terrorismo y las crisis del Medio Oriente. Sin embargo, quienes están curiosamente ausentes en la discusión en este punto han sido los cristianos evangélicos ortodoxos, y para el caso, los aulema (eruditos) ortodoxos musulmanes.

¿Está en lo cierto el posmodernismo? ¿Hablan todas las religiones de lo mismo?

Casi hubo un disturbio en Texas

Después del 11 de septiembre el debate se agudizó. En noviembre de ese año Ergun dio una conferencia en la Universidad del Norte de Texas sobre el tema "Terrorismo, tolerancia y verdad". La conferencia, patrocinada por la *Denton Bible Church* y la *Campus Crusade for Christ* (Cruzada estudiantil para Cristo), estaba en un principio programada para llevarse a cabo en la sala literaria. Sin embargo, debido al gran interés que suscitaba, los organizadores decidieron usar un recinto más grande: el auditorio principal.

Se habían distribuido volantes durante semanas. La población musulmana de la universidad y de la comunidad estaba exasperada porque un musulmán convertido en cristiano evangélico hablaría de ese tema. Le habían hecho amenazas, de manera que había una estricta seguridad, pero a medida que se reunía el público, se hacía evidente que se produciría un debate intelectual, no una confrontación física.

Había mucha tensión en la sala, y la discusión fue, para decir lo menos, agitada. El conferenciante y el moderador habían acordado que, de ser posible, solo podrían hacer preguntas los musulmanes y los escépticos durante el foro abierto después de la conferencia.[1] Con mucha frecuencia ese tipo de conferencias "instala" personas que hacen preguntas fáciles al conferenciante, como una película cristiana mala de los años 70. Aquí los escépticos tendrían la posibilidad de hacer preguntas y de exponer sus ideas. Las preguntas dirigidas a Ergun siguieron un patrón predecible, ya que él ha participado con frecuencia de esos foros. Las afirmaciones atacarían de manera inevitable la credibilidad del conferenciante ("usted no es experto en islamismo"), o su conocimiento ("no ha leído lo suficiente el Corán"), o su integridad ("miente acerca del islam") sin que en realidad estuvieran enfocando algún tema. La tensión creció cuando un caballero islámico mayor se puso de pie para hablar. En vez de gritar (como había sido el caso de varios que habían preguntado antes), habló en forma tranquila pero firme sobre el tema central del carácter y del nombre divino de Alá. Señaló que el conferenciante había presentado solo parte del asunto. Alá es benevolente y misericordioso, continuó, y no envía a todo musulmán a la *yijad*. Reconoció que era difícil responder a los pasajes del Corán y del Jadit que había citado Ergun. Sin embargo, pensaba que los atacantes suicidas de las Torres Gemelas estaban ahora en el "fuego del infierno".

Sabiendo que los medios noticiosos buscan mezclar todas las religiones en una "hermandad", Ergun hizo una pregunta dirigida al caballero islámico: "Señor ¿puedo hacerle una pregunta? ¿Es Alá el mismo Dios que Jehová?"

El caballero miró al conferenciante, luego al público y dijo: "No, por supuesto que no".

Si esa noche no se logró otra cosa, por lo menos un punto quedó claro. Musulmanes y cristianos habían estado de acuerdo que Alá y Jehová no son lo mismo.

¿Estamos usando sobrenombres divinos?

Si hay un tema que despierta controversia en la comunidad académica cristiana es el de la semántica frente a la teología. Como los cristianos usan la Palabra Dios con relación a nuestra deidad, y siendo que el término genérico árabe para "dios" es Alá, ¿significa que los cristianos y los musulmanes hablan del mismo Ser? Algunos estudiosos cristianos ven la diferencia entre Dios y Alá solamente como una cuestión de lenguaje. En su excelente libro *Answering Islam* [Respondamos al islam], Norman Geisler y Abdul Saleeb expresan un punto con el que nosotros, los autores de este libro, con todo respeto, estamos en desacuerdo:

> Alá es el nombre personal para Dios en el islam. No hacemos distinción...entre la palabra "Alá" y el término "Dios". Como lo expresa un conocido autor musulmán, "Al Lah" significa "la Divinidad" en árabe: es el Dios único, lo que implica que una correcta trascripción solo puede llevar al significado exacto de la palabra, con la ayuda de la expresión "Dios". Para el musulmán "al lah" no es otra cosa que el Dios de Moisés y de Jesús.[2]

La filosofía, la lógica y la etimología determinan la respuesta de Geisler y Saleeb. A lo largo de su historia los musulmanes han significado con el término Alá una Causa sin Origen y un Ser Necesario. El concepto de "Ser necesario" del islam es similar al de los apologistas cristianos como Tomás Aquino cuando buscan pruebas de la existencia de Dios. Los conceptos de Alá y de Dios quedan en una posición de "similitud terminológica". Conforme Geisler y Saleeb continúan, ellos citan a Kenneth Craig quien afirma: "el término arábigo para 'ilahun' significa 'un dios' y es similar a los términos hebreo y arameo para deidad".[3]

Pero quedan las preguntas sobre el origen y la idea: ¿Veía Mahoma al islam como cumplidor y redactor del judaísmo y el cristianismo? ¿O apuntaba a una revisión completa de la religión en su conjunto? ¿Veía a los cristianos y a los judíos como no intencionados adoradores de Alá, el único Dios verdadero, o eran paganos y *akafir* (infieles)? Aunque hizo copiosas revisiones de los relatos del Antiguo Testamento y de la naturaleza de Jesús, con claridad veía a los seguidores de Moisés y de Cristo como hijos de Satanás, no como hermanos separados.

El proceso de redefinir un conjunto establecido de términos para que se adapte a las ideas propias se conoce como "redacción". Así, cuando el musulmán dice que es hijo de Abraham, agrega un nuevo sentido a la naturaleza esencial de Abraham. En el *sura* 3:67, el Corán afirma de manera categórica: "Abraham no fue judío ni cristiano, sino que fue un hombre recto, un musulmán, no fue uno de los politeístas". La historia de Abraham ha sido redactada para adaptarla a otro programa.

La misiología y el Dios desconocido

Algunos apologistas cristianos usan esas similitudes semánticas como puente para el entendimiento. Si podemos usar la palabra Alá, podemos encaminar a los musulmanes a la comprensión de que Alá es en realidad el trino Dios de la Biblia. Hechos 17 registra que en Atenas Pablo usó un dios falso en el Areópago para proclamar a Cristo (véase Hechos 17:16-31).

Para quienes siguen este principio misiológico, el argumento básico se puede expresar como sigue:

Pablo mostró que esos filósofos estaban adorando sin saberlo al verdadero Dios de la cristiandad (Hechos 17:23).

Usó sus falsos dioses para predicarles sobre el verdadero Dios.

En su adoración ya tenían preparado un lugar en su corazón para el verdadero Creador.

En consecuencia, podemos hablar de Alá como Dios en el campo misionero, porque los musulmanes sencillamente no conocen su naturaleza.

Pero hay fallas en ese argumento:

Primero, Pablo no confundió los falsos dioses que adoraban los ateneos con el único Dios verdadero de Cristo. Señaló un ídolo que los atenienses habían fabricado para "seguirles la corriente". Este "Dios no conocido", a quien Pablo tomó por nuestro Dios, era diferente en naturaleza y en nombre a los demás ídolos. El argumento antes citado solo sería cierto si Pablo hubiera señalado a Zeus o algún otro dios del panteón griego y hubiera dicho:

"Vengo a anunciarles acerca de este dios. Ustedes no conocen la verdadera naturaleza de este dios". En lugar de eso diferenció al único Dios verdadero de los dioses falsos, a los que con claridad veía como ídolos.

Ya fuera que los atenienses "adoraban sin saber" al verdadero Dios o no, Pablo no dijo que eran creyentes, de lo contrario no hubiera tenido necesidad de proclamarles a Cristo. En lugar de reprocharles su sincretismo por combinar todos los dioses para adorar a uno, Pablo incluyó la posibilidad de un dios desconocido, uno que ellos no conocían, y era a ese Dios —Jesucristo— a quien les predicaría. No estaba sencillamente llenando el blanco de un ídolo con el nombre de Jesús. Cristo no era un dios que ellos tuvieran. Incluso los filósofos vieron que ese "extraño dios" de Pablo no estaba entre los que conocían.

Estrechar el vínculo entre Yahvé y Alá, en realidad no hace otra cosa que dañar la proclamación de Cristo en los países de habla arábiga. Cuando se pregunta a los musulmanes si conocen a "Alá" responden de manera afirmativa. Pero la insinuación de que Alá es trino y personal se convierte en un ataque personal a su dios y a su religión, más que en la proclamación de Cristo. Muchos cristianos de habla arábiga usan el término persa *khudu* para Dios, para evitar la confusión al referirse a Alá con el nombre *Dios*.

El Alá que adorábamos como musulmanes era un juez remoto. Cuando un cristiano habla de la proximidad y la gracia de Dios, confunde al musulmán que carece del concepto de Dios–hombre en su religión, salvo por la negación.

¿Musulmanes mesiánicos?

Cuando Ergun habló en una iglesia en la costa este de los Estados Unidos, un árabe que se había convertido en cristiano estuvo en desacuerdo con su concepto del término Alá. Como ese hombre hablaba árabe y era un creyente, pensaba que, siendo "Alá" sencillamente una palabra árabe, podía usarla para representar a Jesucristo o a toda la deidad. Prefería no usar la palabra Jehová, porque no estaba en su lengua nativa.

Su segundo punto fue todavía más desconcertante. Se consideraba a sí mismo como un *musulmán mesiánico*. Así como los judíos mesiánicos habían descubierto que Jesús era Yahvé, él había descubierto que Jesús era Alá. ¿Acaso no podía seguir usando el término Alá bajo esa luz?

Tal argumento va contra la naturaleza misma del judaísmo mesiánico. Israel siempre había estado esperando al Redentor y Salvador, el Mesías, y los judíos mesiánicos han reconocido que Jesús es en realidad ese Mesías, el cumplimiento de su esperanza. No obstante, un musulmán devoto mira retrospectivamente la vida de Cristo. Mahoma, que conocía las enseñanzas de Cristo como Señor, lo rechazó. El rechazo de la afirmación de señorío de Jesucristo es, en realidad, la principal doctrina del islam.

> "Dicen: 'El Compasivo ha adoptado un hijo'. Habéis cometido algo horrible...por haber atribuido un hijo al Compasivo, siendo así que no le está bien al Compasivo adoptar un hijo (*sura* 19:88-92).

El musulmán que acepta a Jesucristo como Señor, debe entonces rechazar su religión anterior, que de manera explícita niega a Cristo como Dios. El cristianismo no es el cumplimiento de la esperanza del islam, sino que rechaza al islam en su punto central.

Sin sincretismo

Este tema de lo que se quiere significar por *Alá* es tan esencial y radical que no se puede exagerar. El asunto del nombre de Dios tiene que centrarse en la naturaleza de Dios. Si un hombre de ciencia habla de "dios" en los términos de *engramas* ¿está hablando del Dios de la Biblia sencillamente porque usa el término genérico español para la divinidad? Si un mormón discute sobre la naturaleza de Dios ¿está filosofando sobre Jesucristo, Emanuel, porque invoca la palabra *Dios*? Es importante que seamos precisos. No se puede discutir el "nombre" de Dios sin antes explicitar la naturaleza del Dios vinculado al nombre.

En discusiones con cristianos bien intencionados pero imprecisos, nosotros, los autores, por lo general usamos una serie de preguntas retóricas para demostrar lo absurdo que es identificar a Alá con Yahvé: ¿Es Alá trino? Si no lo es, entonces no estamos hablando del mismo Dios. ¿Tiene Alá un Hijo? Si no (véase *sura* 19:88-92), no estamos refiriéndonos al mismo Dios. ¿Es Alá el Redentor vicario y Cordero de Dios para expiación, que quita el pecado del mundo? Si no lo es, entonces no estamos hablando del mismo Dios. En una cultura posmoderna políticamente correcta, políticamente inspirada, esos principios no son populares ni bienvenidos. Pero son fundamentales para un testimonio eficaz (véase Filipenses 2:5-11).

La naturaleza de Alá

Es obligatorio para el cristiano examinar la naturaleza de Alá a la luz del Corán. El *sura* 112 define Alá como sigue: "¡En el nombre de Alá, el Compasivo, el Misericordioso! Di: '¡Él es Alá, Uno, Dios, el Eterno. No ha engendrado, ni ha sido engendrado. No tiene par'". Como señalan Geisler y Saleeb, el Jadit afirma que este *sura* "se considera del valor de un tercio de todo el Corán y que los siete cielos y las siete tierras se basan en el mismo. Una tradición afirma que confesar este pasaje es despojarse de los pecados propios como lo haría un hombre desponjando las hojas de un árbol en otoño".[4]

Alá como absolutamente uno (Tawhid)

En más de cien pasajes, el Corán destaca la naturaleza absolutamente monoteísta de Alá con existencia propia y necesaria. Esta sencilla confesión se halla en cada coyuntura de la vida islámica: La *illaha illa Allah, Muhammad rasul Allah* ("No hay otro dios sino Alá, y Mahoma es el mensajero de Alá"). Esta confesión, el pilar fundamental del islam, se hace en cada rito de paso: nacimiento, matrimonio y muerte. Se la pronuncia innumerables veces por día y es una afirmación excluyente: solo Alá puede ser adorado.

Mahoma confesó que solo Alá es Dios: "Combatid contra quienes, habiendo recibido las Escrituras, no creen en Alá ni en el último Día" (*sura* 9:29). Solo el islam es básico para la salvación de la humanidad: "Si alguien desea una religión diferente del islam, no se le aceptará y en la otra vida será de los que pierdan" (*sura* 3:85).

Alá como determinista (En sh' Alá)

En sh'Alá significa: "es la voluntad de Alá". Una de las doctrinas fundamentales del islam es la absoluta soberanía de Alá hasta el punto del determinismo. Alá sabe todo, determina todo, decreta todo, y ordena todo. Alá incluso en la causa del mal:

"Cuando queremos destruir una ciudad, ordenamos a sus ricos y ellos se entregan en ella a la iniquidad. Entonces, la sentencia contra ella se cumple y la aniquilamos" (*sura* 17:16).

El capítulo 9 de este libro trata el concepto islámico de la salvación, y analiza más de cerca el fatalismo reflejado en casi cada acto de los musulmanes. Nuestro padre solía decir: "Si te caes y te quiebras la pierna, di: 'Es la voluntad de Alá', porque Él ha hecho que ocurriera". Incluso durante el tiempo de oración (*rakats*), ningún musulmán formula en realidad súplicas. Es la repetición del primer *sura* (capítulo) del Corán que ocupa la mayor parte del tiempo de oración en cualquiera de las cinco posiciones de oración. Esta repetición es un tipo de mantra, que invoca el poder de Alá, pero no le solicita nada. Para el musulmán, la oración es un acto de obediencia (y de escapar al castigo de quienes descuidan la oración), no una petición.

Una aproximación a esta idea de fatalismo reside en el nombre mismo de Alá, *Al-Jabbar*, "el Poderoso" en el *sura* 59:23. El término alude a la capacidad para compeler con un poder imposible de ser resistido.

Los nombres de Alá

La tradición islámica enseña que Alá tiene noventa y nueve nombres. El Jadit afirma: "Mahoma dijo: 'De cierto hay noventa y nueve nombres de Alá y cualquiera que los recite entrará al paraíso'". La lista de nombres para Alá es tan variada como los compiladores y los *aulema* mismos. Por eso es difícil verificar una compilación exhaustiva. El *Journal of the Royal Asiatic Society* de 1880 (Boletín de la Sociedad Asiática Real) reunió 552 distintos nombres de Alá, tomándolos del Corán y del Jadit. Otros usan ochenta y un nombres que se encuentran en el Corán y dieciocho del Jadit. La siguiente lista reúne las dos principales compilaciones, una de Muhammed al-Mandani y la otra de Abu Huraira.[5] Ni esta lista ni cualquier otra versión se consideran exhaustivas, pero estos nombres ilustran líneas de pensamiento en el islam. Las notas en forma de extractos son de los compiladores. La ortografía varía según la transliteración usada.

- Alá, el nombre que expresa la esencia del ser
- Al-Aakhir, el Fin, quien es la consumación de los tiempos (*sura* 57:3)

"Mahoma ha explicado esto. Dijo, en Saheeh Muslim, 'Alá, eres el Primero [al-Awwal], porque nada hubo antes que tú, y eres el Fin [al-Aakhir], por cuanto nada hay después que tú, y tú eres el Triunfante [ad-Dhaahis], porque nadie hay sobre ti, y eres el Perspicaz [al-Baatin], porque nada hay después que tú. Perdónanos nuestras deudas y líbranos de la pobreza". Mahoma quiso significar el Triunfante [al-Ghaalib] con ad-Dhaahir y el Omnisciente [al-Saalim] con al-Baatin. Y Alá sabe todo. (Al-Qurtubi para el *sura* 57:3).

- *Al-Adl*, el Justo (6:115)
- *Al-Afuw*, el Perdonador, quien perdona a Sus siervos (4:99–100; véase también bajo Al-Ghaffar)
- *Al-Ali*, el Elevado en poder y fuerza (2:225–56)
- *Al-Alim*, el Omnisciente (2:29)
- *Al-Awwal*, el Principio, quien precede al comienzo (57:3 ver bajo Al-Aakhir)
- *Al-Azim*, el Poderoso (2:225–256)
- *Al-Aziz*, el encumbrado en Soberanía (59:23)

- *Al-Badi*, el Ingenioso, quien ideó todo el arte de la creación (2:117). Términos relacionados son Al-Wahid, el Creador Único, y Al-Khaliq. el Creador (13:16-17)
- *Al-Baith*, el Levantador, quien levantará un testigo musulmán en cada región (6:89-91)
- *Al-Baqi*, el Perpetuo, quien permanece y sobrevive para siempre (20:73, 75)
- *Al-Bari*, el Hacedor, de cuya mano todos procedemos (59:24)
- *Al-Barr*, el Compasivo, cuya misericordia se ve en toda la creación (52:28)
- *Al-Basir*, el Observador, quien ve y oye todas las cosas (57:3)
- *Al-Basit*, el Extendedor, quien extiende su misericordia a quien desea (13:26)

Anas relató: "La gente dijo: 'Apóstol de Alá, los precios se han disparado, fija los precios para nosotros'. Por lo tanto el apóstol de Alá dijo: 'Alá es quien fija los precios, el que toma es el que da *[al-Basit]*, y espero que cuando vea a Alá, ninguno de vosotros podrá reclamarme por una injusticia con relación a la sangre o la propiedad'". (Sunan Abu Daawwd Jadit 23:3444)

- *Al-Batin*, el Interior, quien es inmanente a todas las cosas (57:3)
- *Al-Darr*, el Desolador (48:11)
- *Al-Fattah*, el Abridor, quien despeja el camino (34:26)
- *Al-Ghaffar*, el Perdonador (71:10). Como "Perdonador" Alá cubre y pasa por alto los pecados. Perdona a todo aquel que se *arrepiente*, incluso a quienes han cometido un grave pecado *(shirk)*. Pero Ala solo cubre el pecado. El islam carece del concepto de limpieza del pecado.
- *Al-Ghafur*, el Clemente (2:235)
- *Al-Ghani*, el Rico, quien posee todo (2:267)
- *Al-Hadi*, el Guía, quien conduce a los creyentes (22:54)
- *Al-Hafiz*, el Guardián, que vigila todo (11:57). Una forma intensiva de *"al-hafid"*, que significa "el que está siempre atento y constantemente en guardia".
- *Al-Hakem*, el Juez entre sus siervos (40:48)

Hani ibn Yazid relató: "Cuando Hani fue con su gente en una delegación al Apóstol de Alá, el Apóstol los oyó llamarlo por su *kunyah* [sobrenombre], Abul-Hakem [padre de al-Hakem]. De manera que el Apóstol de Alá lo llamó y dijo: 'Alá es el juez [al-Hakem], y a El le pertenece el juicio. ¿Por qué entonces te dan por *kunyah* Abul-Hakem?'

"El respondió: 'Cuando mi gente está en desacuerdo por algún asunto, vienen a mí, y yo decido entre ellos, y ambas partes quedan satisfechas con mi decisión'. El [Apóstol] dijo: '¡Cuán bueno es eso!'" (Sunan Abu Daawuud Jadit 41.4937)

- *Al-Hakim*, el Sabio (6:18). Una forma intensiva de la palabra árabe *hakim*. Entre los significados están el Gobernante o Soberano y el Juez. Algunos también dicen que significa el que previene o frena la corrupción.
- *Al-Halim*, el Amable, que es clemente con los Suyos (2:225)
- *Al-Hamid*, el Admirable, que merece toda alabanza. Ibn Katheer escribe que este nombre indica que Alá es quien merece la alabanza en "todos Sus hechos, dichos, leyes, mandamientos y prohibiciones".
- *Al-Haqq*, la Verdad (20:114)
- *Al-Hasib*, el Contador, quien es el Estimador, (4:6-7). El Estimador, es decir Aquel que tiene en cuenta los hechos de las personas, quien las recompensará o castigará según lo estime. Al-Qurtubi señala que esta es una advertencia en particular para quienes niegan a Alá. A su tiempo responderán ante él por sus hechos.
- *Al-Hayy*, el Viviente, el que es la fuente de vida (20:111)
- *Al-Jabbar*, el Poderoso. Cuyo poder y potestad son completos (59:23). *Al-Jabbar* es el omnipotente, el Todopoderoso, absolutamente libre de debilidades. Puede forzar a otros, y Su poder es irresistible. Otros han señalado que un posible sentido es el que establece los derechos y las condiciones.
- *Al-Jalil*, el Majestuoso (59:23)
- *Al-Jami*, el que Reúne las personas para el día del juicio final (3:9)
- *Al-Khabir*, el Bien Informado (6:18)
- *Al-Khafid*, el Humillador, quien a algunos humilla y a otros exalta (56:3).

- *Al-Khaliq*, el Creador (13:16-17)
- *Al-Kabir*, el Grande (22:62)
- *Al-Karim*, el Noble generoso (27:40), *Karim*, la forma superlativa de *kareem*, significa de corazón noble y magnánimo. Puede referirse específicamente a la comprensión y la paciencia —rasgos de un corazón noble—, que muestra Alá al pasar por alto la ignorancia de sus siervos. La referencia a la "ignorancia de Sus siervos" se basa en la revelación de este nombre en particular. Aparece en el Corán en 96:1-5, como las primeras palabras reveladas por Alá a un hombre que no podía leer ni escribir, a Mahoma.
- *Al-Latif*, Aquel que es amable con sus siervos (42:19)
- *Al-Majid*, el Glorioso(11:73)
- *Al-Malik*, el Rey de todos (59:23)

Abu Huraira afirmó que el Profeta dijo: "Alá sostendrá toda la tierra y desplegará todos los cielos en lo alto de su Mano Derecha, y luego dirá, 'Soy el Rey, ¿dónde están los reyes de la tierra?'" (*jadit* 6.60.336).

Abu Huraira informó de muchos ajadit del mensajero de Alá y uno de ellos fue así: que el Mensajero de Alá dijo, "La persona más miserable a la vista de Alá el día de la Resurrección y la peor persona y objeto de Su ira sería la persona que se llamara *Malik al-Amlaak* (Rey de reyes) porque no hay otro Rey que Alá" (Sahih Muslim Jadit 5339)

- *Malik Al-Mulk*, el Poseedor del reino (3:26)
- *Al-Matin*, el Firme en fuerza (51:58)
- *Al-Mubdi*, el Originador (85:13)
- *Al-Mudhill*, el Avergonzador (3:26)
- *Al-Mughni*, el Enriquecedor, que provee gratificaciones (9:74-75)
- *Al-Muhaimin*, el Preservador (59:23)
- *Al-Muhsi*, el Computador, quien numera todo (19:94)
- *Al-Muhyi*, el Resucitador, quien da vida a los muertos (30:50)
- *Al-Muid*, el Restaurador, quien reconstruye (85:13)
- *Al-Muizz*, el Honrador, quien escoge a quienes habrá de honrar (3:26)

- *Al-Mujib*, el Respondedor, quien responde a sus siervos (11:61). Para evitar confusión los aulema por lo general citan los siguientes ajadit en el contexto del nombre *Al-Mujib:*

El [el Profeta] entonces hizo mención de "una persona que anda por todas partes con su cabello desordenado y cubierto de polvo. Eleva las manos al cielo (y así hace su súplica): 'Oh Señor, Oh Señor', en tanto que su dieta es indebida, su bebida en indebida, sus ropas son indebidas y su nutrición es indebida. ¿Cómo —entonces— puede ser aceptada su súplica?" (Sahih Muslim Jadit 2214)

Abu Huraira relató que el Mensajero de Alá dijo: "La súplica de un siervo será otorgada en caso de que no suplique por pecado o por cortar los lazos de sangre o no se ponga impaciente". Se le preguntó: "Mensajero de Alá, ¿Qué implica 'no se ponga impaciente'?" El respondió: "Que diga lo siguiente: 'Supliqué y supliqué y supliqué pero no recibí respuesta' y luego se frustre y abandone la súplica". (Sahih Muslim Jadit 6595)

- *Al-Mumin*, el Fiel, que da seguridad a Sus siervos (59:23)
- *Al-Munit*, el que Mata según Su voluntad (15:23)
- *Al-Muntaqim*, el Vengador, cuya venganza es justa (30:47)
- *Al-Muqaddim*, el Precursor, que envía ayuda por delante (50:28, ver también bajo Al-Mutaakhkhir)
- *Al-Muqit*, el Dotado de poder (4:85)
- *Al-Muqsit*, el Juez que fija la balanza (21:47–48)
- *Al-Muqtadir*, el que Prevalece sobre los enemigos (4:85)
- *Al-Musawwir*, el Moldeador, quien crea a su voluntad (59:24)
- *Al-Mutaakhkhir*, el Defensor (14:42–43)

Ibn 'Abbas relató: "Cuando el Profeta se levantaba de noche para ofrecer la oración del *Tahajud*, solía decir: '¡Oh Alá! Todas las alabanzas son para ti, eres el que Sostiene los Cielos y la Tierra y todo lo que hay en ellos. Todas las alabanzas son para ti. Tu posees los Cielos y la Tierra...Tu Palabra es verdad y el es verdadero y el Infierno es verdadero y todos los Profetas son verdaderos; y Mahoma es verdadero, y el Día de la Resurrección es verdadero. ¡Oh Alá! Someto [mi voluntad] a ti; creo en ti y dependo de ti. Y me arrepiento ante ti y con tu ayuda discuto [con mis oponentes, los no creyentes] y te tomo como Juez [para juzgar entre nosotros]. Por favor perdona mis pecados pasados y futuros; y todo lo que oculté o descubrí. Eres quien envía algunas personas por delante *[Al-Muqaddim]* y otras por detrás *[Al-Mutaakhkhir]*. Solo a ti adoramos". (Sahih Al-Bukhari Jadit 2.21.221).

- *Al-Mutaali,* el Encumbrado, quien se instala por sobre toda la creación (13:9–10)
- *Al-Mutakabbir,* el Soberbio (59:23)
- *Al-Muti,* el Dador (20:50)
- *Al-Muzil,* el Separador (10:28–29)
- *An-Nasir,* el Ayudador de los suyos (4:45)
- *An-Nur,* la Luz, tanto del cielo como de la tierra (24:35)
- *Al-Qabid,* el Sujetador (2:245–246)
- *Al-Qadir,* el Competente, quien hace lo que le place (17:99)
- *Al-Qahhar,* el Irresistible, el Todopoderoso (13:16–17). Al-Qurtubi señala que esta condición de irresistible es particularmente diferente de Al-Qadir, en que Alá puede impedir que sus siervos obtengan sus deseos o ayudarlos.
- *Al-Qawi,* el Fuerte en poder (13:19)
- *Al-Qayyum,* el Autosuficiente (3:2)
- *Al-Quddus,* el Santísimo (62:1)
- *Ar-Rafi,* el Enaltecedor (6:83)
- *Ar-Rahman,* el Misericordioso, en especial con aquellos que muestran misericordia (1:3; 12:64)

Abu Huraira relató: "El Apóstol de Alá dijo: 'Hay cien [partes de] misericordia de Alá y de ellas ha enviado una parte de misericordia a los *jinn* [ángeles] y los seres humanos y los insectos y es por esa [parte] que se aman unos a otros, muestran bondad unos con otros e incluso las bestias tratan con afecto a sus crías, y Alá ha reservado noventa y nueve partes de misericordia con las que obsequiará a Sus siervos el Día de la Resurrección". (Sahih Muslim Jadit 36.6631)

- *Ar-Rahim*, el Compasivo con los Suyos (2:143)
- *Ar-Raqib*, el Vigilante, que cuida Su creación (5:117)
- *Ar-Rashid*, el Guía, que conduce a los creyentes (11:87)
- *Ar-Raud*, el Amable, que es compasivo con los Suyos (2:143)
- *Ar-Razzaq*, el Proveedor, que no pide provisión alguna (51:57-58)
- *As-Sabur*, el Indulgente, que tiene gran paciencia con los suyos (51:57-58)
- *As-Salam*, el Pacífico, cuyo nombre es Paz (59:23)
- *As-Samad*, el Eterno, que no engendra ni es engendrado (112:2)
- *As-Sami*, el Oyente (17:1)
- *Ash-Shahid*, el Testigo (5:117)
- *Ash-Shakur*, el Agradecido, que acepta el servicio de los Suyos (64:17)
- *At-Tawwab*, el Piadoso, que cede en misericordia para con Adán y la creación (2:37)
- *Al-Wadud*, el Amante, que ama a los Suyos (11:90)
- *Al-Wahad*, El Único (13:16-17)
- *Al-Wakil*, el Administrador, que gobierna todo (6:102)
- *Al-Wali*, la Seguridad (13:11-12)
- *Al-Waliy*, el Amo de Sí mismo (4:45-47)
- *Al-Warith*, el Heredero, a quien todo retornará (19:40)
- *Al-Wasi*, el Abarcador de todo (2:268-271)
- *Az-Zahir*, el Externo, que está en todas partes (47:3)
- *Dhul-Jalal Wal-Ikram*, Señor de la Majestad y el Honor (55:27)

Las diferencias entre los dioses

El Distante

Cuando se habla de Alá en la comunidad islámica, se hace evidente la ausencia de intimidad, expiación y benevolencia. Entre todos los nombres y títulos de Alá, no se encuentran términos de proximidad. En el cristianismo aprendemos que somos "templos del Espíritu Santo" (1 Corintios 6:19), lo que sugiere inmanencia en la vida del creyente. Jesús subraya esta dimensión en Su oración del Getsemaní la noche anterior a la crucifixión. Dios es el Padre, "Abba" (véase Marcos 14:36), el término cariñoso para referirse a un padre amante. Hasta el musulmán más devoto y fiel se dirige a Alá solamente como el siervo al amo; Alá es un soberano distante. Algunos de los nombres de Alá connotan misericordia, pero es una misericordia redefinida: Alá es misericordioso porque no me ha matado o no me ha dejado perecer. Yahvé es un padre solícito, amante e íntimamente comprometido.

El Juez frío

El islam también se dirige a un Dios de la balanza, en oposición al Dios Hijo expiador. Alá perdona solo ante el arrepentimiento de los musulmanes, y todas las consecuencias del pecado y la deuda de la culpa recaen sobre el musulmán, quien se acerca a Alá con terror, anhelando la conmutación de la sentencia. Alá es un "Dador generoso" *(Al-Wahab)* pero con el temperamento de un feroz guerrero que decide ser misericordioso en respuesta a la victoria. Una vez más uno ve un juez, en oposición a un Dios de amor.

El Aborrecedor

El corazón de Alá está dirigido contra el infiel *(kafir)*. No tiene ningún amor por el incrédulo, tampoco es tarea del musulmán "evangelizar" el mundo incrédulo. Alá tiene que ser adorado y punto. Cualquiera que no lo haga debe ser derrotado, silenciado o expulsado. El lema es la conquista, no la conversión del mundo incrédulo. Alá ha encomendado a los musulmanes que consigan que solo el nombre de Alá sea adorado.

Notas

1. El moderador fue Jason Martín, el líder de Venue, el ministerio filosófico colegiado de la *Denton Bible Church,* y estudiante del *Criswell College.* Dirigió con una madurez espiritual mayor que su edad,

cuando la situación podría haber escalado rápidamente hasta convertirse en un disturbio, pero su firme e imparcial liderazgo permitió una libre exposición de ideas. Tanto Venue como *Campus Crusade* lograron lo "prácticamente imposible": un debate abierto entre cristianos y musulmanes sin violencia física ni agresión.

2. Norman Geisler y Abdul Saleeb, *Answering Islam* (Grand Rapids: Baker, 1993), pp. 13-14. La cita del autor es Maurice Bucaille, *The Bible, The Quran and Science,* trads. Pannell y Bucaille (París: Editions Seghers, 1988), pp. 120-21. El libro de Geisler / Saleeb se ha convertido en el modelo de la defensa cristiana frente al islam, y con la excepción de su posición con relación a Alá, es a nuestro juicio una obra indispensable en su conjunto.

3. *Ibíd.,* p. 15, citando a Kenneth Craig *The Call of the Minaret* (Nueva York: Oxford University Press, 1964), p. 36.

4. Geisler y Saleeb, p. 17, citan a Al-Bukhari, *The Translation of the Meanings of Sahih Al-Bukharu,* trad. Muhammad Muhsis Khan (Al-Medina: Islamic University) 6:493-495.

5. La lista de Muhammed al-Mandani está reproducida en Geisler y Saleeb, *Answering Islam,* pp. 22-24. La lista de Abu Huraira se encuentran en H. U. Weitbrecht Stanton, *The Teaching of the Quran* (Nueva York: Biblio and Tannen, 1969), p. 33.

7

LOS FUNDAMENTOS:
LOS CINCO PILARES

La historia de John Walker

PARA EL NORTEAMERICANO MEDIO que creció entre la década hippie de los 60 y el nuevo milenio pluralista, John Walker es un enigma. Criado en el corazón de la Norteamérica liberal y tolerante, tuvo todas las ventajas en la vida, desde educación hasta afirmación. Se le enseñó a buscar su propia realidad y a confiar en que sus padres estarían satisfechos con cualquier decisión que tomara. Para sus padres, no tenía forma de rebelarse porque siempre se le había permitido escoger su camino.

La libertad da a las personas el derecho de rebelarse contra los absolutos, la autoridad y la sociedad. El que explota el relativismo es el adolescente moderno a quien se le enseña que puede creer lo que se le antoje y siempre va a estar en lo cierto, en especial en materia de religión.

John Walker había recibido una libertad ilimitada. Se lo había educado para que "escoja su propio camino espiritual". A los dieciséis, después de leer la biografía de Malcolm X, optó por el islam. Pensado que esa religión de mil doscientos millones de personas era pacífica, Walker viajó a Yemen para aprender el árabe. Más tarde ingresó a la escuela de *madrassah* en Pakistán, conocida por su estricto entrenamiento y estrechos vínculos con el Talibán. El joven de diecinueve años eligió la sencillez en lugar del lujo, la militancia en lugar de la modernidad. Había elegido una de las sectas más intolerantes y separatistas del islam. El periodista Evan Thomas de Newsweek explica la motivación que estaba detrás de esa decisión:

La mayoría de los adolescentes, cuando se rebelan, afirman que buscan más libertad, John Walker Lindh se rebeló contra la libertad. No exigió poder expresarse de manera diferente. Todo lo contrario. Quería que se le dijera precisamente cómo vestirse, qué comer, cómo pensar, cómo orar. Quería un sistema de valores basado en absolutos y estaba dispuesto a recorrer distancias extremas para encontrarlo.[1]

Por último, John Walker apareció luchando por el Talibán en contra de sus propios compatriotas. La próxima vez que los padres vieron a su hijo, fue en la primera plana de numerosos periódicos. Su hijo era un traidor.

El presidente George W. Bush llamó al joven "extraviado". Pero ¿qué o quienes lo encaminaron mal? Charles Colson nos da la respuesta en un artículo reciente:

Walker fue mal encaminado primero por la manera en que los norteamericanos hablan sobre religión. En lo que con frecuencia se denomina "religión civil", todas las religiones se consideran iguales. No solo en términos legales, lo que es correcto en una democracia, sino también en validez y verdad. Nuestra cultura, empezando desde arriba, envía el mensaje de que todas las religiones son en lo fundamental intercambiables e igualmente buenas para los individuos y para la sociedad.

Pero eso no es cierto. Y nos trae a la segunda forma en que Walker fue mal encaminado. Desde el 11 de septiembre, muchas de nuestras elites se han puesto de espaldas para oscurecer, incluso esconder la verdadera naturaleza del islam. Es por eso que personas como Walker y sus padres creen que el islam es una fe pacífica. Es por eso que creyeron en la visión utópica que se les había vendido.[2]

John Walker eligió su propio destino. Aunque su camino fue deficiente en muchos sentidos, su viaje puso en evidencia el atractivo del islam: una fe que da al creyente reglas estrictas y concretas y prácticas a las cuales adherirse.

La comunidad (Umma): un factor central en los ritos islámicos

El sentido de solidaridad dentro de los confines del islam se valora por encima de todo entre los musulmanes. Son una familia de creyentes en Alá que valora la afinidad religiosa más que la libertad individual. En muchos países musulmanes la ley islámica se basa en los cinco pilares del islam, los cinco fundamentos que hacen de punto de concentración de la causa de Alá, unificando a los creyentes bajo el paraguas de las creencias esenciales.

Esos pilares no se negocian. No se cuestionan. Se creen absolutamente. De hecho, criticar alguno de los cinco pilares equivale a traición, se considera herejía y blasfemia, y en muchos países musulmanes se castiga con prisión o algo peor.

Los cinco pilares de la fe

1. El credo (Shahada)

Nace un bebé varón en el Hospital Saddam Hussein en Bagdad, Iraq. Después que los médicos terminan de examinar al bebé, asegurándose de que es saludable, el padre susurra al oído de su hijo unas palabras que llegarán a serle por completo familiares: *"Ilaha illa Allah, Muhammad rasul Allah"* ("No hay otro dios sino Alá, y Mahoma es el mensajero de Alá").

Estas palabras se le repiten al niño a lo largo de su vida, y si es posible, hasta su lecho de muerte. Las debe memorizar en su lengua original, el árabe. Cada día debe repetirlas para demostrar su estricta adhesión a la fe monoteísta y a su fundador.

Lo que parece una simple afirmación en realidad es algo abarcador por completo. La aceptación de Mahoma como el último mensajero de Alá, sitúa al creyente dentro del sistema de creencias del profeta. En consecuencia, el musulmán sostiene lo que creía el profeta, incluyendo que el Corán es la revelación final y perfecta de Alá, que los profetas son los mensajeros para todos los grupos humanos. Y que los ángeles hacen la voluntad de Alá. Además, los dogmas teológicos de la resurrección, el día del juicio, el cielo y el infierno se aceptan como hechos.

Pero la simple aceptación intelectual de estos detalles no es suficiente. El musulmán devoto debe unir la creencia *(imam)* con la práctica *(din)*. La combinación de los principios correctos con un fervoroso cumplimiento guiará al musulmán en el curso de su vida hasta el más allá.[3]

2. La oración (Salat)

Cientos de miles de musulmanes se postran para orar a Alá alrededor de la Kaaba en La Meca. La oración es el dogma básico del islam y actúa como cordel de salvavidas para el musulmán.

La oración es la adoración final del musulmán. En el llamado a la oración podemos ver cómo la oración está unida al concepto de adoración:

Dios el Grande

Dios es Grande

Dios es Grande

Dios es Grande

Testifico que no hay otro digno de adoración que Dios

Testifico que no hay otro digno de adoración que Dios

Testifico que Mahoma es el mensajero de Dios

Testifico que Mahoma es el mensajero de Dios

¡Venid a orar!

¡Venid a orar!

¡Venid al triunfo!

¡Venid al triunfo!

¡Dios es Grande!

¡Dios es Grande!

No hay otro digno de adoración excepto Dios.[4]

Este llamado a la oración también ilustra la importancia de la repetición en la vida de oración del musulmán. Durante la ablución (wudu, "limpieza") que precede a la oración, los musulmanes deben purificarse.

- Lavarse las manos hasta la altura de la muñeca tres veces;
- Enjuagarse la boca tres veces;
- Limpiarse las fosas nasales sorbiendo agua por la nariz tres veces;
- Lavarse la cara desde la frente hasta el mentón y de oreja a oreja;
- Lavarse los antebrazos hasta los hombros tres veces;
- Pasar la mano mojada por toda la cabeza;
- Lavarse los pies hasta la altura de los tobillos tres veces, primero el derecho, luego el izquierdo.[5]

Los musulmanes pueden esperar que Alá escuche sus oraciones solo si están físicamente limpios. A propósito, ciertos actos invalidan el ritual de limpieza y requieren que el musulmán los repita:

- La flatulencia
"Abu Huraira relató que el Mensajero de Alá dijo: 'Alá no acepta la oración de una persona que ha liberado un gas hasta que realice una nueva ablución'. Una persona de Hazhramaut preguntó a Abu Huraira, '¿Qué significa liberar un gas?' Él respondió 'Un flato con o sin ruido'".

- Tocarse los genitales
"Ash-Shaf'i relató: 'Cualquier hombre que se toque el pene debe repetir la ablución. Cualquier mujer que toque su vagina debe repetir la ablución'".[6]

- La limpieza cuando no hay agua
"Y si estáis enfermos o de viaje, si viene uno de vosotros de hacer sus necesidades [del baño], o habéis tenido contacto con mujeres y no encontráis agua, recurrid a arena limpia y pasadla por el rostro y por las manos. Alá no quiere imponeros ninguna carga, sino purificaros y completar Su gracia en vosotros. Quizás, así seáis agradecidos" (*sura* 5:6).

La oración, entonces, no es una conversación personal entre un ser humano y Dios; más bien es una práctica externa saturada de procedimientos formales y costumbres precisas. El protocolo solo se exacerba para aquellos musulmanes que viven fuera del Medio Oriente, donde el árabe no es la lengua nativa, porque todavía deben recitar las oraciones de memoria en árabe. Es incuestionable la importancia de la humildad en el islam. Durante los ritos de oración, conocidos como *rakats*, el musulmán se postra ante Alá en un acto de sumisión. En efecto, "mezquita" *(masjid)*, el término que designa el lugar de adoración islámica, significa literalmente lugar de postración.[7] Finalmente, la oración en la mezquita se eleva por encima de la oración individual. Un *jadit* explica: "La recompensa por la oración ofrecida por una persona en congregación es veinticinco veces mayor que la de una oración ofrecida en la propia casa o en el mercado".[8] A la comunidad se le debe recordar de forma pública sus obligaciones. Si las oraciones no se repitieran cinco veces al día, los creyentes pronto olvidarían a Alá y su grandeza.

3. La limosna (zakat, azaque): socialismo con traje religioso
Manteniendo el tema de la purificación, la limosna (en el original significa literalmente "purificación") limpia al musulmán de la avaricia y el egoísmo a la vez que exige la distribución equitativa de los bienes en toda la comunidad. Está destinada a traer unidad y mejoras a la sociedad en su conjunto. Como lo explica la Sociedad de las Naciones Islámicas: "La *zakat* representa el vínculo inquebrantable entre los miembros de la comunidad, la que el profeta Mahoma describió como 'los órganos del cuerpo, si uno sufre, todos los demás se unen en respuesta'".

El musulmán debe reconocer que todo es propiedad del Todopoderoso Alá. Los musulmanes están obligados a dar el 2.5% de sus ingresos, después de separar las deudas a pagar. En una época de transacciones financieras modernas esto requiere una explicación más detallada:

Cada musulmán calcula de forma individual su *zakat*. La *zakat* se paga sobre el balance neto después de pagar los gastos propios, los gastos familiares, los créditos a pagar, los impuestos y otros. Todo musulmán, hombre o mujer, que al final del año esté en posesión del equivalente a 85 gramos de oro (cerca de 14.000 dólares en el año 1990) o más en efectivo o artículos comerciables, debe dar en *zakat* la proporción mínima del 2.5%. Los impuestos pagados al gobierno no eximen de este deber religioso. El contribuyente no debe buscar la fama ni enorgullecerse, pero si divulgar su nombre y su contribución puede estimular a otros, entonces es aceptable que lo haga.[9]

La limosna también estimula el trabajo duro a la vez que desalienta a la pordiosería, no solo beneficiando este mundo, sino juntando méritos para salvación en el más allá. Mahoma dijo: "Haced la *azalá* [las oraciones] y dad el *azaque* [limosna]. El bien que hagáis como anticipo a vosotros mismos, volveréis a encontrarlo junto a Alá. Alá ve bien lo que hacéis" (*sura* 2:110).

El dar por caridad también alivia la tensión emocional y el temor al juicio. Mahoma explicó: "Los que hayan creído y obrado bien y los que hayan hecho la *azalá* y dado el azaque tendrán su recompensa junto a su Señor. No tienen que temer y no estarán tristes" (*sura* 2:277).

La palabra clave en el pasaje anterior es "y". Observemos todos las estipulaciones requeridas del creyente en Alá. Notemos cómo el *zakat* es central en el tema de la salvación, entrelazado con las otras buenas acciones. Uno recita el credo, ofrece oraciones y hace el bien, pero si descuida la caridad se anula la salvación. Es fundamental para obtener la misericordia de Alá. El Jadit muestra las consecuencias de retener la donación requerida:

El apóstol de Alá dijo: "Aquel a quien Alá enriquece y no paga el *Zakat* de su riqueza, el día de la resurrección su riqueza se convertirá en una serpiente venenosa macho de cabeza calva con dos manchas negras sobre los ojos. La serpiente se enroscará en su cuello y le morderá las mejillas diciendo: 'Soy tu riqueza, soy tu tesoro'" (2.486).

"Salvaos del fuego del infierno dando por lo menos medio dátil en caridad" (2.498).

"El Profeta dijo: 'No retengáis vuestro dinero al contarlo (es decir acaparándolo), porque si lo hacéis, Alá también retendrá de vosotros Sus bendiciones'" (2.514).

También se insta a dar voluntariamente más. El musulmán puede mostrar buen humor como caridad o instar a otros a hacer el bien. Si un musulmán se abstiene de hacer el mal, se lo considera como parte de esa limosna voluntaria *(sadaqa)*.

En definitiva, el musulmán espera que Alá lo recompense de manera proporcional y en forma comparable a lo que ha dado.

4. El Ramadán: ayuno (Sawm) para honrar la llegada del Corán

Al final del Ramadán del año 2001, el presidente George W. Bush invitó a los líderes musulmanes al festival de 'Eid-ul-Fitr, una celebración que cierra el ayuno de un mes y vuelve a la normalidad la vida de los musulmanes. Antes de la cena, un musulmán ofreció una oración de acción de gracias a Alá. Sin embargo Bush no tenía derecho de participar de la festividad por ser cristiano. Un erudito musulmán explica:

> El ayuno no es obligatorio para un no musulmán porque no se le ha ordenado ayunar e incluso si decide ayunar y cumplir todas las reglas, no será aceptado por Alá (SWT). Si alguien quiere hacer el ayuno islámico, primero tiene que declarar el *Kalimah,* solo después le será aceptado el ayuno.[10]

Sin embargo, a la inversa, un devoto musulmán jamás celebraría la Navidad porque no cree que Jesucristo, el Hijo de Dios, vino a quitar el pecado del mundo, como lo explica el relato bíblico cristiano. En lugar de eso, el Ramadán es la antítesis de la Navidad. Incita la revelación del la Santa Biblia contra la revelación del Corán. Los musulmanes creen que Mahoma recibió primero su revelación de Alá en la forma del Corán durante ese mes santo. En consecuencia separan tiempos especiales para adorar y reunirse.

El ayuno es un requerimiento anual de toda la vida para todo musulmán devoto. El Corán afirma: "¡Creyentes! Se os ha prescrito el ayuno, al igual que se prescribió a los que os precedieron. Quizás, así, temáis a Alá" (2:183). Desde el amanecer hasta el anochecer el musulmán debe abstenerse de tener contacto sexual, comer, beber y fumar. En lugar de eso, debe leer el Corán de manera introspectiva, realizando un acto de adoración durante su abstinencia.

No a todos los musulmanes se les permite ayunar. Los excluidos son las mujeres durante la menstruación o el embarazo, los ancianos incapaces de soportar un ayuno, los jóvenes antes de la pubertad y los enfermos.

Pero el no participar sin una excusa legítima se estima como un pecado imperdonable con posibles efectos eternos. Un erudito señala: "Abu Huraira informa que el Mensajero de Alá dijo: 'Cualquiera que rompa el día de ayuno de Ramadán sin un justificativo autorizado por Alá, jamás podrá redimirlo (con otro) día de ayuno, aunque ayunara hasta la eternidad'".[11] En consecuencia, el pecado de abandonar esta obligación es irreversible.

5. *La peregrinación (Hajj) en honor de Abraham*

Michael Wolfe, de madre cristiana y padre judío, se convirtió al islam y realizó su primer hajj a La Meca, la ciudad más santa del islam, en 1991. Explicó su experiencia mística:

> Aquí me uno a gente de todas partes del mundo, todos estos seres humanos atraídos a una por la fuerza de una idea, por la unidad de Dios. Hemos dejado atrás la vida diaria para venir a un lugar que prácticamente no pertenece a este mundo, un lugar lleno de la presencia casi tangible de Dios.[12]

Los musulmanes llaman la atención al hecho de que millones de creyentes de todo el mundo vienen a celebrar juntos la unidad de Alá, lo que contribuye con sustancial credibilidad a la afirmación de su fe.

El Kaaba, el punto central de La Meca, es una roca negra de alrededor de 11 metros de ancho, catorce de largo y diecisiete de altura.[13] Rodeado por cientos de miles de musulmanes que cada año cumplen su deber para con Alá haciendo su peregrinación, se afirma que su herencia se remonta hasta los tiempos de Abraham.

Según afirma la tradición islámica, a Abraham le fue ordenado que sacrificara a Ismael, pero Dios ofreció en su lugar un carnero. En gratitud a Alá, Abraham construyó un lugar de adoración llamado Kaaba, y mandó que el pueblo hiciera una peregrinación anual hasta el lugar. Con el paso del tiempo los árabes locales corrompieron el ritual, instalaron ídolos en la roca e iniciaron una tradición de politeísmo. Finalmente Mahoma restauró el monoteísmo y la peregrinación.

La peregrinación es el clímax del viaje espiritual de los musulmanes. Se preparan mental y espiritualmente para el viaje. Solo se permite la entrada de musulmanes a La Meca, y se exige que todos se vistan con una sencilla túnica blanca para demostrar la unidad. Sin embargo la diversidad entre la gente es evidente. Personas de todas las razas hablan en una diversidad de lenguas.

Los peregrinos se lavan antes de iniciar los rituales. El primer paso consiste en que miles de fieles circulan *(tawaff)* siete veces alrededor de la Kaaba, recitando pasajes del Corán y ofreciendo oraciones en el trayecto. Wolfe da detalles de su viaje: "Cuando se ve por primera vez la Ka'bah [sic], si uno es musulmán, se ha estado orando precisamente por eso durante años. Es algo muy dulce. Y muy emocionante. Y generalmente la gente llora a la primera vista de eso: esa nada, ese simple edificio cuadrado".[14]

Sin embargo, el rodear la piedra es solo el comienzo del viaje. Los musulmanes también deben correr siete veces entre las dos montañas de La Meca, representando la desesperada búsqueda de agua de Agar para su hijo Ismael. Finalmente los peregrinos encuentran agua en el pozo de Zamzam y beben un sorbo, con lo que expresan el cumplimiento del pedido de Agar por la necesidad de su hijo.[15]

Una vez inmersos en el viaje, los peregrinos todavía tienen que realizar un largo camino para completar su deber.

- Deben viajar cerca de 20 kilómetros hasta la meseta de Arafat donde Mahoma predicó su último sermón.

- Allí se quedan de pie desde el mediodía hasta la puesta del sol en honor a la posición de Mahoma frente a la comunidad.
- Los peregrinos deben ir a Mina, el lugar del sacrificio de Ismael por su padre Abraham. Allí los peregrinos arrojan siete piedras en memoria de la forma que Ismael arrojó piedras al diablo para resistir las tentaciones.
- A continuación sacrifican un animal en memoria del carnero ofrecido en lugar de Ismael.
- Los musulmanes regresan a La Meca y repiten los círculos alrededor de la Kaaba y la corrida entre las montañas.[16]

Así se completa el arduo viaje. El musulmán ha trabajado de manera intensa por un propósito fundamental: el perdón final del pecado. Como escribe un experto musulmán: "El *Hajj* está destinado a desarrollar la conciencia de Dios y un sentido de éxtasis espiritual en el peregrino. Se considera que también es una oportunidad para buscar el perdón de los pecados acumulados a lo largo de la vida. El profeta Mahoma había dicho que una persona que realiza el *Hajj* de forma adecuada 'volverá como un niño recién nacido [libre de todo pecado]'".[17] El *Hajj* entonces es un ejemplo perfecto de lo que implica llegar al cielo: trabajo duro, meditación y la misericordia de Alá.

Esa es la meta final de los cinco pilares del islam, que están eternamente entretejidos entre sí. Los cinco pilares actúan como un tapiz que provee a los musulmanes la semblanza de su tarea en la vida, un viaje que esperan termine como comenzó: como un bebé recién nacido libre de pecado.

Notas

1. Evan Thomas, "American Taliban", *Newsweek* (17 de diciembre de 2001), p. 30.
2. Charles Colson, "The Strange Odyssey of John Walker", *Punto de partida con Charles Colson* (17 de diciembre de 2001), p. 2.
3. George Braswell, *Islam* (Nashville: Broadman and Holman, 1996), pp. 59-60.

4. Ishaq Zahid, "The Five Pilars of Islam" en http://www.islam101. com/dawah/pillars.html#Salah; acceso del 17 de diciembre de 2001.

5. Braswell, *Islam*, p. 62.

6. http://www.usc.edu/dept/MSA/law/fiqhussunnah/fus1_02.html; acceso del 17 de diciembre de 2001.

7. George Braswell, *What You Need to Know About Islam and Muslims* (Nashville: Broadman and Holman, 2000), p. 33.

8. Braswell, *Islam*, 63.

9. http://www.unn.ac.uk/societies/islamic (prácticas islámicas); acceso del 17 de diciembre de 2001. Este sitio también se conoce como "About Islam and Muslims".

10. Sheikh Tajuddin B. Shu'aib, "Essential of Ramadan, The Fasting Month"; http://www.usc.edu/dept/MSA/fundamentals/pillars/fasting/tajuddin/fast_1.html; acceso del 17 de diciembre de 2001.

11. *Ibíd.*

12. Michael Wolfe, "An American in Mecca", (18 de abril de 1997) abcnews.com; acceso del 18 de diciembre de 2001.

13. Braswell, *What You Need to Know*, p. 36.

14. Richard Sheinin, "Journey to the Heart", San Jose Mercury News (4 de abril de 1998).

15. Braswell, *What You Need to Know*, p. 36.

16. *Ibíd.*, pp. 36-37.

17. Concilio de Educación Islámica, "Hajj Intro for People of Other Faith", en http://www.islamicity.com/mosque/hajj; acceso del 18 de diciembre de 2001.

8

LA MUJER:
AMOR, MATRIMONIO Y PROPIEDAD

La historia de Cintia

CINTIA AMABA A ASHAM.[1] Se habían conocido en la universidad y salían de manera regular durante los años de estudio. Con Asham Cintia se sentía como una princesa. Él la inundaba de regalos y la trataba con una bondadosa caballerosidad que nunca había visto en un hombre norteamericano. Era juicioso, considerado, bien parecido, inteligente y curiosamente espiritual. Cintia no le daba mucha importancia a su fe musulmana. Siendo una bautista informal, Cintia daba por sentado que cualquiera que asistía a una iglesia, sinagoga o mezquita estaba básicamente en la misma pista. Sus principios morales con seguridad parecían más elevados que cualquiera de los jóvenes paganos con quienes había salido antes.

Se casaron en el verano y fueron de vacaciones a su tierra natal, un lugar hermoso con elevados capiteles y onduladas montañas. En la mezquita Cintia se sintió pasmada por las prácticas. De regreso en los Estados Unidos se instalaron en una rutina de trabajo, pasatiempos y con el tiempo hijos.

Los cambios fueron apareciendo de forma lenta en Asham. A veces se mostraba brusco con ella y su hijo de cinco años. Enviaba constantemente dinero fuera del país, al parecer para su familia, y se mostraba reservado, en especial cuando venían sus amigos. Por fin un viernes Cintia descubrió que Asham se había ido del país con su hijo. En las semanas siguientes descubrió horrorizada que ella y su hijo eran considerados musulmanes, convertidos por lo menos en los papeles. En consecuencia, su hijo debía ser criado en el islam. Como sus derechos sobre el niño eran mínimos en el país de su esposo, había perdido al niño y su vida se había arruinado para siempre.

Cintia no sabía que se había unido a una subcultura creciente, una subcultura de mujeres blancas norteamericanas casadas con hombres musulmanes extranjeros.

La inferioridad genética de la mujer

En el islam se encuentra una dicotomía perturbadora pero a la vez fascinante. La mayoría de los musulmanes declaran que los hombres de su comunidad tienen una elevada estima por las mujeres y consideran que se las debe proteger. En comparación con el contexto cultural del que surgió el islam, en realidad hubo una elevación de la condición de la mujer. Sin embargo, el islam se ha ganado la reputación en el mundo de asfixiar e incluso esclavizar a las mujeres. Muchas mujeres islámicas son educadas y exitosas. Pero el grueso permanece analfabeto y tratado como propiedad.

Los apologistas musulmanes tienen dificultades para defender las doctrinas islámicas en relación con el género y la sexualidad, ya que Mahoma fue incisivamente específico acerca de sus creencias con relación a las mujeres. Algunos textos del Corán son una pesadilla para las relaciones públicas en sociedades presionadas por el movimiento feminista a asumir la igualdad entre los géneros. Esta puede ser una peligrosa suposición para las mujeres no musulmanas como Cintia. Como los hombres musulmanes son por lo general considerados y atentos de forma superficial, es importante examinar las enseñanzas del Corán y del Jadit con relación a la mujer y las ramificaciones de esas doctrinas en la sociedad musulmana.

El islam enseña que la mujer es genéticamente inferior al hombre. Aunque algunos imanes están en desacuerdo con esa afirmación, es difícil cambiar lo que dice el Corán. El *sura* 2:228 dice en parte "ellas tienen derechos equivalentes a sus obligaciones, conforme al uso, pero los hombres están un grado por encima de ellas".

¿Cómo se define esta condición subordinada? Según el Jadit 3.826 Mahoma dijo que la mujer es genética y legalmente inferior: "Mahoma preguntó a algunas mujeres: '¿Acaso el testimonio de una mujer no vale la mitad del de un hombre?' La mujer respondió: 'Es por la deficiencia de la mente de la mujer'". Mahoma reiteró este punto en el Jadit 2.541, hablando nuevamente a un grupo de mujeres: "No he visto a nadie más deficiente en inteligencia y religión que vosotras".

Destinadas al infierno

Tres veces en el Jadit, se registra la visión de Mahoma sobre el infierno, cada una de las cuales incluye el mismo aspecto: "Mahoma dijo: 'Se me mostró el fuego del Infierno y que la mayoría de sus habitantes eran mujeres'". Como resultado de esta enseñanza, a las mujeres se las considera perjudiciales para los hombres y un mal augurio. "Mahoma dijo: 'Un mal augurio hay en la mujer, la casa y el caballo. No he dejado atrás otra aflicción más perjudicial al hombre que la mujer'".[2]

Por lo tanto, la mujer, siendo una criatura inferior, tiene menos derechos y privilegios en la sociedad musulmana. En el reparto de la herencia una mujer debe recibir la mitad de lo que recibe el hombre: "que la porción del varón equivalga a la de dos hembras" (*sura* 4:11). En los procedimientos judiciales, el testimonio de una mujer tiene la mitad del valor y la credibilidad del de un hombre: "Llamad, para que sirvan de testigos, a dos de vuestros hombres; si no los hay, elegid a un hombre y a dos mujeres de entre quienes os plazcan como testigos" (*sura* 2:282).

Matrimonio, sexualidad y deseo

Los hombres musulmanes tienen derecho a casarse con dos, tres o cuatro mujeres, según el *sura* 4:3. Las mujeres occidentales que se casan con hombres musulmanes con frecuencia descubren que sus esposos tienen otras esposas en el extranjero. Esa es una

práctica común entre los musulmanes que viven en países occidentales con leyes en relación ala poligamia. Las mujeres occidentales
a menudo son ingenuas con relación a las enseñanzas y prácticas
islámicas con respecto a las esposas, las mujeres y el matrimonio,
o están convencidas que el hombre que han conocido y llegado a
amar no seguirá tales enseñanzas.[3]

Incluso cuando el Corán pone el límite en cuatro esposas,
Mahoma recibió un permiso especial directamente de Alá para
casarse con cuantas quisiera. Como vimos en el capítulo 2, llegó
a tener trece entre esposas y concubinas, con una de las cuales se
casó a los seis años y tuve relaciones sexuales con ella a los nueve.[4]
Aishah era hija de Abu Bakr As Siddiq, amigo cercano del profeta
y a cargo de sus libros. Cuando se la ofreció como esposa legítima
a Mahoma tenía ocho años. Agregó en broma: "Tiene ocho ¡pero
es confiable!"[5] A lo largo de la historia, incluso en cultura que son
opresivas para con las mujeres. Las relaciones sexuales pedofílicas
con alguien tan joven como los nueve años rara vez han sido acep-
tables. Ninguna mujer de esa edad tiene la madurez fisiológica,
psicológica o biológica para consentir voluntariamente a un acto
de amor mutuo. Otra esposa, Zaynab Bint Jahsh, era nuera de
Mahoma. Cuando su hijo adoptivo notó que Mahoma quería a su
esposa, se divorció de ella para que su padre pudiera tenerla.

Hay discrepancias con relación a las numerosas esposas de
Mahoma, porque el propio sistema de "clasificación" de Mahoma
entre esposas y concubinas produce confusión. Mahoma se casó
con al menos nueve mujeres después de la muerte de su primera
esposa Khadija.[6] Mahoma dividió esas esposas entre dos clases, las
"íntimas" *(Muqarribat)* y "distantes" *(Ghair Muqarribat)*. A la
cabeza de la lista de las íntimas estaba Aishah, luego Hafsah, Um
Salma, y Zainab. Entre sus esposas distantes contaba a Um Abeba,
Maimoona y Sawda. Luego vienen Juweiriyeh y Sufia.

Mahoma mismo entregó en matrimonio a su hija de doce años
Fátima a Ali bin Abu Taleb. Se dice que era mentalmente madura
para su edad, ya que podía leer el Corán con una mano mientras
molía cebada con la otra. Matrimonios concertados con muchachas tan jóvenes como los doce años no era algo desconocido,

pero tampoco era una práctica cultural normal. La edad prepubescente de Fátima todavía exigiría la protección en la mayoría de las culturas modernas.

Las proezas sexuales de Mahoma se elevan a proporciones legendarias en el Jadit. En Jadit 1.268, Anas escribe: "El profeta solía visitar a todas sus esposas en una ronda de una hora, durante el día y la noche y eran once...el profeta tenía la fuerza de treinta hombres".

Matrimonios "especiales"

Son de especial interés los matrimonios "supranormales" de Mahoma, de los cuales habló en alguna oportunidad. Después de su virtual "vuelo a los siete cielos" *(Al Isra'a wal Mi'raj)* dijo a su primera esposa, Khadija, en su lecho de muerte: "¡Oh! Khadija, debes saber que Dios me ha casado con María, la madre de Cristo, en el paraíso". Repitió esto a Aishah después de la *Jijra,* diciendo: "¡Oh! Aiysha [sic], ¿sabías que el Todopoderoso Dios en el cielo me casó con María la hija de Imram, con Kultum, la hermana de Moisés y con Assiya, la esposa del Faraón?".[7]

Según Mahoma, Alá lo había casado con tres mujeres que ya estaban en el paraíso: nada menos que con María la madre de Jesús, con María la hermana de Moisés, y con la esposa del faraón. Fue la bendición divina especial de Alá para Mahoma fue fuera el esposo de tres de las mujeres más destacadas de la Biblia. Es evidente que no se atuvo al Corán que él mismo dijo haber recibido. Algunos musulmanes han especulado con que hubo alguna dispensación especial que invalidó al Corán, una posición muy peligrosa en el mejor de los casos.

El papel de la esposa

Uno de los terrenos más controvertidos del discurso público es el papel de la mujer islámica en la sociedad actual. Ejemplos de las *shari'a* (leyes) islámicas que parecen suprimir y oprimir son las que prohíben a las mujeres siquiera mirar directamente a los ojos de un hombre, que prohíben a las mujeres calzar zapatos que hagan ruido, que les prohíben educarse. Cuando se cumple de forma

estricta la shari'a hay un ejército de leyes que se imponen con relación a la mujer. Es cierto que algunas mujeres esconden voluntariamente su cuerpo bajo las *burqas* como una actitud de modestia
y fidelidad al islam.[8] Pero cuando finalizó el gobierno Talibán en
Afganistán, pocas mujeres retuvieron la *burqa*.

El 17 de noviembre de 2001, la esposa del presidente de los
Estados Unidos, Laura Bush tomó la actitud sin precedentes de
producir un reportaje radial mundial en lugar de la cita semanal
radial de la presidencia. Sus afirmaciones eran una acusación de la
opresión de la mujer en Afganistán y otros países islámicos religio-
samente conservadores. Pero los Estados Unidos y otras naciones
occidentales muestran que siguen confundidos y políticamente
pragmáticos acerca de esos temas. El presidente George W. Bush
se ha esforzado por comunicar que es la cultura de esos países, más
que su religión, lo que dicta las regulaciones opresivas. Sin embargo, esas tradiciones son más que una limitada anomalía cultural.

Las esposas como "objetos de juego"

En honor a la verdad, las mujeres son consideradas como una
posesión en cualquier régimen islámico ortodoxo. *Sura* 3:14
señala: "El amor de lo apetecible aparece a los hombres engala-
nado: las mujeres, los hijos varones, el oro y la plata por quinta-
les". Un hombre puede amenazar con el divorcio si su esposa no
está cumpliendo sus necesidades sexuales según *sura* 66:5: "Si él
os repudia, quizá su Señor le dé, a cambio, esposas mejores que
vosotras". Tanto en las apariciones públicas como en la vida sexual
privada, la responsabilidad de la mujer es satisfacer los deseos de
su esposo.

La esposa es considerada un objeto sexual de su esposo. El
Corán afirma en *sura* 2:223: "Vuestras mujeres son campo labrado para vosotros. ¡Venid, pues, a vuestro campo como queráis!"
Una vez más, el texto dice: "Las esposas son campo labrado, de
modo que escoged para vosotros".[9]

Como se ha señalado con frecuencia, según el Corán las mujeres no tienen permitido divorciarse de sus esposos bajo ninguna
circunstancia. Un hombre puede divorciarse de su esposa, senci-

llamente declarando de forma verbal su intención. Si cambia de opinión, debe esperar hasta que su esposa se haya casado y divorciado de nuevo antes de poder casarse con ella.[10]

En el caso de adulterio, vemos de nuevo la diferencia entre el trato que recibe el hombre y el que recibe la mujer. Originalmente en la *shari'a* el castigo de un hombre adúltero se limitaba a una azotaina, mientras la mujer debía ir a prisión perpetua. Esta ley se modificó luego a ochenta latigazos para el hombre y cien para la mujer.[11]

La aparición en público

El protocolo para la aparición en público de la mujer es demasiado extenso para enumerarlo aquí. Muchas advertencias del Corán subrayan la responsabilidad de la mujer de someterse en público tanto en la mirada como en la vestimenta:

> "Y di a las creyentes que bajen la vista con recato, que sean castas y no muestren más adorno que los que están a la vista, que cubran su escote con el velo y no exhiban sus adornos" (*sura* 24:31).

Está claro que una mujer protegida es una mujer que se esconde de la vista lujuriosa de los hombres. En *sura* 33:59 Alá instruye a Mahoma: "¡Profeta! Di a tus esposas, a tus hijas y a las mujeres de los creyentes que se cubran con el manto".

Según el islam, la mujer es impura por naturaleza. En el protocolo para la oración, se considera impuro a un hombre si toca una mujer (aunque sea su esposa) antes de orar:

> "¡Creyentes! No os acerquéis ebrios a la azalá. Esperad a que estéis en condiciones de saber lo que decís. No vayáis impuros —a no ser que estéis de viaje— hasta que os hayáis lavado. Y si estáis enfermos o de viaje... o habéis tenido contacto con mujeres y no encontráis agua, recurrid a arena limpia y pasadla por el rostro y por las manos. Alá es perdonador, indulgente (*sura* 4:43).[12]

Golpear a la esposa

Una de las advertencias más problemáticas en el Corán es la que permite el castigo matrimonial. Como el esposo debe disciplinar a su esposa, el Corán da a los hombres mucho más margen en el área del castigo. El hombre puede maltratar físicamente o retener el favor sexual a una esposa cuya conducta sea reprochable: "¡Amonestad a aquéllas de quienes temáis que se rebelen, dejadlas solas en el lecho, pegadles!" (*sura* 4:34). En lo tocante a retener el favor sexual, el Corán afirma: "Quienes juren no acercarse a sus mujeres tienen de plazo cuatro meses. Si [ellas] se retractan,...Alá es indulgente, misericordioso" (*sura* 2:226).

En una oportunidad se le preguntó al profeta acerca de este tema: "¿Qué derechos tiene la mujer con respecto al hombre?" El [profeta] respondió "Él debe alimentarla si él come, darle vestido cuando él se viste, evitar desfigurarla o golpearla excesivamente o abandonarla salvo en la casa" (*jadit* 7.62.77).

En años recientes, el mundo ha visto videos horribles de mujeres ejecutadas sumariamente en la plaza de la ciudad por exponer la cuarta parte del iris en público. Otras han sido silenciadas a latigazos o esclavizadas a fuerza de violencia aterradora.

Una evaluación

¿Cómo procesa uno este informe perturbador? Es verdad que el maltrato y el sometimiento de la mujer no se limitan al mundo musulmán. Millones de mujeres han sufrido a manos de profesantes de cualquier religión del mundo. Hombres que afirmaban ser cristianos han esclavizado mujeres y las han golpeado hasta someterlas; a veces citando interpretaciones distorsionadas de la enseñanza bíblica.

Sin embargo, la diferencia que debemos señalar es que cualquiera de estas conductas abusivas de cristianos está clara e inequívocamente en discrepancia con lo que dice la Biblia y con lo que Jesús enseñó de manera explícita. El Señor elevó a la mujer. No consideró que el contacto con ellas fuera impuro. En realidad las mujeres reciben un lugar especial en el registro del Nuevo Testamento. Fueron las últimas en abandonar el escenario de la crucifixión de Jesús y las primeras en testificar de su resurrección. Cuando los discípulos varones se escondieron por cobardía, las mujeres marcharon con valentía a ministrar al cuerpo que yacía en la tumba. Las mujeres rodearon a Jesús, no con propósitos sexuales sino espirituales. Abandonando la tradición *midrashic* [los escritos de los rabinos], Jesús habló a la mujer samaritana en el pozo (Juan 4) y conversó con las hermanas de Lázaro en Betania. Las instrucciones bíblicas en relación con la diferencia de propósito entre el hombre y la mujer en Efesios 5:22-33 hablan de forma explícita de un contexto de igualdad fundamental y esencial declarada. Cristo, la segunda persona de la deidad, es plenamente Dios como el Padre, sin embargo tienen diferentes funciones. Las mujeres son iguales a los hombres delante de Dios, sin embargo, los hombres y las mujeres tienen papeles complementarios. De manera que la sumisión al liderazgo de un esposo refleja el deseo de Cristo de cumplir la voluntad del Padre (Filipenses 2:1-16).

Además, Efesios 5:21-33 acentúa la idea de que el esposo debe amar y servir a la esposa con la misma devoción que Cristo mostró al amar a la iglesia. Si una mujer refleja ese pasaje, confiando su vida al cuidado de su esposo, entonces también el esposo debe reflejar a Cristo yendo más allá todavía. Jesús no se limitó a dedicar su vida a la iglesia: murió por ella. La responsabilidad de cuidado que corresponde al esposo es una carga mucho más grande que los deberes cristianos de la mujer en la sumisión. Si la mujer ve a su esposo mostrar un liderazgo de verdadero servicio, es más probable que ella esté dispuesta a someterse con gusto a su piadoso cuidado.

El cristianismo afirma que un esposo no puede jamás someter a su esposa a algún tipo de maltrato. Un esposo que maltrata a su esposa viola el fundamento mismo sobre el que se basa el papel de sumisión complementaria de la esposa.

En el islam el cuadro es más sombrío. A favor de los apologistas islámicos, se puede decir que los pasajes del Corán sobre la mujer y el matrimonio son culturalmente obsoletos, pero no se puede decir que esos pasajes queden limitados por el contexto. El Corán es tan claro que aquellos que maltratan de manera sistemática de sus esposas son más fieles a su texto sagrado que quienes descartan por racionalización sus enseñanzas. Si una mujer es honrada y respetada en un hogar islámico, es a pesar de Mahoma, más que gracias a él. Eso está en franca oposición a las advertencias del Señor Jesucristo y de la Biblia.

Me hubiera gustado poder hablar con Cintia antes de su matrimonio con Asham. Le hubiera advertido del maltrato sistemático que vienen sufriendo las mujeres en el islam durante más de quince siglos. Le hubiera hablado de la redención y la libertad en Cristo. Le hubiera leído los pasajes con relación al trato para con la mujer y le hubiera suplicado que no se casara con Asham para sufrir consecuencias de por vida.

Notas

1. Los nombres de las personas en esta historia verídica han sido cambiados.

2. *Jadit* 7.30, 33. El capítulo siete de Jadit también incluye una advertencia contra el uso de pelucas: "Mahoma dijo: 'No usen cabello falso, porque Alá maldice a las mujeres que alargan artificialmente su cabello'" (7.133).

3. El *sura* 4:3 dice: "Si teméis no ser equitativos con los huérfanos, entonces, casaos con las mujeres que os gusten: dos, tres o cuatro. Pero, si teméis no obrar con justicia, entonces con una sola o con vuestras esclavas. Así, evitaréis mejor el obrar mal". Algunos aulema (eruditos) musulmanes afirman que esta es una exhortación a la bondad. Los eruditos cristianos se apresurarían a señalar que este sistema reduce la decisión de tomar varias esposas únicamente al hombre. La esposa no puede objetar si su esposo agrega otra mujer a su familia.

4. *Jadit* 4.64. Tenía cincuenta y cinco años en ese momento.

5. En árabe: *Hia thaman, wa alaihad dhaman.*

6. Algunos han especulado que Khadija fuera de una familia cristiana copta y su interpretación de la naturaleza de Jesús pudo haber influido en la visión de Cristo de Mahoma.

7. Relatado por Abu Umama en ajadit tardíos.

8. Actualmente la burqa (entre las diversas ortografías está burka) es la cobertura siempre presente y completa de una mujer, desde la cabeza hasta el tobillo, que incluye una rejilla que cubre los ojos.

9. Atribuido a Mahoma, según Al Hakim.

10. *Sura* 2:229-230.

11. M. Rafiqulhaq y P. Newton, *Al Nisa'a Fil Islam* [El lugar de la mujer en el islam puro] (Nueva York: Berean, 1996), pp. 26-34.

12. Algunos eruditos han especulado que esto hace referencia al contacto sexual con una mujer, pero el *sura* 5:6 parece indicar que incluso el contacto imprevisto o accidental con una mujer hace impuro al hombre.

9

LA SALVACIÓN:
JUSTICIA MATEMÁTICA

Historias de convertidos

Significado cultural
Entonces yo era Cassius Clay. Era negro. Comía cerdo. No tenía confianza. Pensaba que los blancos eran superiores. Era un cristiano bautista llamado Cassius Clay.

Muhammad Ali

Significado intelectual
Comencé a estudiar más el Corán, y en unos meses recitaba el Shahada [i.e. afirmaba y aceptada el credo del islam]. Eso fue hace menos de un año. Sigo aprendiendo, esforzándome por encontrar la verdad de Dios. Estoy tan agradecida que Dios me haya guiado así. ¡Esta es una religión de verdades que pueden resistir cualquier prueba de lógica y razonamiento! Tal como siempre pensé que debía ser una religión. Tenía que tener sentido, tenía que tener lógica.

Diana

Significado espiritual
Me cuesta expresar la diferencia que sentí entre estas dos religiones...También siento que en el islam tengo más guía, tanto por

149

el Corán como por los ajadit. Mientras que cuando era católica, era como si tuviera que descubrir qué hacer en ciertas situaciones. La gente puede pensar que el islam es estricto, pero yo pienso que así debe ser. Es decir, pienso que de esa manera Dios nos dice con claridad lo que espera. Y uno no tiene que andar por el mundo preguntando por la verdad, o la verdadera felicidad o cosas como esas.

Mónica[1]

Aquí tenemos el testimonio de tres personas sinceras que explican por qué su fe cristiana terminó en el islam. El cristiano nacido de nuevo debe estar preparado para responder a las personas que han encontrado que los cristianos o las doctrinas del cristianismo se ven francamente poco convincentes.

Tales testimonios nos ayudan a entender la motivación y la mentalidad de los musulmanes novicios. El ex Cassius Clay encontró en el islam una identidad verdaderamente personal. La nueva identidad le confirió confianza para la vida y sus adversidades.

El testimonio de Diana es desalentador porque habló con cristianos al comparar la fe cristiana con la musulmana. Pero aquellos a quienes preguntó eran ignorantes de la Biblia y no pudieron ofrecerle respuestas adecuadas, o sencillamente condenaban al Corán y al profeta Mahoma de incoherentes sin más explicación. Eso dejó a Diana en situación de suponer que el cristianismo era una religión torpe e irracional mientras que el islam era una fe lógica y equilibrada.

Católica por nacimiento, Mónica jamás había asistido a la iglesia, de modo que dio por sentado que el cristianismo era una religión puramente cultural. En cambio le agradaban la franqueza y las explicaciones precisas del islam, su estilo de vida exigente al que podía dedicar toda su mente y su corazón. Mónica nos muestra el peligro de hacer del cristianismo algo tan "fácil de usar" que no se espera nada de Cristo como Señor. Mónica hubiera sentido más curiosidad si hubiera escuchado el verdadero evangelio bíblico de que la fe es siempre libre pero nunca barata.

Los cristianos que toman su fe de forma liviana y comunican a sus hijos una relación con Dios que no tiene límites ni exigencias de discipulado no deberían sorprenderse si esos niños se desvían hacia el escepticismo o hacia otra fe.

La seguridad: saber qué hacer

"Ésta es la Escritura, exenta de dudas, como dirección para los temerosos de Alá, que creen en lo oculto, hacen la *azalá* y dan limosna de lo que les hemos proveído. Creen en lo que se te ha revelado a ti y antes de ti, y están convencidos de la otra vida" (*sura* 2:2-4).

"Dijo el apóstol de Alá: 'Quien pueda garantizar [la pureza de] lo que está entre sus dos mandíbulas y lo que está entre sus dos piernas [i.e., su lengua y sus partes privadas], yo le garantizo el Paraíso'" (*jadit* 8.76.481).

La pregunta final en cualquier religión recae en la vida eterna después de la muerte. "¿Qué debo hacer para ir al cielo?" En el islam, la respuesta a esta pregunta permanece tan misteriosa y compleja como el fundador de la religión, Mahoma. Como veremos en el próximo capítulo, el Corán insinúa que el creyente en Alá puede estar confiado de su destino final, pero no existe garantía, ni siquiera para el más justo. De modo que los musulmanes luchan con todas sus fuerzas para llegar al paraíso, pero temen de forma constante que Alá juzgue su arrogancia y los envíe al infierno. La tradición islámica sostiene (lo vimos más arriba también) que la garantía del cielo es tan imposible de encontrar como una virgen casta y un lenguaje puro. En consecuencia, el musulmán devoto hace todos los esfuerzos para agradar a Alá y con ello obtener el cielo. Pero el destino *(kismet)* en manos del todopoderoso Alá decidirá el resultado.

El credo (Shahada)

La salvación en el islam se basa en definitiva en el credo *"Ilaha illa Allah. Muhammad rasul Allah",* que se traduce: "No hay otro dios sino Alá, y Mahoma es el mensajero de Alá".

De modo que este es el único paso necesario para convertirse en musulmán. Las conversiones personales y de corazón son reemplazadas por un asentimiento intelectual de los hechos. Pero también hay que adherir a las seis doctrinas principales del islam:

1. El monoteísmo. La creencia en un Dios único.
2. Los ángeles. La creencia en que seres sobrenaturales cumplen la voluntad de Dios
3. La revelación. La creencia en la Torá, el Evangelio (injil) y el Corán.
4. Los profetas. La creencia en que Alá ha enviado profetas para revelar su voluntad: Adán, Noé, Abraham, Moisés, Jesús y Mahoma.
5. El juicio. La creencia en que Alá juzgará a todas las personas, hombres y mujeres.
6. El cielo y el infierno. La creencia en que todos los hombres y mujeres pasarán la eternidad ya sea en el esplendor del paraíso o en la tortura eterna del infierno.

La oración (Salat)

La mayoría de los norteamericanos han escuchado el melódico llamado a la oración de los musulmanes. El líder de la oración *(muezzin)* canta en árabe: "Dios es grande. No hay otro dios que Dios. Mahoma es el mensajero de Dios. Venid a orar. Venid a Orar. Venid al triunfo en esta vida y en el más allá". En definitiva, la oración no solamente da al musulmán devoto una mayor esperanza de ir al cielo, sino también una mayor probabilidad de éxito en la vida.

El musulmán devoto ora cinco veces al día, con la esperanza de que Alá verá su fidelidad y le dará su favor. Los musulmanes oran cada día en las siguientes ocasiones:

- *Salat al Fajr.* Oración del amanecer.
- *Salat al Zuhr.* Oración del mediodía.
- *Salat al Asr.* Oración de la tarde.
- *Salat al Maghrib.* Oración del atardecer (después de la puesta del sol).
- *Salat al Isha.* Oración de la noche.

El Corán es claro en la absoluta necesidad de la oración para los musulmanes que desean el paraíso y su recompensa. El compromiso inclaudicable de orar tiene muchas ramificaciones en el Corán:

- La oración da confianza a la fe: "[El Corán], exento de dudas, como dirección para los que...hacen la *azalá* [oración] y...están convencidos de la otra vida" (*sura* 2:3-4).
- La oración disipa el mal: "Haz la *azalá* en las dos horas extremas del día y en las primeras de la noche. Las buenas obras disipan las malas" (*sura* 11:114).
- La oración tiene recompensa: "¡Sírveme, pues, y haz la *azalá* para recordarme! La Hora llega —estoy por ocultarla— para que cada uno sea retribuido según su esfuerzo" (*sura* 20:14-15).

Pero los musulmanes no solamente deben venir con corazón humilde, deben realizar las oraciones con las manos limpias. El ritual de limpieza antes de la oración (estudiado con más detalle en el capítulo 7) incluye: lavado de manos, enjuagado de la boca, limpieza de nariz, lavado de cara, lavado de antebrazos, lavado de pies.

La ablución es tan importante que si no se la realiza correctamente, cualquier oración elevada puede no recibir la atención ni el favor de Alá. El Jadit afirma: "En una ocasión el profeta se mantuvo detrás nuestro en un viaje. Se nos unió cuando estábamos haciendo la ablución para la oración que estaba retrasada. Estábamos frotándonos los pies con las manos mojadas (en lugar de lavarlas correctamente) de manera que el profeta nos habló con voz fuerte y dijo dos o tres veces: 'Salven sus talones del fuego'" (3.57).

La revelación: saber en qué confiar
"No cabe alteración en las palabras de Alá. ¡Ése es el éxito grandioso!" (*sura* 10:64)

"Creo en la Torá, los Salmos de David *(Zabur)* y los Evangelios *(Injil)*. También creo que vosotros sois la gente del Libro". Esta afirmación podría ser causa de paro cardíaco para algún cristiano, pero es exactamente lo que los musulmanes modernos quieren que los cristianos escuchen.

Pero los musulmanes también creen que cristianos y judíos han alterado los libros sagrados de Dios, negando con ello su sentido. Por otra parte el Corán no puede ser corrompido. Como explica el mismo: "Somos Nosotros Quienes hemos revelado la Amonestación y somos Nosotros sus custodios" (15:9).

En consecuencia, cuando los musulmanes buscan la fuente confiable para su salvación, siempre los atrae el Corán por encima de la Biblia. En efecto, las Escrituras islámicas han abolido el Evangelio tanto como Mahoma ha eclipsado a Jesús. El Corán (y su Mensajero) es la revelación última. No necesitan nada más.

La ironía que los musulmanes parecen ignorar es que si la Torá, los Salmos de David y la Biblia son "Palabras de Alá", ¿cómo pueden estar corrompidos?

Los profetas: guías en el camino de la salvación

¿Qué papel juegan los profetas en la salvación de la humanidad? Los profetas son los voceros mismos de Alá para *toda* la gente. Cada grupo humano ha recibido un profeta que escucha el mensaje de Alá, ese profeta quita todas la s dudas y las mentiras acerca de la fe. El Corán afirma: "Cada comunidad tiene un enviado. Cuando venga su enviado, se decidirá entre ellos con equidad y no serán tratados injustamente" (10:47).

En consecuencia la voz de Alá no se ha silenciado jamás en ninguna generación, y cada generación será juzgada según el grado de revelación que haya recibido por medio de cada profeta.

El juicio: según los hechos de cada uno

Hemos asignado a cada hombre su suerte, y el día de la Resurrección le sacaremos una Escritura que encontrará desenrollada: [Se le dirá] "¡Lee tu Escritura! ¡Hoy bastas tú para ajustarte cuentas!" (*sura* 17:13-14).

El día del juicio llegará para toda persona que haya vivido. El Corán afirma: "Ha elevado el cielo. Ha establecido la balanza"

(55:7). Ese día será tan terrible y opresivo que "hará encanecer a los niños" (73:17).

El día del juicio está destinado a humillar y avergonzar, o a purificar y recompensar. El día del juicio es otra evidencia de las características de omnisciencia, omnipotencia, misericordia, sabiduría, providencia y justicia de Alá. Al final se mostrará como verdadero en todo. Ese es el propósito del día de juicio.

La eternidad, el huerto o el fuego

No hay tal cosa como un no musulmán ya que todas las personas han recibido la verdad de Alá por medio de sus profetas. Por eso los infieles *(kafires)* los que rechazan la verdad del islam, irán al infierno. Los siguientes delitos se mencionan en el Corán como dignos de castigo eterno de manera particular: la arrogancia, la adoración de ídolos, matar a inocentes, el adulterio y una vida llena de pecado. El Corán aclara: "El día de la Resurrección se le doblará el castigo y lo sufrirá eternamente humillado" (*sura* 25:68).

El infierno: tortura y quemaduras

A quienes no crean en Nuestros signos les arrojaremos a un Fuego. Siempre que se les consuma la piel, se la repondremos, para que gusten el castigo. Alá es poderoso, sabio (*sura* 4:56).

El motivo de la tortura eterna para los infieles en el infierno es exaltar a Alá y demostrar su omnipotencia. Como vemos arriba, el infierno es un lugar de tortura donde se renueva de manera constante el sufrimiento de la gente. Otros detalles del castigo incluyen beber aguas fétidas hirvientes (14:16), usar vestimentas inflamables de alquitrán (14:50) y "otras muchas cosas por el estilo" (38:58).

Los infieles desearán morir, pero no se les permitirá porque Alá no atenderá sus súplicas. Cada vez que los malditos intenten huir de la furia del fuego, se los forzará a caer de nuevo en sus fauces. Esto de ninguna manera ejemplifica la injusticia de Alá, sino la injusticia del pecador (43:76).

Es decir que el infierno es un pozo sin fondo (2:9-11) donde los infieles recordarán su pecado (89:23-26) y expresarán humillación con el rostro (88:2-7).

El cielo: paraíso de lujo

A quienes crean y obren bien, les introduciremos en jardines por cuyos bajos fluyen arroyos, en los que estarán eternamente, para siempre. Allí tendrán esposas purificadas y haremos que les dé una sombra espesa (*sura* 4:57).

Es decir que el cielo es la antítesis del infierno, ya que los jardines reemplazan al fuego y la sombra a las quemaduras. Como Alá está satisfecho con los justos, les da seguridad eterna, frutos y bebidas, ¡y mujeres puras! Los hombres se sentarán en colchones mullidos, bebiendo vino nuevo y contemplando hermosas vírgenes (37:41-49).

En cuanto a las recompensas materiales, los creyentes disfrutan de mansiones sublimes (39:20), tronos (18:31), ríos y comida fantástica (52:17-24). Como recompensas espirituales se les da gozo (36:55-58), paz (19:61-63), santificación (43:68-73) y dicha (69:21-24). El alma estará íntegra y sosegada, satisfecha con Alá como Alá está satisfecho con el alma de la persona (89:27-30).

El cielo en la balanza

Aquellos cuyas obras pesen mucho serán los que prosperen. Aquellos cuyas obras pesen poco, serán los que se hayan perdido y estarán en la gehena eternamente (*sura* 23:102-103).

La miseria contra la magnificencia se resolverá en definitiva según las estadísticas. Los musulmanes creen que cada persona debe ser 51 por ciento buena, en consecuencia quienes saben que han vivido una vida de miseria y vergüenza carecen por completo de esperanza del cielo si están cerca de la muerte. Por eso viven en desesperación y destrucción, solo pueden esperar el infierno.

La balanza divina es la demostración definitiva de un juicio matemático preciso. Cada persona es literalmente responsable de cada acto realizado. En consecuencia, la balanza se hace más importante al acercarse uno al final de la vida, en especial para quienes están en el borde. Deben trabajar duro, ser mejores y dar más. Entonces pueden tener alguna esperanza de que la balanza se incline a su favor.

La misericordia de Dios: ¡saquen a esos condenados!

Ya que la fe eterna se otorga en definitiva según el antojo subjetivo de Alá y depende de su misericordia y su favor, los musulmanes oran para obtener esa misericordia. Incluso Mahoma comentó que no podía obtener el cielo sin el favor de Alá. Algunos estarán en el cielo aunque no lo merezcan. Como señala un estudioso: "La misericordia de Alá también se muestra en la creencia de que después de cierto tiempo Dios mismo sacará numerosos condenados del infierno, no por el mérito de los mismos sino para demostrar la compasión de Alá por sus criaturas".[2]

El punto esencial: ofender a un Dios santo

Cuatro días antes que Acar Mehmet Caner, el padre de los autores, muriera de cáncer de próstata, dio a cada uno de sus hijos una copia del Corán. Sabiendo que estaba en el umbral de la muerte, dijo: "Recuerden, fui un buen hombre". Con todas sus faltas, no mayores que las de sus hijos, había sido el modelo de un hombre de familia. Amaba a su esposa y sus hijos, proveyendo para ellos financiera y afectivamente.

Pero Acar Caner tenía una perspectiva diferente a la de sus hijos. Creía que todas las personas nacen sin pecado. Nosotros creemos que todas las personas nacen pecadoras y necesitan un Salvador. Esta es una diferencia fundamental. En el islam, uno pone la esperanza en las buenas obras, tratando de agradar a Alá más de lo que se puede ofenderlo. Los cristianos creen que *cualquier* pecado es una ofensa infinita contra Dios que debe ser juzgada con una condena infinita. Las buenas obras no cubren las malas obras más que lo que un acto de amabilidad puede quitar la culpa de un asesino. Si se es criminal, la justicia exige que se cumpla el castigo. Y eso ocurrió. Jesucristo *pagó* la condena infinita por el pecado.

En el islam no se paga por el pecado, se lo pesa en una balanza. El islam carece de la comprensión de que un Dios en realidad santo y justo no puede sencillamente medir el pecado y arrojarlo a un lado sin castigo. Mi padre escribió su último deseo en la primera página de cada copia del Corán que nos dio a nosotros sus hijos. La copia de Emir dice: "A mi hijo Emir. Esto es tuyo. Por favor lee cada palabra para ti y para mí. Tu padre". Aunque ahora es cristiano, Emir obedeció este pedido íntimo. El Corán contiene muchas palabras de sabiduría y pasajes con buenos consejos. Lo que falta es la promesa de la vida eterna. Oramos para que nuestro padre haya puesto su fe, al final de sus días, en alguien mayor que sí mismo. Solo Dios sabe lo que pasa por la mente de alguien que está al borde de la muerte. Tal vez allí conoció al verdadero Salvador.

Notas

1. http://www.arabianebazaar.com/ac/convv.html; acceso del 1 de diciembre de 2001.

2. Norman Geisler y Abdul Saleeb, *Answering Islam: The Crescent in Light of the Cross* (Grand Rapids: Baker, 1993), p. 126.

10

LOS DÍAS FESTIVOS: UN CALENDARIO DE LA COMUNIDAD ISLÁMICA

La historia de Mustafá

VIVIR EN NORTEAMÉRICA COMO MUSULMÁN puede ser desalentador. En realidad ninguna época es tan desconcertante como las semanas festivas que rodean la Navidad, *Hanukkah* [fiesta de la colectividad judía] y el Año Nuevo. Mustafá temía todo el año la llegada de esta época, su incomodidad comenzaba alrededor de los primeros días de noviembre, cuando notaba la aparición de los arbolitos de Navidad y las decoraciones con guirnaldas. Oía a sus compañeros del cuarto grado organizar viajes, hablar de regalos, luces, adornos y villancicos.

Si visitaba un hogar no musulmán, el camino de entrada a la puerta principal estaba surcado de flores de Nochebuena y luces multicolores. En el interior de la casa, el aroma de panes y bizcochos de especias resultaba siempre tentador, y los padres, con sus casacas rojas le daban la bienvenida con un "Feliz Navidad". Con tristeza observaba los regalos bajo el árbol de Navidad y escuchaba los villancicos sobre campanas y reyes magos.

Alrededor de la puerta de su casa no había guirnaldas ni luces, en el jardín no había pesebres ni Papá Noel en su reno. Su casa se veía igual todo el año. En su hogar musulmán sunni, Mustafá se sentía con frecuencia seguro y alejado de los atuendos festivos omnipresentes de la estación. Pero el receptor de televisión lo saturaba de propagandas navideñas, películas alusivas a la Navidad y otros programas con un simbolismo vagamente cristiano. Incluso en el santuario del hogar de sus padres, Mustafá se sentía abrumado.

Si un cristiano ansía alcanzar a un musulmán para extender la gracia de Cristo, es fundamental entender la cultura musulmana. Eso incluye comprender las festividades islámicas.

Meses lunares y años solares

Los meses del año islámico se basan en el ciclo lunar, que consiste en doce meses de veintinueve o treinta días cada uno, lo que hace un total de 353 o 354 días al año. Cada mes comienza con la luna nueva y las fechas reales difieren en uno o dos días en los diferentes hemisferios. Si un calendario lunar confunde a los occidentales —acostumbrados a un sistema de fechado más preciso— podemos imaginar lo que es para un musulmán enfrentarse con el sistema occidental.

Aunque los musulmanes inician su calendario con el año de la peregrinación (622 d.C.), el hecho de que su año sea alrededor de diez días más corto que el calendario juliano produce una sensación de aproximación. Mientras que el Año Nuevo europeo siempre es el primero de enero, el Año Nuevo musulmán, el mihama varía, como se ve en el esquema que sigue:

Año Nuevo islámico en el calendario occidental	
En el año de Jijra (d.H. "después de Jijra")	Fecha de Mihama en el calendario gregoriano u occidental
d.H. 1421	6 de abril de 2000
d.H. 1422	26 de marzo de 2001
d.H. 1423	15 de marzo de 2002
d.H. 1424	5 de marzo de 2003

Aunque es difícil obtener un consenso islámico universal, es posible enumerar los meses islámicos, comenzando con el *Muharram*, el primer mes del año: 1) *Muharram;* 2) *Safar;* 3) *Raby' al-Awal;* 4) *Raby' al-Thaany;* 5) *Jumaada al-awal;* 6) *Jumaada al-Thaany;* 7) *Rajab;* 8) *Sha'baan;* 9) *Ramadan;* 10) *Shawwal;* 11) *Thw alQi'dah;* 12) *Thw alHijjah.*

En un sistema de meses organizados alrededor de la luna nueva, los días festivos cambian. Es desconcertante para los musulmanes que una festividad llamada Navidad pueda darse todos los años el 25 de diciembre. También debemos considerar que el islam opera con dos calendarios diferentes: el calendario lunar y el calendario solar. Muchos musulmanes piensan en términos del calendario islámico solar, en el que el año 2001 d.C. es el año 1380 que coincide con la instauración del islam después de las primeras visiones de Mahoma. Pero cuando los talibanes tomaron Afganistán en 1996, impusieron el calendario islámico lunar, en el que el año 2001/1380 es el año 1422. No es de extrañar que muchos musulmanes no conozcan su edad exacta ni fecha de nacimiento, aunque este aspecto está cambiando de forma lenta.

La perplejidad que producen los días festivos se intensifica porque los ciclos lunares varían según las regiones y los hemisferios, de manera que en el mismo año, las vacaciones pueden comenzar y terminar en días diferentes, dependiendo de dónde uno vive. Se puede perdonar a los cristianos occidentales por su desconcierto con las festividades musulmanas. Este capítulo aclara algunas cuestiones con relación al calendario islámico, señalando algunos vínculos con el calendario gregoriano tomando un año como modelo, el 2002.[1]

El Hajj en el calendario occidental

En d.H. 1422	Hajj en el calendario occidental 2002
Dhul-Hijjah 1	14 de febrero

El Hajj

El quinto pilar del islam, y el más sagrado de los viajes musulmanes, se denomina *hajj*, la peregrinación a La Meca. Cada año, cerca de dos millones de musulmanes convergen en La Meca, Arabia Saudita. La concentración internacional más grande del mundo, el hajj es obligatorio por lo menos una vez en la vida del musulmán.

El protocolo que rodea al *hajj* (discutido en el capítulo 7) es sumamente meticuloso. Para el musulmán la experiencia del *hajj* es muy profunda, y se considera uno de los ritos de paso más importantes de la vida. El propósito es el mismo para cada musulmán que hace el viaje: adorar a Alá en la *Kaaba*, la Casa Sagrada en La Meca.

Según el Corán, la *Kaaba* fue construida por dos profetas, Abraham y su hijo Ismael. El Corán declara que:

"Abraham no fue judío ni cristiano,
sino que fue *hanif*, sometido a Alá,
no asociador" (*sura* 3:67).

El islam enseña que no fue Isaac sino Ismael quien estuvo por ser ofrecido en sacrificio y fue reemplazado por el carnero en el arbusto (véase Génesis 22). Después de ese milagro, padre e hijo siguieron hasta La Meca, donde construyeron la *Kaaba*. El Jadit enseña: "Y entonces Abraham e Ismael levantaron las bases de la Casa [y dijeron] 'Alá acepta de nosotros...y muéstranos el camino de la devoción'".

Los musulmanes creen que Abraham instituyó la peregrinación y estableció los ritos con relación a la *Kaaba*. Mahoma resucitó la peregrinación después de muchos años de letargo.

El día más importante de la peregrinación es el noveno día del *Dhul-Hijjah*, el día de Arafat. Ese día, una enorme multitud de peregrinos se reúne en la Meseta de Arafat, que los musulmanes consideran el prototipo del sitio donde ocurrirá el Juicio Final de Alá. Allí oran pidiendo misericordia y perdón, en preparación para el día siguiente, el *'Eid-ul-Adha*, otro día santo del islam.

'Eid-ul-Adha en el calendario occidental.

En d.H. 1422	en el calendario occidental 2002
Dhul-Hijjah 10	23 de febrero

'Eid-ul-Adha

Al día siguiente del día de Arafat, los musulmanes celebran el *'Eid-ul-Adha*, el festival del sacrificio. Esta festividad celebra la disposición de Abraham de sacrificar todo, incluyendo su hijo Ismael. Como los musulmanes creen que Alá tuvo piedad de Ismael al sustituirlo por un cordero que estaba en un arbusto, honran el día sacrificando un animal y distribuyendo la carne entre los familiares, los amigos y los necesitados.

'Eid-ul-Adha está destinado a estimular actos especiales de misericordia hacia las familias musulmanas pobres en la comunidad. El día incluye muchas tradiciones, incluyendo el uso de prendas de vestir nuevas o especiales y los regalos a los niños después de contar la historia del sacrificio de Ismael. Mientras que estas dos festividades se dan temprano en el calendario occidental, en realidad están al final del año musulmán. El Año Nuevo ocurre aproximadamente tres semanas después, al comienzo del mes de *Muharram* (véase la fecha del Año Nuevo arriba).

El Ramadán en el calendario occidental

En d.H. 1422	en el calendario occidental 2002
Mes de Ramadán	6 de noviembre—6 de diciembre

El Ramadán

La festividad islámica más conocida por todo el mundo es el *Ramadán*, que es a la vez el nombre del mes y el nombre del período de ayuno. Mantener el ayuno cada día de este mes muy especial del año es uno de los cinco pilares del islam *(swam)*. Es la forma de adoración musulmana más ampliamente practicada, durante la que mil millones de musulmanes se sienten llamados a la devoción, la reflexión interior y el dominio propio.

El propósito declarado del Ramadán es dar lugar universal y real a la observancia del tercer pilar del islam, el ayuno. Aunque muchos musulmanes practican el ayuno durante el año, la obligación de hacerlo viene una vez al año, y la mayoría de los musulmanes, incluso los que lo son de nombre, siguen la práctica. Abstenerse de comer durante las horas del día, de tener relaciones maritales, y reiterar los compromisos de orar y estudiar el Corán se destacan como actos de obediencia. Cada acto durante el mes de Ramadán se dedica a este propósito.

El Ramadán comienza con la luna nueva del noveno mes. Como hemos señalado arriba, como la luna nueva no ocurre al mismo momento en todo el mundo, hay alguna diferencia en el cumplimiento al comienzo del Ramadán, pero se hacen cálculos astronómicos para darle una continuidad universal. El fin del mes, señalado por la celebración del *'Eid-ul-Fitr* se determina de manera similar.

Con excepción de los enfermos, las mujeres en algunas condiciones y aquellos que están viajando, a todos los musulmanes se les ordena ayunar durante el Ramadán. El período diario de ayuno comienza con el amanecer y termina cuando se pone el sol. Durante ese período los musulmanes se abstienen de comer, beber, fumar, tener relaciones sexuales y otras formas de indulgencia.

Para el musulmán esto no significa un período de depresión o tristeza. Las celebraciones que rodean el mes son, de hecho, momentos de festejo. Por la mañana, el musulmán se levanta temprano para una comida llamada *suhoor*. Es una comida larga y los platos se preparan con mucha camaradería. Después de esa comida, se recitan las oraciones de la mañana, y comienza el ayuno. Por la noche, se hacen las oraciones para señalar el fin del día, y se celebra la cena de camaradería de la que participan por lo general familiares y amigos. Esta comida se llama *iftar*, y siguiendo la tradición de Mahoma, se inicia con dátiles dulces. Aunque a los musulmanes se les ordena leer cada día el Corán, con frecuencia forma parte de la celebración del Ramadán la lectura de una treceava parte del Corán por día, completado la lectura de todo el texto durante el Ramadán.

Los últimos diez días del Ramadán tienen un poder especial en tanto los musulmanes procuran servir a Alá con actos de caridad y devoción. La Noche de Poder *(Lailat ul-Qadr)* llega el día veintisiete del mes, y es la noche más sagrada de todo el mes sagrado. Según el Corán, esa noche conmemora la noche que Mahoma recibió los primeros versos del Corán, y esa noche es "mejor que mil meses".

Para entender el efecto de la celebración en la comunidad islámica hay que experimentarla. Los preparativos se van anticipando durante meses, durante los cuales se planifican los menús y se confeccionan las listas de invitados. Con un sentimiento de expectativa similar al que sienten los cristianos cuando se acerca la Navidad o los judíos al aproximarse la Pascua judía, los musulmanes esperan el Ramadán con júbilo. Cada noche se reciben pequeños regalos, y el orgullo étnico y espiritual va creciendo a medida que los musulmanes reconocen este evento único que abarca todo el mundo islámico. Durante ese mes los amigos y los familiares se saludan unos a otros con expresiones especiales, muchas de las cuales son comunes en todo el mundo islámico:

Kulu am wa antum bi-khair, "Que tengas un buen año".

Elveda, ey Ramazan, "Adiós, Ramadán".

'Eid mubarak, "Que tengas un bendito *'Eid'*".

'Eid mubarak es el saludo árabe universal, que augura la bendición de Alá en la festividad islámica final de observancia universal, el Festival de Fin del Ayuno.[2]

'Eid-ul-Fitr en el calendario occidental.

En d.H. 1422	en el gregoriano, d.C. 2002
Shawwal 1	6 de diciembre

'Eid-ul-Fitr

El primer día del décimo mes del islam se celebra el fin del ayuno de Ramadán. Es una celebración gozosa, que señala el cumplimiento de esos actos especiales de devoción. Los musulmanes en todo el mundo se visten de colores festivos, asisten a una oración especial por la mañana y visitan amigos. En muchos lugares padres y amigos entregan a los niños regalos más grandes o dinero.

La celebración del *Eid-ul-Fitr* dura tres días, y en la mayoría de los países el trabajo que no es esencial se suspende durante esos días. Sin embargo, la mayor parte de los ritos formales se realizan el primer día. Es obligatorio hacer una donación especial para los pobres, lo que suple los fondos para las organizaciones de caridad durante el año. En la actualidad los musulmanes de Norteamérica están procurando obtener el reconocimiento oficial para la festividad del *Eid-ul-Fitr*.

Una festividad escatológica

En el islam shiita, hay una festividad que tiene matices mesiánicos, la celebración del doceavo imán, Muhammed Al-Mahdi, hijo del onceavo imán Hasan Al-Askari. Según la tradición, el imán Al-Mahdi jamás falleció. Está vivo y oculto, esperando el día del juicio cuando aparecerá para establecer la justicia en la tierra. La celebración de la fecha de su nacimiento, el día quince del mes *Sha'baan*, tiene muchas tradiciones que extrañamente prestan oídos a un Rey que reina y gobierna.

Celebraciones del esfuerzo humano

Los cristianos deben comprender que las festividades islámicas difieren de los días festivos que observan los cristianos, tanto en esencia como en significado.

Primero, y lo más importante, las festividades cristianas recuerdan intervenciones divinas, mientras que las celebraciones islámicas se basan en logros humanos. En el cristianismo, celebramos la Pascua como la resurrección de nuestro Señor Jesús y su cumplimiento del sacrificio por nuestros pecados. En el islam, el *Eid-ul-Adha* celebra la disposición de Abraham a sacrificar a Ismael, no la sustitución del mismo por el carnero provisto por Alá. En el cristianismo celebramos el nacimiento de Jesucristo, el Salvador, para nuestra redención. El islam celebra el *Mawlid al-Nabi*, el nacimiento de Mahoma, su guerrero. El cristianismo y el judaísmo reconocen la Pascua judía como la obra de Dios en la salvación de los primogénitos de los israelitas. Los musulmanes señalan el fin de su esfuerzo personal en el Ramadán con la fiesta del *'Eid ul-Fitr.* No se puede exagerar la total inversión del propósito de los días festivos.

Segundo, las actividades y comidas comunitarias que se realizan en el islam son de forma exclusiva para musulmanes. En la jerga cristiana, los musulmanes creen de manera enérgica en la "comunión íntima". Mientras que los judíos con frecuencia invitan a sus vecinos cristianos a celebrar el Sabat o el Seder de Pascua con ellos, los no musulmanes (incluso si son parientes o amigos) no son bienvenidos en las celebraciones islámicas.

El significado de este principio es perturbador. En noviembre de 2001 el presidente George W. Bush de forma involuntaria dio un "paso en falso" en materia religiosa, aunque su intención era un acercamiento a los musulmanes. El presidente Bush ofreció un *iftar,* la cena del Ramadán. Al inicio de la cena, se recita la oración ritual, asegurando la franca devoción de cada persona que está en la mesa de Alá. Los consejeros del presidente seguramente no le dijeron que al unirse a esa oración se estaba comprometiendo con un dios musulmán. Como cristiano firme que ha sido franco al confesar su fe, el presidente Bush hizo un error común de quienes tratan de encontrar puentes con el islam sin comprender la cosmovisión islámica.

Los cristianos debemos tomar nota de que: aunque es cierto que debemos comprender la idiosincrasia islámica, podemos caer con facilidad en el sincretismo religioso. Respetar otras tradiciones religiosas nos permite testificar con más eficacia. Pero validar sus tradiciones diluye el testimonio del evangelio. Centramos nuestras celebraciones en la provisión del Señor, no en nuestros esfuerzos personales.

El joven Mustafá es como muchos otros musulmanes. Apreciaría conocer un cristiano que comprenda sus tradiciones y sea sensible a su posición, pero que no minimice las diferencias.

Notas

1. Los occidentales no dejan de tener sus controversias con relación al calendario. El calendario gregoriano de 365 1/4 de días ha estado en uso solo desde el año 1582 d.c. En los Estados Unidos ese calendario solo se generalizó a mediados del siglo XVIII. Hasta entonces se usaba el calendario juliano, y Rusia continuó usándolo hasta el siglo XX. En 1908, el equipo olímpico imperial de Rusia llegó a Londres doce días tarde para los eventos deportivos.

2. Los musulmanes también celebran el Mawlid al-Nabi, la fecha de nacimiento de Mahoma, que en el 2002 por ejemplo, cae el 24 de mayo.

11

SECTAS Y DIVISIONES ISLÁMICAS

Las líneas se vuelven borrosas

DESDE LOS ATAQUES AL CENTRO del Comercio Mundial y el Pentágono en septiembre de 2001, muchas líneas de distinción se han vuelto borrosas. Menos diferenciación existe entre civiles y soldados, al menos aquí en Estados Unidos. Los medios de comunicación parecen menos seguros de los límites entre lo secular y lo religioso. Incluso en el mundo islámico, una línea importante entre dos de las mayores sectas se ha vuelto menos evidente.

La desaparición de las líneas de división no es un asunto insignificante, puesto que las fronteras son importantes para la cultura. Considérese primero la distinción en los Estados Unidos entre ciudadano y soldado. Suponiendo que la guerra civil norteamericana fue un conflicto doméstico, la última vez que las costas orientales de Estados Unidos fueron atacadas por un agresor extranjero fue en la guerra de 1812. A lo largo de la historia de Estados Unidos, los soldados norteamericanos en la guerra sabían que sus familias llevaban una vida relativamente tranquila en sus hogares. Ahora, ante los ataques suicidas y las cartas contaminadas con ántrax, la población civil se siente amenazada.

Segundo, no se distingue la línea entre la sociedad secular y la sagrada. Ante el ataque y la publicación del *fatwa* [decreto religioso] los medios de comunicación mundiales se apresuraron a estudiar el significado del término *yijad*. Por un breve momento, los teólogos eran más numerosos que los políticos en las ondas radiofónicas. Los servicios de oración y debates religiosos eran noticias de primera plana.

Quizá la línea más alarmante que se ha cruzado sea la tercera. Durante cincuenta años los políticos occidentales han dependido de los musulmanes supuestamente moderados, los sunnitas, para ayudar a estabilizar al grupo radical del islam, los shiitas. Ahora se ha dado un extraordinario cambio. Usamah Bin Ladin era un musulmán sunnita, pero atraía seguidores de las líneas sectarias del otro lado, y ya no se percibe la demarcación entre los diferentes grupos dentro del islam. Los cristianos deben conocer estos grupos que componen la población islámica y que permiten a esa población definirse a sí misma en términos islámicos.

Una interrupción histórica: el califato

Después de la muerte de Mahoma, los califas (o *khalifas*) dirigieron la creciente comunidad islámica. Mahoma no había establecido una línea de sucesión, por lo tanto los musulmanes tuvieron que desarrollar con rapidez un plan de organización para la administración, el mando militar, la justicia, y enseñanza espiritual. Desarrollaron el cargo de califa para que encabezara la comunidad, aunque estos no serían profetas sobre una base de igualdad con Mahoma.

De manera oficial, Abu Bakr fue el primer califa, pero su pretensión no fue indiscutida. Ali, primo de Mahoma y esposo de su hija Fátima, fue el cuarto califa hasta que fue asesinado y reemplazado por la dinastía Umayyad en el año 661. Una facción sostenía que Ali era el verdadero primer califa.

La mayoría de los musulmanes respaldaban la línea de califas de la "corriente principal" y llegaron a conocerse como los *sunnitas.* Seguían la Sunna (costumbre) de Mahoma como la practicaba e interpretaba la comunidad islámica, la *'umma.*

Los disidentes llegaron a conocerse como (la facción) shiita de Ali. En 680, Husayn, el hijo menor de Ali se rebeló contra el gobierno de la mayoría sunnita y fue muerto en una masacre en

Karballah, Irak. Los shiitas todavía conmemoran su muerte todos los años el diez de Muharram. Esta escisión y la subsiguiente lucha política finalmente definieron la primera división en el islam, entre sunnitas y shiitas. Y en muchos países en el mundo islámico, la división continúa hasta este día.

Musulmanes sunitas: Shari'a y Fiqh

Por un gran margen, el segmento más grande de los musulmanes pertenece a la secta sunnita. Después de la muerte de Mahoma, la facción sunnita propuso que el sucesor de Mahoma fuera elegido entre el pueblo. Los shiitas (el partido de Ali) creían que debía respetarse la descendencia directa de Mahoma, una línea de sucesión de sangre. En consecuencia, los shiitas rechazan como fraudulentos a los primeros tres califas elegidos. Aceptan solo la elección de Ali, el primo y yerno de Mahoma.

En la comunidad islámica, los musulmanes sunnitas sistematizaron y organizaron la vida y la ética islámica, bajo una estructura de ley teocrática. El concepto más importante instituido por la comunidad sunnita fue el de shari'a (literalmente "el camino al pozo del abrevadero"), la ley islámica. En forma tradicional, la *shari'a* está dividida en tres aspectos: deber religioso *(ibadat)*, ética *(m'Amalat)* y jurisprudencia *(fiqh)*.

La organización de estas leyes *(Usul al-fiqh)* fue formulada por Mihammas ibn Idris al-Shafi, antes de su muerte en 819. La autoridad superior en todos los órdenes de la vida era el Corán, seguido por la *Sunna* en el *Jadit,* y finalmente el consenso de la comunidad, conocido como *ijma.* Este *ijma,* comenzó como el consenso de toda la comunidad, pero después llegó a indicar el consenso de los eruditos conocidos como los *aulema.*

Entre los sunnitas, la comunidad se convirtió en el recurso final para el derecho y la ética. En el islam primitivo, también se tomaron en consideración la *qiyas* (analogía) y la *ijtihad* (toma de decisión independiente), pero los sunnitas ya no aceptan esa autoridad. En la comunidad shiita, sin embargo, la *ijtihad* todavía existe como un proceso válido, pero es practicado únicamente por el imán local en cada mezquita. Prácticamente en todos los aspectos de la vida, incluso los detalles de los momentos de oración y las restricciones dietéticas en diversos países, la comunidad sunnita ha mantenido una única voz en el islam. Están comprometidos a promover el islam en los países donde está establecido y a extender la religión por todo el mundo.

Musulmanes shiitas: El Shari'a y el Imán

En oposición a los musulmanes sunnitas, los primeros shiitas creían que el líder debía ser un descendiente de Mahoma y que Mahoma había designado de manera explícita a Ali como su sucesor, en el estanque de Ghadir al-Khumm. Los shiitas desarrollaron una teología que negaba al califa y nombraba a sus propios líderes conocidos como imanes.

Se creía que el imán era un guía plenamente *espiritual*, que heredaba parte de la inspiración de Mahoma, y no tan solo un administrador elegido por contrato como el califa sunnita. En el islamismo shiita se creía que el imán era un intérprete inequívoco de la ley y la tradición.

Divinamente escogidos desde el nacimiento, los verdaderos imanes son descendientes directos de Ali, y los shiitas enseñan que la duodécima generación (el duodécimo imán) de esa línea no murió sino que fue llevado por Dios al cielo, o está escondido en la tierra. Los shiitas creen que regresará a la tierra para ser el *Mahdi* [majdi], una figura mesiánica.[1]

El atractivo del islamismo shiita de los comienzos tenía un efecto compulsivo, con su tema del martirio y el sufrimiento enfocado en las muertes de Husayn y otras figuras importantes en la sucesión shiita. Los shiitas atrajeron otros grupos disidentes, en especial elementos de civilizaciones (en sociedades como Persia y la India) no árabes *(mawali)*. Estos grupos estimaban que no habían sido tratados con justicia por los musulmanes árabes, predominantemente sunnitas. En todo el mundo, y en particular en Irak, Irán, la India, Pakistán y partes de Afganistán, millones se reúnen para lamentar la muerte de Husayn y recitar el relato de su "martirio". Comparan ese acontecimiento con un sacrificio vicario, algo similar a como los cristianos ven la muerte de Cristo. Husayn entregó todo el día de *Ashura*.

La posterior inclusión de otras civilizaciones explica la inclusión en el islamismo shiita de algunas tendencias religiosas como el misticismo y la meditación. Esta particularidad a menudo puede verse en el énfasis en los sueños como un acto de revelación de Alá, útil de manera especial en la toma de decisiones. El interés en relatar y analizar sueños se evidencia en una cinta de videocasete muy difundida en la que Usamah Bin Ladin discute los ataques en Nueva York y Washington, DC, del 11 de septiembre de 2001.

La comunidad shiita insiste en la *shari'a* como un criterio gubernamental absoluto. En países donde el islamismo shiita domina la nación, la teocracia (gobierno de dios) se ve como la mejor opción para gobernar y vivir. Las leyes se determinan según el Corán y el Jadit, de cuyas enseñanzas surgen la ética y el derecho penal.

Sufismo: el misticismo islámico

El sufismo se desarrolló como respuesta a la percepción de cierto legalismo en el islam. Debido a que los sufíes más místicos consideraban la observancia de la ley religiosa como conformidad para la exigencia *externa*, alentaban el deseo de experiencia personal con Alá, mediante la meditación (*dhikr*, las memorias) y la *tariqa*, la forma *interior* de la meditación.

Los sufíes basan sus enseñanzas en la simplicidad del estilo de vida de Mahoma y los primeros califas, así como el rechazo de la riqueza. Ese rechazo conduciría a la pérdida del deseo propio y a un dejarse morir *(fana)* hacia Alá. El sufismo apelaba a los países donde el budismo y el hinduismo eran fuertes.

La negación de sí mismo se logra mediante el ayuno extremo, largos períodos de meditación, el derviche girador (una danza giratoria), y otras ayudas para la meditación, que con frecuencia trascienden las enseñanzas islámicas y del Corán, y recitan los nombres divinos de Alá para comunicarse con él. Cada hermandad sufí incluye un *(shaykh)*, (maestro espiritual), que enseña su camino *(tariqa)* a sus discípulos *(fakires)*. Los discípulos viven con el *shaykh* y practican el camino en forma comunitaria.

El movimiento sufí está creciendo de forma rápida en el Medio

Oriente y los países occidentales. El misticismo que practican es bienvenido y resulta familiar en las culturas que valoran la negación de sí mismo. Incluso en Norteamérica, con la tendencia al judaísmo cabalístico y el misticismo occidental, las comunidades sufí se siguen extendiendo.[2]

Mientras que el islam sufí carece de una teología sistemática, con toda seguridad el panteísmo es central a la secta. En cada secta sufí el viaje a la comunión con Alá lo dirige un líder llamado *pir*, que recluta seguidores conocidos como *murid*.[3]

Sectas menores

Aproximadamente el noventa y ocho por ciento de todos los musulmanes siguen a uno de los tres principales grupos islámicos, pero hay sectas menores que atraen seguidores en todo el mundo. Se considera que algunos de esos grupos están tan alejados de la corriente principal del islam que no pertenecen realmente a la religión, sin embargo, vale la pena investigar algunas.

La Nación de Islam

Uno de los grupos más controvertidos en el islam es la Comunidad Mundial de Al-islam en el Occidente, conocido también como Nación de Islam (*NOI*, del inglés). En rigor es un movimiento de los Estados Unidos, donde el NOI ha despertado la atención en el campo político.

La NOI fue fundada por Wallace Dodd Fard (Wali Farad Muhammad) en Detroit, Michigan alrededor del año 1930. Fard tendía a inspirarse en las enseñanzas de Timoteo (Noble Drew) Ali quien fundó su Santo Templo Moro de Organización Científica en 1928.[4]

Drew enseñaba que los africanos norteamericanos eran en realidad de ascendencia árabe por lo que debían llamarse moros. También enseñaba que el islam y no el cristianismo era la fe original y correcta de los africanos en los Estados Unidos. Después de la misteriosa muerte de Drew en 1929, Fard difundió la enseñaza de que el hombre negro era en sus orígenes musulmán (moro) y que el hombre blanco era el diablo, y que el poder que buscaban los africanos norteamericanos lo encontrarían únicamente en una nación separada. Para 1934 Fard tenía ocho mil conversos. En junio de 1934 Fard desapareció, y le sucedió su principal ministro, Elijah Pool Muhammad. El firme liderazgo de Muhammad hizo crecer en número de miembros y en influencia a la NOI. A su muerte en 1975, su hijo, Wallace Muhammad se hizo cargo y comenzó a llevar a la NOI hacia el islam ortodoxo, con seis reformas:

1. Se abolió la doctrina de Elijah Muhammad de la superioridad racial negra.
2. Quedó claro que Wallace Fard era un hombre sabio pero no Dios mismo como había creído Elijah Muhammad.
3. Las organizaciones comerciales se separaron de las organizaciones religiosas.
4. Se abandonó la exigencia de un estado separado para los norteamericanos africanos.
5. Se aceptó por primera vez la autoridad de la constitución de los Estados Unidos.
6. Las doctrinas de la NOI se ajustaron al islam ortodoxo, incluyendo el *Hajj*.

Con estos cambios, la comunidad sunnita aceptó la NOI en su redil, pero no todos aceptaron los cambios. Louis Farrakhan, un ruidoso propulsor del nacionalismo africano, fundó un movimiento islámico separado.

Los wahhabi: el sunnismo radical

Wahhabismo es un nombre externo que se le ha dado a un movimiento religioso dentro del islam fundado por Muhammad ibn Abd al-Wahhab (1703-1792). Considerándose a sí mismo como un reformador del islam, Wahhab declaró la *yijad* a todas las demás formas del islam; un hecho único en la historia del islam. Los miembros se describen a sí mismos como *muwahhidun* (unitarios), y se oponen a todo lo que rebaje la glorificación del único Dios, Alá. Condenan de ilegal y herética la práctica de usar el nombre de cualquier profeta o ángel en la oración, y la visita a las tumbas de los santos. Los seguidores insisten en una interpretación literal del Corán y en la doctrina estricta de la predestinación. En su pureza estricta, los *wahhabi* se ubican entre los más radicales dentro del mundo musulmán. Su enseñanza sobre el *kismet* (el destino) determina su propósito en la *yijad*, como una ofensiva entre el islam y todos los *akafir* (infieles) que no adoran a Alá. Los wahhabi se hallan en Arabia Saudita y otras regiones del Medio Oriente.

Los drusos: los musulmanes secretos

Una de las sectas más extrañas del islam, los drusos son un grupo tenazmente independiente y esotérico del Líbano y el norte de Israel. Los drusos comenzaron como una separación del islam bajo el liderazgo de Darazi y Hamza ibn Ali ibn Ahmad. Estos hombres enseñaban que Alá se había manifestado en la persona de al-Hakim Bi-amr Allah (996-1021), un líder al que el islam había repudiado.

Fuertemente mística, la secta drusa es por completo exclusiva. Los drusos no aceptan convertidos, no permiten matrimonios entre parientes, y no cuestionan su religión. Con frecuencia toman la religión local del país donde residen como una cobertura, y solo discuten sus creencias con otros miembros (llamados *mowahhidoon*).

Los alawitas

Fundada por Ibn Nucair Namin Abdi, los *alawitas* se separaron de los shiitas en el siglo IX por la enseñanza de los doce *Shi'as*. Los *alawitas* viven en Siria, en particular en las montañas cerca de la ciudad de Latakia, pero muchos otros viven en las ciudades de Hama y Homs, y en las últimas décadas en Damasco. Con una membresía de un millón y medio, los *alawitas* comprenden un 10% de la población de Siria, y dos recientes presidentes sirios, Bashar y Hafez al-Assad fueron *alawitas*.

El nombre es reciente, con anterioridad se conocían como *nusairi, namiriya* o *ansariyya*. Los nombres *nusairi* y *namiriya* derivan de su primer maestro Muhammad bni Nusairi n-Namiri;

el nombre *ansariyya* viene de la región montañosa de Siria donde vivía esta secta.

Según su visión, Ali era portador de la esencia divina y solo superado por Mahoma como profeta encumbrado. Los *alawitas* tienen siete pilares en su religión, cinco de ellos similares a los de los demás musulmanes, pero los alawitas consideran los pilares solo como símbolos, no como condiciones. Los otros dos pilares son la *yijad* (la lucha contra los enemigos de Ali) y la *waliya* (la devoción a Ali).

Los *alawitas* se consideran a sí mismos como shiitas moderados, y con frecuencia han estado en conflicto con los gobernantes islámicos lo mismo que con otros musulmanes, que muchas veces afirman que aquellos no son musulmanes.

Los nusairiyyah: islam paternal secreto

Se calcula que en Siria viven cerca de seiscientos mil *nusairis*. Los *nusairis* siguen el rastro de su surgimiento hasta el onceavo Shi'a Imán al Hasan al-Askari y su discípulo Ibn Nusair. Los *nusairis* vivían principalmente en Siria, apoyados por la dinastía shiita de Hamdanid. En el siglo XX, los *nusairis* han disfrutado de un grado de dominación política desproporcionado con su número. Después de la Primera Guerra Mundial, los franceses, que gobernaban Siria, hicieron un intento fracasado de establecer un estado separado para los *nusairis*. Desde 1970, después de la hazaña del jefe de la fuerza aérea *nusairi*, Hafez al-Asad, los *nusairis* han dominado la vida política y militar de Siria.

La doctrina *nusairi* es una mezcla de creencias islámicas, gnósticas y cristianas. Los musulmanes sunnitas los consideran herejes por tres de sus doctrinas:

1. Ali era Alá en persona. Ali creó a Mahoma de su espíritu, y Mahoma creó a Salman, un santo shiita de los primeros tiempos. Estos tres constituyen una trinidad en la que se describe a Ali como el "sentido", a Mahoma como el "nombre" y a Salman como la "puerta".
2. Se rechaza la autoridad del Corán y todas las formas de

oración. Todas las enseñanzas islámicas se pueden interpretar de manera alegórica por lo que no hace falta tomarlas literalmente.

3. Los hombres se reencarnan. Las mujeres no tienen alma, y no necesitan aprender los secretos de la doctrina *nusairi*.

Los *nusairis* tienen sus propios líderes religiosos, llamados *shaikhs*, de quienes se cree que están dotados de un tipo de autoridad divina. Los *nusairis* tienen festividades especiales en las que celebran los aniversarios de sus personajes sagrados. A los diecinueve años los *nusairis* hombres pasan por un rito de iniciación en el que aprenden los secretos de su secta.

El movimiento de los ahmadiyya: una secta islámica

Uno de los movimientos de crecimiento más rápido dentro de los países musulmanes, el de los *ahmadiyyas*, un grupo de Pakistán, en la actualidad es considerado una secta por los musulmanes ortodoxos. El movimiento fue fundado en 1889 por Mizra Ghulam Qadiani (1835–1908) en un pequeño pueblo del Punjab en la India. La vida de Qadiani estuvo llena de pretensiones controvertidas. En 1880, se presentó solo como escritor musulmán, pero en 1885 anunció que era un predicador y un erudito *(mujaddid)*. En 1891 se declaró el Mesías prometido, y en 1901 dictaminó que era un profeta autoritativo de Alá.

Enfrentando la firme oposición de los eruditos y *aulema* musulmanes por su declaración y otras enseñanzas que contradecían las revelaciones del Corán, Qadiani también anunció que era Mahoma y que había regresado con autoridad para reinterpretar el Corán. En 1904 Qadiani enfureció más a los líderes musulmanes cuando declaró que era el hindú Lord Krishna. Apelando a los hindúes educados, tuvo éxito hasta el punto de alarmar a los líderes musulmanes.

Después de su muerte en 1908, el movimiento continuó, tanto en la actividad misionera como en la oposición. En 1974, después del estudio de todas las evidencias presentadas en contra de los Qadiani, la Liga Mundial Musulmana (Rabita Alame Islami) extendió una resolución unánime declarando que el movimiento Qadiani y sus líderes eran apostatas y estaban fuera de la religión islámica.

El sikismo: una combinación de islamismo e hinduismo

Uno de los movimientos religiosos más mal entendidos es el de los *sikis*. Con frecuencia se los toma por musulmanes, porque provienen de un trasfondo islámico. Su fundador, el gurú Nanak nació en Talwandi, un pueblo del Punjab, en 1469. Retó al fanatismo y la intolerancia que percibía en los musulmanes de su tiempo, criticando también a los hindúes por sus rituales al parecer sin sentido y sus prejuicios de clase social. Durante su visita a La Meca, proclamó de forma pública que la casa de Alá está en todas partes, no solamente en Kaaba.

El gurú Nanak creía profundamente en la igualdad de todos los hombres y buscaba combinar el hinduismo con el islamismo. Se oponía a la diferenciación de clases y se identificaba con la casta más baja. Sus enseñanzas atraían tanto a musulmanes como a hindúes y el número de discípulos creció exponencialmente a medida que se extendían sus ideas sobre el pacifismo y el trato igualitario para con las castas más bajas de la sociedad.

El *sikismo* es, si fuera lógicamente posible, un ateísmo monoteísta. Reconoce a Dios como el Único, no limitado al tiempo, el espacio ni la mente. Pero el *sikismo* no cree en la *avtarvada,* que Dios toma forma humana. En lugar de eso, Alá es un "principio" divino al que los *sikis* pueden unirse por medio de la elevación.

La religión *siki* rechaza todos los rituales y las practicas rutinarias incluso el ayuno y la peregrinación. La meta de la vida humana, fusionarse con Alá, se logra siguiendo las enseñanzas del gurú, mediante la meditación en el "santo Nombre" y los actos de servicio y caridad.

El *sikismo* destaca el *Bhakti Marg* (el "sendero del conocimiento") y el *Karam Marag* (el "sendero de la acción"). Los *sikis* también insisten en la necesidad de granjearse gracia para alcanzar la mente eterna.

En resumen, como el protestantismo, el islam consiste en diferentes facciones y ramas, que han dado lugar a varias corrientes de religión. Pensar en los musulmanes como un grupo homogéneo es erróneo y no hace justicia a la diversidad de creencias que abarca dentro de la religión. Inmediatamente después de la muerte de Mahoma surgieron diferencias de opinión que no muestran señales de decrecer.

Notas

1. Ignaz Goldziher, *Introduction to Islamic Theology and Law* (Princeton, N.Y.: Princeton University Press, 1981), p. 167.
2. Charles Waddy, *The Muslim Mind* (Londres: Longman, 1976), p. 151.
3. Phil Parshall, *Bridges to Islam* (Grand Rapids: Baker, 1983), pp. 31-37.
4. Para un estudio completo de La Nación de Islam véase Vibert L. White, *Inside the Nation of Islam: A Historical and Personal Testimony by a Black Muslim* (Orlando: University of Florida Press, 2001).

12

LA ILUSIÓN DE LA LIBERTAD
RELIGIOSA: EL TERRORISMO
DESDE ADENTRO

La historia de Neema

SUS OJOS CASTAÑOS SE VEÍAN MÁS ANCIANOS que sus diecinueve años. Neema parecía extraordinariamente serena a medida que recordaba el día en 1988 cuando los invasores musulmanes barrieron desde el norte a través de su villa cristiana y la llevaron a la esclavitud. Hablaba en tono callado, casi en un susurro, con pausas mientras el intérprete repetía en español. "Cuando vino la milicia árabe, secuestraron a muchas personas, matando a cualquiera que se resistía. Se concentraron en mujeres y niños".

Neema calmaba con cariño a un muchachito que se apoyaba contra su costado, tirando de sus vestimentas, tratando de llamar su atención.

—¿Trató de escaparse? —le preguntaron

—Oh sí —dijo Neema, asintiendo con la cabeza.

—Pero me golpearon mucho. Por fin me rendí, y me arrojaron torpemente encima de un caballo y me llevaron.

—¿Adónde la llevaron?

—Al norte. Me vendieron a un hombre que me puso a trabajar como sirvienta, para ayudar a su esposa a machacar *dura* y recoger leña para el fuego. Me dieron un nombre musulmán y me obligaron a tomar parte en sus rituales musulmanes, a pesar de que soy cristiana. Cuando me rehusé, me golpearon con mucha severidad. Y cuando la esposa de mi amo iba al mercado, o salía de la casa por cualquier razón, él... —Neema bajó la vista hacia el niño.

—Cuando la esposa de mi amo descubrió que yo estaba embarazada por él, se enfureció, me sacó corriendo de la casa, y pude escaparme.

—¿Cómo logró volver acá?

—Los vendedores de esclavos me ayudaron. Me trajeron de vuelta y me vendieron a mi familia por cinco vacas. Mi familia se alegró de tenerme de vuelta, pero ahora no puedo casarme. He estado con un hombre, y tengo un hijo. Ya no soy libre para casarme con un esposo.[1]

Perseguidores sin discriminación alguna

Las cruzadas. La inquisición. Las guerras de la reforma. Las persecuciones antisemíticas. Pueden citarse ejemplos en abundancia: atrocidades cometidas contra comunidades y naciones enteras por personas que se identifican como cristianos. Al defender la *yijad*, los eruditos islámicos señalan episodios de matanzas cristianas. Y así como lo han hecho los musulmanes, los cristianos han practicado guerra santa, destacando las cruzadas de 1096 al 1291 como principal ejemplo. Pero dichos ejemplos no son análogos a la *yijad* del islam como se ha practicado en la historia.

Primero, Mahoma, tanto por su vida como por sus escritos, afirmó la *yijad* como una estrategia para expandir la fe. Jesús no hizo eso. Más bien, enseñó: "Bienaventurados los pacificadores, porque ellos serán llamados hijos de Dios" (Mateo 5:9). Cuando luchaban en las cruzadas contra los musulmanes, los cristianos actuaban contra la voluntad de su Salvador y su Palabra. Los musulmanes que luchan contra los paganos obedecen a su profeta guerrero y su mensaje.

Segundo, lo escrito en el Nuevo Testamento nunca se aboga por la *yijad* contra ningún otro grupo y, en realidad, anticipa que las persecuciones se practicarán solo contra los cristianos. Jesús le explicó a sus discípulos: "Si a mí me han perseguido, también a vosotros os perseguirán" (Juan 15:20; cp. Mateo 5:11-12, 44-45; 10:23-24; Lucas 21:12; Juan 15:20-27; Romanos 12:14). El libro de Hechos muestra como los apóstoles se regocijaban cuando los perseguían. Los cristianos nunca tomaron represalias, sino que dieron sus vidas por la fe.

Tercero, el Corán y las tradiciones del Jadit prestan creencia a la militancia musulmana de que, mediante las palabras de Mahoma, derrama sangre inocente por la causa de Alá. Jesús cumplió las leyes del Antiguo Testamento en su propio sacrificio en la cruz, colocando de esa forma el castigo por el pecado sobre sí mismo.

Cuarto, excepto casos de grupos herejes aislados, los cristianos han aprendido (aunque de manera demasiado lenta) de su propia historia sangrienta. Los musulmanes continúan su matanza en numerosas naciones, incluso mientras se escribe este libro, Sudán, Arabia Saudita, Irán, Indonesia, Bangladesh, Nigeria y Pakistán. En realidad, la militancia islámica continúa adquiriendo inercia.

Quinto, con raras excepciones de matanzas por venganza en los campos de refugio de palestinos, ejemplos actuales de guerras en áreas cristianas los cristianos se oponen unos contra otros, no a los de afuera. Los irlandeses protestantes pelean contra irlandeses católicos. Los cristianos no usan la guerra para expandir sus fronteras políticas, creyendo que ellos, en cambio, que expandiendo el reino de Dios. Además, los ejemplos de violencia son aberraciones en un mundo de otra manera sería cristiano y pacífico. Por otra parte, la militancia sigue siendo la norma en el islam conservador.

La diferencia significativa entre cristianos y musulmanes, entonces, no es historia sino teología. A los cristianos ortodoxos les enseñan a vivir en paz por la Palabra de Dios viva y escrita. A los musulmanes les enseñan por el Corán y el mensajero de Alá a "pelear y matar a los paganos dondequiera que los encuentren" (*sura* 9:5).

La diferencia política

En las décadas recientes en los Estados Unidos, muchos no

cristianos que son motivados por una agenda personal han empleado de manera indebida el término "separación de la iglesia del estado". Pero la enmienda original, constitucional y aún apropiada dice: "El congreso no promulgará ninguna ley respetando un establecimiento de religión ni prohibiendo el libre ejercicio de la misma". Definido de manera sencilla, la enmienda permite que un cristiano que quiera orar de forma voluntaria en la escuela, puede hacerlo. Ni a un musulmán se le puede prohibir que testifique de su religión en público.

Cuando la libertad de religión se ve congestionada por interferencias constitucionales, otras libertades sufren. Un fundamento central de las libertades que se promulgó en la fundación de los Estados Unidos fue que el gobierno simplemente no toleraría a los que son religiosos. Más bien, que seríamos una nación que estimula la libre expresión de culto y testimonio. Este es el principio que los Estados Unidos se ha esmerado sostener. El islam ha seguido el principio que a las otras religiones no se les debe alentar ni dar oportunidad de testificar.

Este principio puede rastrearse hasta el siglo XVII cuando se desarrolló el Pacto de Omar después de una rápida expansión musulmana. El pacto dice que los cristianos

- "no deberán edificar en nuestras ciudades ni en su vecindario, nuevos monasterios, iglesias, conventos, células de monjes, ni podrán reparar, de día o de noche, a los edificios que se caigan en ruinas o estén ubicados en sitios de los musulmanes";
- "no deberán manifestar religión públicamente ni convertir a ninguno a ella... [Los cristianos] no deberán impedir a ninguno de sus familiares entrar al islam si lo desean";
- "deberán mostrar respeto hacia los musulmanes, y deberán cederles el asiento cuando [los musulmanes] deseen sentarse";
- "no deberán desplegar cruces o libros en los caminos o mercados de los musulmanes... [Ellos] solo deberán usar badajos de muy suave sonido en las iglesias".[2]

A las "dhimmis", o personas protegidas (en especial cristianos y judíos) se les concedió los derechos de ciudadanos de segunda clase, obligándolos a pagar impuestos extraordinarios pero no obstante protegidos por el régimen islámico. Sin embargo, dicho pacto demuestra un nivel de persecución.

La Turquía del siglo XXI practica un arreglo similar. Turquía es una nación abrumadoramente musulmana, y es hogar de la principal figura de la Iglesia Ortodoxa Oriental, el Patriarca Ecuménico Bartolomeo I. El experto en libertad religiosa, Paul Marshall, explica: "El patriarca ha sido rígidamente controlado, constantemente le han negado permiso para desarrollar la educación teológica o construir edificios para la minoría ortodoxa".

Es verdad que el gobierno secular de Turquía no siempre ha sido amable hacia sus minorías. Entre 1905 y 1918, dos millones de cristianos armenios fueron masacrados por los otomanos, y tan recientemente como 1994 y 1996, se usaron explosivos en ataques contra la iglesia cristiana.[3]

Así mismo, Marruecos permite la libertad de culto, pero el proselitismo está prohibido. Zmamda Mustapha, un convertido al cristianismo, recibió una sentencia de tres años de cárcel por repartir literatura cristiana. Otros son encarcelados por no participar en Ramadán. Solo ante la agresiva presión internacional los gobiernos en esa región han cedido apenas un mínimo nivel de libertad.

En contraste, los países occidentales en los siglos recientes han ofrecido cada vez más libertad y aceptación a los musulmanes. El padre de los autores de esta obra, Acar Caner, ayudó a diseñar y edificar una mesquita increíblemente hermosa en Columbus, Ohio. Tenía todo el derecho a hacer lo que deseaba para expandir el islam en una forma pacífica. Como convertidos del islam al cristianismo, sus hijos luchan por el derecho de los musulmanes a practicar libremente y diseminar su religión sin impedimentos en los Estados Unidos y cualquier otro país. Cada cristiano que cree en la Biblia sabe que la fe salvadora en Jesucristo no debe y, de hecho, no puede ser forzada.

No obstante, nosotros no gozaríamos de ese mismo derecho en

Turquía, la tierra madre de nuestro padre. Por toda la retórica sobre la tolerancia, ni un solo gobierno controlado por musulmanes ofrece una libertad religiosa comprensiva. Aun los más imparciales de los países musulmanes no reconocen los argumentos a favor de dicha libertad. Nunca los han reconocido, y nosotros solo podemos orar para que algún día lo reconozcan.

Violencia y persecución

Sin embargo, igualar a todo el islam con la persecución religiosa sería una exageración increíble. No obstante, junto con los comunistas marxistas y maoistas y los extremistas hindúes, los musulmanes han acumulado las marcas máximas de los tiempos modernos como líderes en cometer violencia contra la humanidad.[4] Esta violencia es más a menudo cometida por individuos o grupos pequeños, pero a veces los gobiernos la ponen en vigor.

El ejemplo más horrendo de brutalidad en los recientes años ha sido en Sudán, un país que tiene más cristianos que cualquier otro país islámico. Cuando los musulmanes tomaron el poder en 1983, inmediatamente declararon la *yijad* contra los millones de cristianos (infieles). Como resultado de dicha *yijad*

- Entre 1.5 y 3 millones habían sido matados a la fecha de publicar este libro. Más sudaneses fueron víctimas que en Rwanda. Bosnia, Somalia y Kosovo combinadas.
- Cincuenta mil niños de la tribu Dinka solamente son mantenidos como esclavos. Sus familias pueden comprar a sus hijos con ganado, o por tan poco como quince dólares.
- La conversión forzada al islam es una política del gobierno. Los *muyajedín* (guerreros santos) luchan al lado de las fuerzas del gobierno.
- La predicación y evangelización al aire libre es ilegal y castigable con encarcelamiento o golpes.[5]

Los testigos e investigadores han dado abundante evidencia y descripciones de estos acontecimientos. El rabino David Saperstein, presidente de la comisión estadounidense sobre libertad religiosa internacional, destaca que:

En la Segunda Guerra Mundial, tantas personas en Alemania, aún en los países aliados, podían decir, "pero nosotros no sabíamos". Nosotros sabemos. Nosotros sabemos lo que está sucediendo en Sudán. No podemos ser indiferentes a la sangre de nuestros vecinos. Y esta nación está empezando a moverse. Pero nos sentimos obligados a actuar mucho más enérgicamente de lo que hemos hecho antes.[6]

En el libro *La sangre de ellos clama*, Paul Marshall describe la devastación en la región de los montes de Nuba del sur central del Sudán. Las fosas comunes contienen los restos de villas enteras. En los campamentos donde mantienen encerrados a las mujeres y los niños, las mujeres de Nuba son violadas de manera sistemática por soldados árabes para que produzcan hijos que no sean nubas. Algunos informan que cristianos han sido crucificados por los soldados.[7]

El Sudán no es un caso aislado. Otros notables violadores de la libertad de religión incluyen a Irán, Iraq, Arabia Saudita, Turkmenistán, Pakistán, y Uzbekistán. En todas estas naciones, los cristianos que de manera abierta adoran a Jesucristo pueden ser matados, encarcelados, obligados a quedarse sin trabajo, u obligados a convertirse al islam; y los centros de culto cristianos son destruidos. No es un pequeño grupo extremista de talibanes radicales que llevan a cabo dichas acciones. En cambio, más de una docena de gobiernos que abarcan cientos de millones de musulmanes justifican estos actos por el Corán y el profeta Mahoma.

Si el mundo musulmán se sintió tan desconcertado por estos horribles sucesos, no ha habido un grito de protesta de parte de los líderes de las comunidades islámicas. Los musulmanes fueron rápidos en condenar los ataques de los terroristas en Estados Unidos el 11 de septiembre de 2001, calificando las acciones como demoníacas o satánicas. No obstante guardan silencio acerca de persecuciones políticas menos ofensivas que ellos permiten y a veces apoyan en sus propias comunidades. Si los ataques contra personas inocentes en la ciudad de Nueva York fueron "demoníacos", seguramente las ofensas contra los cristianos en el África, el Medio Oriente e Indonesia son también demoníacos. A decir verdad, las masacres del 11 de septiembre palidecen en comparación con lo que ahora está ocurriendo en algunas naciones en el nombre de Alá.

La santidad de la libertad de religión

El ideal cristiano es que la Palabra de Dios infalible y sin errores es la base sobre la que se toman las decisiones éticas. Los cristianos nunca deben ser de los que reaccionan emocionalmente a las acciones de otra persona. La acción basada en las Escrituras es un precepto importante de la teoría cristiana de la libertad de religión. Los musulmanes (y cualquier otro grupo) tienen el derecho dado por Dios a creer cualquier cosa que deseen y practicar esa creencia siempre que sus acciones no hagan violencia a otros. En el caso de violencia, los cristianos pueden en ciertas circunstancias intervenir y actuar, pero no movidos por un deseo de venganza, La motivación debe ser el amor y honor por las leyes fundamentales que Dios ha dado para gobernar a la humanidad. La Biblia enseña que los cristianos "no tenemos lucha contra sangre y carne, sino contra principados, contra potestades..." (Ef. 6:12). Deben pelear la batalla de forma espiritual con la única arma ofensiva que tienen: la Biblia.

Además, Dios el Padre da a todos la oportunidad de amarle al aceptar el sacrificio de su Hijo en la cruz como perdón por el pecado. Puesto que el amor debe ser una elección personal y no puede forzarse sobre ninguno, Dios, en su poder, permite que las personas lo rechacen, y aunque lo odien.

Por consiguiente, a las personas debemos darles la amplia posibilidad de decidir según su propia voluntad a favor o en contra del Creador del universo. Hacerlo de otra forma sería obligar directa o indirectamente a la persona a una relación legalista con la Iglesia y sus doctrinas.

Volteando paredes y edificios

Millones de personas de todo el mundo han visto los daños

perpetrados por los terroristas el 11 de septiembre de 2001 que se mostraron por televisión una y otra vez. Vidas fueron destrozadas, y como nación, los Estados Unidos fueron cambiados. Una nueva era había amanecido. Los comentaristas hablaron en muchos idiomas de la lobreguez en esta nueva realidad. No obstante, los autores de este libro sugieren que los acontecimientos del 11 de septiembre de 2001 han creado más esperanza que la que hemos sentido durante muchos años.

Primero, los ciudadanos de los países libres han sido traídos de vuelta a la realidad de lo que ellos tienen. En los Estados Unidos podemos sentir un orgullo justificable por la manera en que los ciudadanos de nuestra nación se calmaron y recuperaron su espíritu de equipo en medio de una tragedia inimaginable. Podemos enorgullecernos en un liderazgo fuerte y balanceado y del profesionalismo mostrado por las fuerzas armadas en un momento de pronta acción y decisiones difíciles. Lo que hicimos en las primeras semanas y meses después del 11 de septiembre fue defendible desde el punto de vista moral y bíblicamente aceptable.

Segundo, los Estados Unidos y otras naciones occidentales, tienen la oportunidad de volver la libertad de religión al núcleo de libertades. Al ver que los resultados de la religión se establecen y se hacen obligatorios por los gobiernos, las sociedades pueden buscar el ideal equilibrado puesto ante el mundo en la constitución de Estados Unidos. Los ciudadanos de Canadá, los Estados Unidos, y otras sociedades libres puede ocuparse en los procesos que vinculan las libertades políticas y religiosas en cualquier sociedad donde se extiende nuestra influencia. Los países que permiten una democracia desde el punto de vista político pero no religioso, están destinados al fracaso.

Tercero, los diálogos entre musulmanes y cristianos se están llevando a cabo en todo el mundo libre, pero los musulmanes deben aceptar el diálogo en sus propias tierras, donde devalúan la libertad de religión. Hacer lo contrario sería hipocresía. Considerando lo que se ha mostrado en esta obra, quizá sería idealista de forma exagerada invitar a los gobiernos islámicos a que incluyan la libertad religiosa en sus leyes y sociedad. Por lo menos esto es cierto:

tanto los musulmanes como los cristianos creen que la vida en el más allá es mucho más importante que este viaje temporario. Por lo tanto, si el cielo se logra por una elección que incluye ramificaciones infinitas, entonces la libertad de religión debe permitirse a fin de que las personas tengan una oportunidad de encontrar la verdad.

Notas:

1. Paul Marshall, *Their Blood Cries Out: The Worldwide Tragedy of Modern Christians Who Are Dying for Their Faith* (Dallas: Word, 1997), p. 18. Este libro es lectura obligada para cualquier que desee un punto de vista balanceado de la persecución en el mundo actual. Gran parte del material para este capítulo viene de la diligente investigación de Marshall.

2. Esta es solo una lista parcial que realza las declaraciones más atroces que se encuentran en el documento.

3. Marshall, *The Blood Cries Out*, pp. 49-50.

4. Muchos países europeos están considerando la promulgación de leyes (o lo han hecho hace poco tiempo) que limitan la libertad de religión. Los grupos en cuestión incluyen los Testigos de Jehová, Las Asambleas de Dios, los Bautistas y los Evangélicos. Debido al estigma de dichos grupos, los cristianos de línea principal han estado callados de manera sorprendente en su oposición. Estas leyes deben abrogarse inmediatamente.

5. Véanse: *persecution.org* y *projectpersecution.org*. Estos sitios también ofrecen formas en que las personas pueden ayudar en esta trágica situación.

6. "Prayer for the Persecuted Church in Sudan", *CBN News*, 12 de diciembre de 1999.

7. Marshall, *Their Blood Cries Out*, pp. 21-22.

13

LAS MATANZAS DE LA YIJAD

EL 23 DE FEBRERO DE 1998, cinco califatos firmaron una *fatwa* declarando guerra contra los Estados Unidos. En representación de las cinco facciones radicales, estos hombres se unieron para invitar al mundo musulmán a una causa común contra el que se consideraba era el enemigo del islam. El texto completo dice:

Declaración firmada por el jeque Usamah Bin-Muhammad Bin-Ladin; Ayman al-Zawahiri, líder del grupo *yijad* en Egipto; Abu-Yasir Rifa'i Ahmad Taha, un líder del grupo islámico; el jeque Mir Hamzah, secretario del Jamiat-ul-Ulema-e-Pakistán; y Fazlul Rahman, líder del movimiento *yijad* en Bangladesh.

Alabado sea Alá, quien reveló el Libro, controla las nubes, derrota el faccionalismo, y dice en su Libro, "Pero cuando los meses prohibidos hayan pasado, entonces luchad y matad a los paganos dondequiera los encontréis, sujétenlos, asédienlos, y espérenlos en acecho en toda estratagema (de guerra)"; y paz sea sobre el Profeta, Muhammad Bin-'Abdallah, quien dijo: "He sido enviado con la espada entre mis manos para asegurar que ninguno sino Alá sea adorado, Alá quien puso mi sustento bajo la sombra de mi lanza y quien inflinge humillación y escarnio sobre los que desobedecen mis órdenes". La península árabe nunca, desde que Alá la hizo plana y la rodeó con mares, sido asaltada por ninguna fuerza como los ejércitos de las cruzadas que ahora se desparra-mas sobre ella como langostas, consumiendo sus riquezas y destruyendo sus plantaciones. Todo esto está sucediendo en un momento cuando las naciones están atacando a los musulmanes como personas que se pelean por un plato de comida. Ante esta grave situación, y la falta de apoyo, nosotros y ustedes estamos obligados a discutir sobre los sucesos actuales, y todos deberíamos acordar sobre cómo arreglar el asunto,

Nadie arguye hoy sobre tres hechos que todos conocen; los vamos a enunciar a fin de recordarles a cada uno:

Primero, por más de siete años los Estados Unidos ha estado ocupando las tierras del islam en el más santo de los lugares, la península arábiga, saqueando sus riquezas, dictándole a sus gobernantes, humillando a su pueblo, aterrorizando a sus vecinos, y convirtiendo sus bases en la península en una cabeza de ataque mediante la cual luchar contra los pueblos musulmanes vecinos.

Si algunas personas han debatido antes el hecho de la ocupación, todos los pueblos de la península ahora lo han reconocido. La mejor prueba de esto es que los norteamericanos continúan la agresión contra el pueblo de Iraq usando la península como punto de escala, a pesar de que todos sus gobernantes se oponen a que sus territorios sean usados para ese fin, pero aún así están impotentes. Segundo, a pesar de la gran devastación descargada sobre los iraquíes por la alianza sionista del tipo cruzadas, y a pesar del enorme número de las víctimas, en exceso de un millón...a pesar de todo esto, los norteamericanos una vez más están tratando de repetir las horripilantes masacres, como si no estuvieran contentos con el prolongado bloqueo impuestos después de la feroz guerra o la fragmentación y devastación.

Por consiguiente, ahora hemos venido para aniquilar lo que queda de este pueblo y a humillar a sus vecinos musulmanes.

Tercero, si los objetivos norteamericanos detrás de estas guerras son religiosos y económicos, el objetivo es también servir al insignificante estado de los judíos y desviar la atención de su ocupación de Jerusalén y homicidio de los musulmanes allí.

La mejor prueba de esto es su afán por destruir a Iraq, el más fuerte estado árabe vecino, y su esmero por fragmentar a todos los estados de la región como Iraq, Arabia Saudita, Egipto y Sudán y convertirlos en *estaditos* de papel y mediante su desunión y debilidad garantizar la supervivencia de Israel y la continuación de la brutal cruzada de ocupación de la península.

Todos estos crímenes y pecado por los norteamericanos son una inequívoca declaración de guerra contra Alá, su mensajero, y los musulmanes. Y a lo largo de la historia islámica un lema acordado de manera unánime es que la yijad es un deber individual si el enemigo destruye los países musulmanes. Esto fue revelado por el Imam Bin-Qadamah en "Al-Mughni", Imam al-Kisa'i en "Al-Bada'i", al-Qurtubi en su interpretación, y el Shaykh de al-islam en sus libros, donde él dijo: "En cuanto a la lucha militante, su objetivo es defender la santidad y religión, y es un deber como se acordó. Nada es más sagrado que la creencia excepto repulsar a un enemigo que está atacando la religión y la vida".

Sobre esa base, y en cumplimiento de la orden de Alá, promulgamos la siguiente *fatwa* a todos los musulmanes:

La pasión predominante de matar a los norteamericanos y sus aliados: civiles y militares, es un deber personal para todo musulmán que pueda hacerlo en cualquier país donde sea posible hacerlo, a fin de liberar la mesquita al-Aqsa y la mesquita santa de su puño, y con el fin de que sus ejércitos se vayan de todas las tierras del islam, derrotados y sin poder amenazar a ningún musulmán. Esto está de acuerdo con las palabras del todopoderoso Alá, "y luchen contra todos los paganos todos juntos, como ellos luchan contra ustedes todos juntos", y "peleen contra ellos hasta que no haya más tumulto ni opresión, y prevalezca la justicia y la fe en Alá".

Esto es además de las palabras del todopoderoso Alá, "y por qué no habría de luchar en la causa de Alá y de los que, siendo débiles, son maltratados y oprimidos: mujeres y niños, cuyo grito es: 'Alá, rescátanos de esta localidad, cuyas personas son opresoras; y levanta para nosotros de tu parte uno que cree en Alá y desea ser recompensado para cumplir con la orden de Alá de matar los norteamericanos y saquear su dinero dondequiera y cuando quiera lo encuentre. También llamamos a los *ulemas,* líderes, jóvenes y soldados musulmanes para que lancen el allanamiento sobre las tropas norteamericanas de Satanás y los que apoyan al diablo y aliados con ellos, y para desplazar a los que están tras ellos para que aprendan una lección.

El todopoderoso Alá dijo: "Vosotros que creéis, dad vuestra

respuesta a Alá y a su Apóstol, cuando él os llame a aquello que os dará vida. Y conoced que Alá viene entre un hombre y su corazón, y que él es ante quien vosotros seréis todos reunidos".

El todopoderoso Alá dijo, "Vosotros que creéis, ¿qué os sucede, que cuando se os pide que vayáis a la causa de Alá, os aferráis tan pesadamente a la tierra? ¿Preferís la vida de este mundo a la del más allá? Pero poco es el consuelo de esta vida, comparado con la del más allá. A menos que vayáis, él os castigará con una grave pena, y pondrá a otros en vuestro lugar; pero a él no podréis herir en lo más mínimo. Porque Alá tiene poder sobre todas las cosas".

El todopoderoso Alá también dice, "Por tanto no os desaniméis, ni os desesperéis. Porque debéis adquirir maestría si sois fieles en la fe".[1]

Miles de personas perdieron sus vidas el 11 de septiembre de 2001, cuando los Estados unidos vieron la primera manifestación de esta fatwa declarada; las torres del Centro del Comercio Mundial fueron reducidas a escombros quemados. ¿Estaban los hombres que volaron los aviones contra las torres y contra el Pentágono alardeando de un líder sectario que ha corrompido la pacífica religión del islam? ¿O es que ofrecieron sus vidas porque creían en la doctrina islámica ortodoxa? Los autores de esta obra aseveran que el islam en efecto tiene un fundamento esencial e indispensable de conquista militar. Los terroristas no eran un grupo periférico que cambió el Corán para que fuera adecuado a sus fines políticos. Comprendían el Corán bastante bien y siguieron las enseñanzas de la *yijad* al pie de la letra.

En el Corán así como el Jadit, el infiel *(kafir)* debe ser convertido o conquistado. Los musulmanes que mueren en la lucha contra los infieles *(yijad)* serán trasladados inmediatamente al más alto nivel del paraíso. Gran parte de esta doctrina extrae admoniciones y mandatos en el Jadit, pero en el Corán existen fuertes fundamentos para la guerra santa.

La alta yijad es guerra

El Corán, supuestamente de la misma boca de Alá, adopta un punto de vista turbio del no creyente. Hablando de manera estricta, *yijad* significa una continua *guerra organizada* contra ellos. A pesar de las explicaciones de los apologistas islámicos después de los ataques terroristas, *yijad* no se refiere primordialmente a una "lucha de piedad personal". *Yijad* es combate en los frentes de la política, la guerra y la cultura. Mahoma dio ejemplo de este principio cuando autorizó la matanza de miles de hombres a lo largo de la península arábiga en el nombre de Alá. Si la *yijad* es solo una lucha personal interna, el profeta guió mal a su pueblo mediante sus acciones y palabras según se registran en el Jadit. Por fin, él era la personificación de un teólogo militarista, que el Jadit ilustra con exactitud. En *sura* 2:190, Alá dice: "Combatid *[yijad]* por Alá contra quienes combaten *[ayijad]* contra vosotros". La definición de esta lucha incluye la posibilidad de violencia:

> "Matadles donde deis con ellos, y expulsadles de donde os hayan expulsado. Tentar es más grave que matar" (*sura* 2:191).

La aparente contradicción de conquistar a los opresores de modo que a través de toda la opresión tengan fe en Alá puede entenderse con la interpretación adecuada de la *yijad*. La guerra militar es una necesidad absoluta de modo que Alá sea honrado y adorado.

La presencia misma del infiel provoca desorden y requiere que el islam gane la victoria: "Combatid contra ellos hasta que dejen de induciros a apostatar y se rinda culto a Alá. Si cesan, no haya más hostilidades que contra los impíos" (*sura* 2:193).

Los apologistas musulmanes corrientes que recalcan el concepto de debate intelectual en esta guerra deben apresurarse a leer *sura* 2:216: "Se os ha prescrito que combatáis aunque os disguste. Puede que os disguste algo que os conviene y améis algo que no os conviene. Alá sabe, mientras que vosotros no sabéis". Es imposible traducir la palabra *combatir* en este texto para que signifique cualquier cosa excepto el sentido de combatir tradicional".

El Jadit también interpreta *yijad* como "combate, lucha o batalla". El primerísimo volumen de Bukhari anota que al apóstol de Alá se le preguntó: "¿Cuál es el mejor hecho?" Él respondió: "Creer en Alá y su apóstol (Mahoma)". El interrogador luego preguntó: "¿Cuál es el siguiente (en bondad)?" Él contestó: "Participar en la *yijad* en la causa de Alá" (*sura* 2:225). En el Jadit 3.46.724, que es narrado por Abu Huraira, Mahoma dijo: "Un esclavo piadoso obtiene doble recompensa", y Abu Huraira añadió: "Por él en cuyas manos está mi alma es solo para *yijad* [batallas santas], *Hajj,* y mi deber servir a mi madre, me hubiera encantado morir como esclavo". Por lo tanto, la muerte es, al parecer, un fin posible de dicha *yijad.*

De interés especial para un estudiante del Jadit es el título del Libro 52 del Jadit de Bukhari, *Batallando por la causa de Alá* (yijad). El volumen presenta con explícita claridad algunos de los mandatos para los musulmanes en combate. En el volumen, Ibn 'Abbas, relata lo siguiente:

> "El apóstol de Alá dijo, 'No hay jijra [migración] de La Meca a Medina) después de la conquista (de La Meca), pero la yijad y la buena intención permanecen; y si eres llamado (por el gobernador musulmán) para combatir, vé inmediatamente". (4.52.42)

En acuerdo total con Ibn 'Abbas, Sahl bin Sad As-Sa'idi continúa en el versículo noventa y cinco:

> "Vi a Marwan bin Al-Hakam sentado en la mesquita. Así que, pasé adelante y me senté a su lado. Nos dijo que Zaid bin Thabit le había dicho que el apóstol de Alá le había dictado el Versículo Divino: 'Los creyentes que se quedan en casa, sin estar impedidos, no son iguales que los que combaten por Alá con su hacienda y sus personas'" (*sura* 4:95).

Al hacer eso, As-Sa'idi cita del Corán para sustanciar la enseñanza de combate como lucha santa.

El kafir no puede ser tolerado

Es verdad que el Corán declara la expulsión o destrucción del infiel (kafir). Aun una lectura somera del Corán o el Jadit muestra evidencia de un esfuerzo que exige la extirpación total del incrédulo:

"Si cualquiera desea una religión diferente del islam, no se le aceptará" (*sura* 3:85).

"Apoderaos de ellos y matadles donde les encontréis. No aceptéis su amistad ni auxilio" (*sura* 4:89).

"Los infieles son para vosotros un enemigo declarado" (*sura* 4:101).

"Alá ha preparado un castigo humillante para los infieles" (*sura* 4:102).

"Infundiré terror en los corazones de quienes no crean. ¡Cortadles el cuello, pegadles en todos los dedos! No erais vosotros quienes les mataban, era Alá quien les mataba" (*sura* 8:13-17).

"¡Combatid contra quienes, habiendo recibido la Escritura, no creen en Alá ni en el último Día" (*sura* 9:29).

De interés especial para el musulmán hipotético o potencial que se convierte al judaísmo o cristianismo es el Jadit 9:57: "Mahoma dijo: "Todo aquel que cambia su religión islámica, matadle".

El cristianismo es un enemigo específico del islam, es destacado para burla específica en el Corán. Nuestra creencia en un Dios trino, con Cristo como el unigénito Hijo de Dios en naturaleza hipostática, hizo que Mahoma registrara una crítica mordaz de las doctrinas centrales del cristianismo ortodoxo:

"¡Gente de las Escrituras! ¡No exageréis en vuestra religión! ¡No digáis de Alá sino la verdad, que el ungido, Jesús, hijo de María, es solamente el enviado de Alá...No digáis ¡'tres'! ¡Basta ya, será mejor para vosotros! Alá es solo un Dios Uno. ¡Gloria a Él! Tener un hijo...Suyo es lo que está en los cielos y en la tierra...¡Alá basta como protector!" (*sura* 4:171).

"Concertamos un pacto con quienes decían: 'Somos cristianos'. Pero olvidaron parte de lo que se les recordó y, por eso, provocamos entre ellos enemistad y odio hasta el día de la Resurrección. Pero ya les dirá Alá de lo que hacían" (*sura* 5:14).

"Ciertamente en blasfemia están los que dicen que Dios es Cristo el hijo de María" (*sura* 5:17).

"No creen, en realidad, quienes dicen: 'Alá es el Ungido, hijo de María', siendo así que el mismo Ungido ha dicho: '¡Hijos de Israel, servid a Alá, mi Señor y Señor vuestro!' El Ungido, hijo de María, no es sino un enviado, antes del cual han pasado otros enviados. No creen en realidad quienes dicen; 'Alá es el tercero de tres'. No hay ningún otro Dios que Dios uno y, sino paran de decir eso, un castigo doloroso alcanzará a quienes de ellos no crean'" (*sura* 5:72-73, 75).

A los judíos también se los considera despreciables como corruptores de la verdad de Alá:

"¡Creyentes! ¡No toméis como amigos a los judíos y a los cristianos! Son amigos unos de otros. Quien de vosotros trabe amistad con ellos, se hace uno de ellos. Alá no guía al pueblo impío" (*sura* 5:51).

"Él es quien expulsó de sus viviendas a los de la gente de la Escritura que no creían, cuando la primera reunión. No creáis que iban a salir y ellos creían que sus fortalezas iban a protegerles contra Alá. Pero Alá les sorprendió por donde menos lo esperaban. Sembró el terror en sus corazones y demolieron sus casas con sus propias manos y con la ayuda de los creyentes. Los que tengáis ojos ¡escarmentad!" (*sura* 59:2).[2]

El Jadit contra el infiel

El Jadit amplía contra la necesidad de la expulsión de los infieles de la tierra del musulmán, al registrar las palabras finales que Mahoma dijo en el mundo: "Expulsen a los paganos de la península arábiga" (*jadit* 5.16).

El énfasis sociopolítico sobre la tierra también es un factor central de la doctrina islámica. Ibn 'Abbas cita de Mahoma:

"En el día de la conquista [de La Meca] el profeta dijo, 'No hay migración después de la conquista sino *yijad* e intenciones.

Cuando seas llamado [por el gobernador musulmán] para combatir, ve inmediatamente'" (*jadit* 4.52.79)

Por lo tanto, la conquista de la tierra, aquí específicamente La Meca, es vista como el victorioso cumplimiento de la causa del islam, aunque la *yijad* continúa. La promesa de su "tierra santa" en La Meca como el "santuario" dado por Alá, es visto como el cumplimiento apropiado de su sistema de fe:

El apóstol de Alá también dijo, en el día de la conquista de La Meca, "Allá ha hecho de esta localidad un santuario desde el día que creó los cielos y la tierra. Por tanto, este es un santuario por decreto de Alá hasta el día de la resurrección" (*jadit* 4.53.412).

A medida que el tomo cuatro en la colección de ajadit de Bukhari, el lector se enfrenta con la clara intención de Alá de expulsar a los infieles:

"Cuando el profeta regresaba [de la yijad], él decía Takbir tres veces y añadía, 'Estamos regresando, si Alá lo desea, con arrepentimiento y adoración y alabando [a nuestro Señor] y postrándonos ante nuestro Señor. Alá cumplió su promesa y ayudó a su esclavo, y Él solo derrotó a los clanes [infieles]'" (*jadit* 4.52.317].

La alianza de Mahoma, Alá, guerra y victoria entremezcla de manera eterna el pensamiento de lucha con derramamiento de sangre. El paralelo entre la victoria militar y la voluntad de Alá es clave para comprender que el islam en su esencia desea la victoria física como también metafísica, y el uso de la fuerza no solo es aceptable sino recomendable.

La promesa final de la expulsión y destrucción del infiel es vista en la canción de triunfo final del Jadit::

"Narrado por 'Ata bin Abi Rabah: "'Ubaid bin 'Umar Al-Laithi y yo visitamos a Aisha y le pregunté sobre la *Jijra* (es decir, migración), y ella dijo, 'hoy no hay *[Jijra]* migración. Un creyente solía escaparse con su religión a Alá y su apóstol para que no lo sometieran a juicio debido a su religión. Hoy Alá ha hecho al islam triunfante, y hoy un creyente puede adorar a su Señor dondequiera que le agrade'" (*jadit* 5.58.240; repetido en 5.59.602).

Perdón y poder en la yijad

La recompensa por el comportamiento *yijádico* ha sido tema de debate. ¿Estaban los pilotos suicidas y secuestradores en realidad esperando el perdón del pecado y cierto grado de honor en el paraíso por sus horribles actos? Tanto el Corán como el Jadit ilustran los protocolos exactos y precisos que fueron enunciados con claridad por Shaykh Usamah Bin-Muhammad Bin Ladin y de manera explícita seguidos por los terroristas. El Corán es claro en cuanto a la política del martirio expiatorio:

"¡Quienes cambian la vida de acá por la otra combatan por Alá. A quien, combatiendo por Alá, sea muerto o salga victorioso, le daremos una magnífica recompensa" (*sura* 4:74).

El Jadit es más explícito con respecto a los protocolos que se siguen así como las promesas hechas al que muere en la *yijad*. Las normas por las cuales Mahoma medía la yijad resuenan de forma misteriosa a la luz de los ataques suicidas en los Estados Unidos y en otras partes.

1. Las balanzas están equilibradas:
   "Narrado por Abu Burda Bin Abi Musa Al-Ashari: Tu padre [o sea, Abu Musa] dijo, "No, por Alá, tomamos parte en la yijad después que el apóstol de Alá oró e hizo muchas buenas obras, y muchas personas han aceptado el islam en nuestras manos, y sin duda, esperamos recompensas de Alá por estas buenas obras". Sobre eso mi padre [o sea 'Umar] dijo, "En cuanto a mí, por Él en cuya mano está el alma de 'Umar, deseo que las obras hechas por nosotros en el tiempo del profeta permanezcan recompensables mientras cualquier cosa que hicimos después de la muerte del profeta sean suficientes para salvarnos del castigo en que las buenas obras compensen por las malas" (*jadit* 5.58.254).

2. La *yijad* requiere una promesa de vida:
   "Narrado por Mujashi bin Masud: 'Yo llevé a Abu Mabad al profeta a fin de que él pudiera darle una promesa de alianza para migración. El profeta dijo, 'La migración ha ido a su pueblo, pero tomo la promesa de él [o sea, Abu Mabad] para el islam y la *yijad*'" (*jadit* 5.59.599).

3. La *yijad* es requerida para todos los que están dentro de la *fatwa:*
   "Narrado por Ibn 'Abbas: 'El profeta dijo, en el día de la conquista de La Meca: No hay migración (después de la conquista), sino *yijad* y buenas intenciones, y cuando os llamen para la *yijad*, debéis responder al llamado inmediatamente'" (*jadit* 4.52.311).

4. La *yijad* alienta a combatir hasta la muerte:
   "Narrado por Nafi': 'Durante la aflicción de Ibn Az-Zubair, dos hombres vinieron a Ibn 'Umar y dijeron, 'El pueblo está perdido, y tú eres el hijo de 'Umar, y el compañero del profeta, por tanto ¿qué prohíbe que tu salgas?' Él dijo, 'Lo que me prohíbe es que Alá ha prohibido el derramamiento de la sangre de mi hermano.' Los dos dijeron, '¿No dijo Alá, 'Y luchen entonces hasta que no haya más aflicción?'" Él dijo 'Luchamos hasta que no hubo más aflicción y el culto es para Alá (Solo mientras quieras combatir hasta que no haya más aflicción y hasta que el culto se vuelva para otro aparte de Alá.'" (*jadit* 6.60.40).

5. La *yijad* es uno de los más altos llamamientos de la vida:
   "Narrado por Al-Walid bin 'Aizar: Oí que Abi Amr 'Ash-Shaibani decía, 'El dueño de esta casa', apuntó hacia la casa de Abdullah, dijo, 'Le pregunté al profeta '¿Qué obra es la que Alá ama más?' Él respondió, 'Ofrecer oraciones a las horas más tempranas {las primeras] establecidas.' 'Abdullah preguntó, ¿Cuál es la siguiente [en bondad]?' El profeta dijo, 'Ser bueno y obediente a los padres de uno.' 'Abdullah preguntó, '¿Cuál es la siguiente [en bondad]?' El profeta dijo, 'Participar en la *yijad* por la causa de Alá.' 'Abdullah añadió, 'El profeta narró para mí estas tres cosas, y si yo

hubiera preguntado más, él me hubiera dicho más'" (*jadit* 8.73.1).

En contradicción con lo que el musulmán que participa en la *yijad* está el musulmán perezoso que no se esfuerza por la "causa santa". Los que eligen no luchar en la batalla santa son vistos como menos piadosos, y carecerán de recompensa. Jadit 4.52.85, narrado por Sahl bin Sad As-Sa'idi, advierte:

"Vi a Marwan bin Al-Hakam sentado en la mesquita. Así que, pasé adelante y me senté a su lado. Nos dijo que Zaid bin Thabit le había dicho que el apóstol de Alá le había dictado el Versículo Divino: 'Los creyentes que se quedan en casa, sin estar impedidos, no son iguales que los que combaten por Alá con su hacienda y sus personas'" (*sura* 4:95).

Ninguna persona enlistada en la guerra santa puede ser hallada culpable de homicidio: "Mahoma dijo: Ningún musulmán debe ser matado por matar un kafir" (*jadit* 9.50). Por lo tanto, la idea de que los terroristas podrían ser entregados a una autoridad no islámica para ser procesados por una ofensa capital está más allá de la razón a un califato musulmán.

Vírgenes y fiestas en el cielo del mártir

Uno de los beneficios adicionales de la *yijad* que siempre asombra a los no musulmanes es la promesa de dispensaciones especiales para el mártir de la *yijad*. No es suficiente que los pecados del mártir sean perdonados y que las escalas de su balance pesan por completo a su favor. También le dan un albergue especial, donde va a ser agasajado con una fiesta de proporciones sin precedentes.

Mahoma mismo testificó de la naturaleza de esta "bendición adicional" del paraíso del mártir. En la obra Kitab ul Isra'a wal Mu'raj, el autor, Ibn Serene, cita a Mahoma cuando describe el viaje que él hizo una noche de Jerusalén a los "Siete cielos":

Entre otras cosas informa acerca de los paraísos preparados para los musulmanes, que cada uno de ellos contenía una variedad de frutas, no cosechadas y no prohibidas. También había ríos que fluían debajo de ríos de miel, leche y vino en los cuales los creyentes estaban nadando y también bebiendo. Cuando miró, vio palacios hechos de cristal, safiros y diamantes, de la clase que él no había visto jamás. Cuando entró en esos palacios vio que en cada uno de ellos había setenta sofáes hechos de oro y esmeraldas en los cuales estaban recostadas vírgenes, no tocadas por el hombre, preparadas para sus consortes...Cuando esto llegó a los oídos de sus discípulos y adeptos se suscitaron muchas preguntas. Entre ellas, si las relaciones sexuales se permitían en el cielo. ¿Había allí ángeles femeninos a quienes Dios había preparado para ese fin? Cuando uno de sus adeptos formuló la pregunta: "Oh Mensajero de Dios, ¿tendremos relaciones sexuales en el paraíso?" Él respondió en palabras extravagantes, indicando la intensidad y preocupación total por la expresión sexual...Luego añadió: "En el paraíso no hay solteros". Cuando otro le preguntó cómo un hombre podría tener la fortaleza (para relacionarse íntimamente con) setenta muchachas en un día, él respondió: "¡Se le dará la fortaleza de cien hombres!"

Las tres prohibiciones de la yijad

Según el Jadit, ciertas clases de personas no deben participar en una santa yijad una vez declarada: mujeres, hombres que cuidan de sus padres ancianos y los que tengan impedimentos físicos. Para las mujeres, el peregrinaje de Hajj (el quinto pilar del islam) es considerado su *yijad,* y así se lo ve también como una lucha santa.

> Narrado por 'Aisha, la madre de los fieles creyentes: Yo solicité al profeta que me permitiera participar en la *yijad,* pero él dijo, "Tu *yijad* es el cumplimiento de la Hajj" (*jadit* 4.52.127).

Así mismo, los incapacitados prohibidos por Alá a luchar en la guerra santa, a pesar de que su deseo de hacerlo es visto como bendecido en el Jadit. Zaid dijo:

> Ibn-Maktum vino al profeta mientras él estaba dictándome ese mismo versículo. Sobre eso Ibm Um Maktum dijo: "O apóstol de Alá. Si yo tuviera el poder, con seguridad que tomaría parte en la *yijad".* Él era ciego. Por lo tanto Alá envió revelación a su apóstol mientras su muslo estaba sobre el mío y se volvió tan

pesado para mí que temí que mi muslo se rompería. Entonces ese estado del profeta terminó después que Alá reveló...excepto los que están incapacitados [debido a heridas o son ciegos o cojos, etc.] (*jadit* 4.52.85).[3]

Por consiguiente, que los incapacitados físicamente no pueden comprometerse a participar en guerra santa demuestra además que la definición de *yijad* es una lucha física y no una lucha espiritual interna. Mahoma encontró victoria espiritual en el éxito físico y así también a los musulmanes modernos se les manda hacerlo siempre que los llamen para ese servicio.

Finalmente, el último grupo exceptuado de la *yijad* en cualquier forma incluye los que cuidan a sus padres. En Jadit 4.52.248, narrado por 'Abdullah bin 'Amr, Mahoma dice: "Un hombre acudió al profeta pidiendo su permiso para tomar parte en la yijad. El profeta le preguntó, '¿Están vivos tus padres?' Él contestó afirmativamente. El profeta le dijo, 'Entonces ejercítate en el servicio a ellos'".

La victoria prometida

El Jadit declara de manera explícita que al musulmán se le promete victoria eterna en el acto de guerra santa. La victoria incluye el éxito en la batalla así como la promesa de perdón eterno, y el traslado hasta el nivel más alto del paraíso. Aquí, los autores de este libro notan el contraste más agudo contraste del islam con la cultura y la vida occidental: los terroristas que murieron en el ataque creían con sinceridad que serían perdonados de todo pecado por Alá. Siguieron una ruta completamente antitética a la mente cristiana, ya que las creencias musulmanas son hostiles a la fe cristiana. Puesto que Alá está completamente removido de su pueblo y de ninguna manera es encarnacional ni personal, los terroristas siguieron la ruta impuesta sobre ellos por las únicas fuentes en que confiaban y que les garantizaban el paraíso: la explicación literal de el Jadit y el Corán.

Primero, Alá promete victoria en la conquista de la tierra. En referencia a la captura de La Meca, se ha registrado,

'Ubaid bin 'Umar Al-Laithi y yo visitamos a Aisha y le preguntamos sobre la Jijra (es decir, la migración), y ella dijo, "Hoy no hay Jijra [emigración]. Un creyente solía escaparse con su religión a Alá y su apóstol de miedo a que le hagan un juicio debido a su religión. En la actualidad Alá ha hecho que el islam sea triunfante, y hoy un creyente puede adorar a su Señor dondequiera le agrade" (*jadit* 5.58.240; véase también 4.42. Este versículo se repite en 5.59.602).

Segundo, y más importante para el musulmán, Alá promete el perdón eterno y la bendición en el paraíso a los mártires de la yijad. Para el musulmán en temor y sin esperanza, la muerte en yijad no solo es una opción viable; puede que sea la única opción. Dos veces Alá garantiza la entrada al paraíso para el musulmán que muere en la yijad.

> Narrado por Abu Huraira; el apóstol de Alá dijo: "Alá garantiza a la persona que lleva a cabo la yijad por Su causa sin que nada le haya exigido salir excepto la *yijad* en Su causa, y la creencia en Sus palabras, que Él lo admitirá al paraíso [martirio] o lo regresará con recompensa o con el botín que haya ganado, a su residencia de donde salió" (*jadit* 9.93.549).

> Narrado por Abu Huraira: el apóstol de Alá dijo: "Alá garantiza [a la persona que lleva a cabo la *yijad* por Su causa sin que nada le haya exigido salir excepto la *yijad* en Su causa y la creencia en Sus palabras, que Él lo admitirá al paraíso [martirio] o lo regresará con recompensa o con el botín que haya ganado, a su residencia de donde salió" (*jadit* 9.93.555).

La naturaleza de la casa celestial se detalla de manera explícita en el Jadit tomo 9, libro 93. Una exposición literal demuestra que la yijad militarística da las más grandes recompensas al musulmán que se esfuerza por servir a Alá con todo su corazón. Por consiguiente, el musulmán devoto es exigido al servicio militarista. El término "fundamentalista musulmán" es correcto en tanto que se refiera a alguien que desee seguir a Alá de todo corazón y con una devoción sincera y sencilla a las escrituras islámicas. A Mahoma se lo cita como diciendo en el capítulo:

Narrado por Abu Huraira: El profeta dijo: "...En el paraíso hay cien grados que Alá ha preparado para los que siguen la yijad en Su causa. La distancia entre cada dos grados es como la distancia entre el cielo y la tierra, por tanto si uno le pide a Alá cualquier cosa, pídale la Firdaus, porque es la última parte del paraíso y la parte más alta del paraíso, y en la cima está el Trono del Benéfico, y de allí salen como torrentes los ríos del paraíso" (*jadit* 9.93.519).

Por lo tanto está claro aun al lector más casual que la yijad es más que solo un ejercicio intelectual de lucha, sino más bien una lucha y guerra, con la muerte como la conclusión esperanzada. Mahoma se hizo eco de esta conclusión en Jadit 4.73: "Mahoma dijo: Sepan que el paraíso está bajo las sombras de la espada".

Una horrible aplicación de la yijad

Pocas ilustraciones de la guerra santa islámica son más perturbadoras que las cartas dejadas por los líderes de los ataques al Centro del Comercio Mundial y al Pentágono. El 28 de septiembre de 2001, el *Washington Post* publicó extractos de una carta encontrada en el equipaje de Muhamed Atta, de quien se alegó que era el líder de los ataques suicidas. Los extractos, conforme se publicaron, no incluían algunos puntos doctrinales significativos expresados por el que escribió la carta, pero el texto completo muestra la dimensión doctrinal de la actitud.[4] La carta manuscrita de cinco páginas, publicada por el Procurador General de Estados Unidos, John Ashcroft, también fue encontrada en el equipaje de los otros miembros del equipo.

La carta vincula con claridad las intenciones de los atacadores de la doctrina de yijad, ilustrando el intrincado juego de protocolos mediante los que operaban. Sus motivaciones, acciones, y hasta su preparación seguían las prescripciones de los edictos de los mártires. Aun si los eruditos islámicos y los asesores de los medios noticiosos no estaban de acuerdo con la doctrina de la yijad o cambiaran su definición, no pueden argüir que los atacadores y sus líderes estaban equivocados respecto a lo que involucra la yijad. Sus acciones eran yijad, basadas en la fatwa reproducida al principio de este capítulo. Aunque las invectivas de la carta son difíciles de comprender o aun de leer, debemos reexaminarlas, aunque solo sea para procesar este tenebroso día en la vida de Estados Unidos. Los que sigue son algunos extractos de la carta:

Leer el capítulo de tobah del Corán.

Piense sobre lo que Dios ha prometido a los buenos creyentes y los mártires.

Recuerde la batalla del profeta...contra los infieles, cuando siguió edificando el estado islámico.

Ustedes deberían tomar parte en tales cosas, ustedes deberían orar, ustedes deberían ayunar. Ustedes deberían pedirle a Dios que los guíe, ustedes deberían pedir ayuda a Dios...Continúen orando durante toda esta noche. Continúen recitando el Corán.

Purifique su corazón y límpielo de todos los asuntos terrenales. El tiempo de la diversión y despilfarro ha pasado. El tiempo del juicio ha llegado. Por tanto debemos utilizar esas pocas horas para pedir a Dios que nos perdone. Tiene que estar convencido de que esas pocas horas que le quedan en su vida son muy pocas. De allí empezará a vivir la vida feliz, el paraíso infinito. Sea optimista. El profeta siempre fue optimista.

Diga sus rakats y sople su aliento sobre usted mismo y sobre sus pertenencias.

Siempre recuerde los versículos que usted quisiera para la muerte antes de encontrarla si solo sabe lo que será la recompensa después de la muerte.

Toda persona odia la muerte, teme a la muerte. Pero solo aquellos, los creyentes que conocen la vida después de la muerte y la recompensa después de la muerte, serán los únicos que buscarán la muerte.

Mantenga una mente muy abierta, mantenga un corazón bien abierto de lo que ha de enfrentar. Usted entrará al paraíso. Entrará a la vida más feliz, la vida eterna. Mantenga en su mente que si está plagado de un problema y cómo deshacerse de él [usted lo está]. Un creyente siempre está plagado de problemas...Nunca entrará al paraíso si no ha tenido un problema serio. Pero solo aquellos que permanecieron firmes durante el mismo son los que lo vencerán.[5]

La carta relaciona con claridad las intenciones de los atacantes con la doctrina de la *yijad*. Esto se muestra por el complicado protocolo con que operaron. Sus motivos, sus acciones y hasta su preparación, siguieron las prescripciones de los edictos para los mártires.[6]

Notas

1. Publicado en *Al-Quds al-'Arabi*, 23 de febrero de 1998. Traducción y cursivas por los autores de esta obra.

2. "Gente del Libro" es un término islámico común para referirse a los judíos, una expresión corriente en particular en círculos shiitas y entre los aulema (eruditos).

3. Es interesante que Mahoma bendijo su deseo de combatir, a pesar de que estaba excluido de la necesidad de combatir.

4. El texto completo está disponible en la red electrónica http://www.islamreview.com/articles/religiousmindset.htm (25 de noviembre de 2001), y en varias revistas de asuntos públicos.

5. "Letter to the attack leaders", publicada por la FBI (Oficina Federal de Investigaciones de Estados Unidos), *The Washington Post*, 28 de septiembre de 2001, A18.

6. Partes de este capítulo se presentaron primero como una monografía de los autores en un seminario de la reunión anual de la *International Evangelical Theological Society*, 15 de noviembre de 2001, Colorado Springs, Colorado.

14

CHOQUE DE CULTURAS: EL CRISTIANISMO A LOS OJOS DEL MUSULMÁN COMÚN

La historia de un musulmán en la búsqueda

"TODO CAMBIÓ", se convirtió en una expresión familiar después del 11 de septiembre de 2001. Los ataques terroristas hicieron que muchas personas reconsideraran algunos supuestos universales y de larga data. Toda su percepción de la vida se vio sacudida. En la revista *Christianity Today*, el autor Philip Yancey compartió una carta que había recibido de un musulmán paquistaní que vivía en Estados Unidos, cuestionándose su fe después del 11 de septiembre:

Considerando la terrible tragedia que ocurrió ayer en esta nación, no sé si este es el momento apropiado para escribir sobre algo personal. Pero tal vez precisamente por lo que ocurrió creo que debería escribir esta carta, porque ahora estoy convencido que existe el mal en este mundo.

Por haber crecido en Pakistán, yo era un musulmán moderadamente religioso. Durante los últimos meses algunos hechos de mi vida me hicieron pensar en Dios. Un amigo tenía un tumor cerebral, lo que me produjo una inmensa pena y me hizo buscar una respuesta al "¿Por qué?". Leí algunos libros acerca del profeta Mahoma y la fe islámica escritos por estudiosos occidentales. Me sorprendió enterarme de muchas cosas que nunca había conocido acerca de mi religión. Me sentí —y todavía me siento— traicionado y dolorido. En una sociedad estrecha, como la pakistaní, cualquier tipo de crítica hacia el islam estaba penada con la muerte, de modo que nadie puede tener una visión imparcial de la fe.[1]

Esas palabras cautivaron a Yancey de una manera que le cambió la vida. Yancey explica: "Para mí, todo lo que estaba ocurriendo en el mundo tomó un sesgo diferente como resultado de esa carta". Lo más apremiante es el párrafo final de la carta, donde el musulmán en búsqueda hace preguntas muy francas.

¿Cree que podría encontrar amigos abiertos y afectuosos en la iglesia? ¿Sería justo decir que algunas personas levantarían barreras y no querrían tener nada que ver con una persona de una raza indoasiática diferente? ¿Alguien que tiene un color de piel distinto y habla con acento particular?[2]

El musulmán moderno es cada vez más conocedor del cristianismo. Pero el contraste en la teología y el patrón de pensamiento entre el cristianismo y el islam produce muchas dificultades al musulmán inquisitivo.

Choque de culturas

Cuando chocan las culturas se agudizan las percepciones de ambos lados. Pero ¿cómo ven los musulmanes al cristianismo ahora? No encontraremos una respuesta acertada siguiendo los viejos debates entre cristianos y musulmanes para encontrar afinidades entre ambas religiones. El ecumenismo ha ofrecido poco alivio; ha ignorado desacuerdos básicos y se ha negado a una confrontación franca. Ese enfoque puede producir una paz estática, pero nunca la sanidad de la amargura. El verdadero entendimiento solo puede llegar a medida que se confrontan en realidad las percepciones honradas y se las responde con franqueza.

Enfocando el problema desde la historia

El choque de culturas entre el cristianismo y el islamismo se remonta a los tiempos de Mahoma. El violento desacuerdo que se generó en la península arábiga entre los cristianos y el profeta jamás ha cesado. Ambos lados han hecho alguna pausa solo de manera ocasional a modo de respiro en su enfrentamiento. Desde las cruzadas, tanto a cristianos como a musulmanes se les recuerda su sangriento pasado. Las guerras de la Reforma en el siglo XVI continuaron el derramamiento de sangre, mientras que los turcos del este asediaban buena parte de Europa. Estas culturas hoy están en otro período de suspenso, pero principalmente separadas y desinformadas una respecto a la otra.

El choque no es sencillamente un asunto de culturas diferentes. Muchos musulmanes y cristianos no saben lo que ellos mismos creen. En consecuencia, sus reacciones son inadecuadas porque su información es equivocada. La confusión provocada por un ecumenismo y un relativismo políticamente acertados ha prolongado la ignorancia.

Un "buscador" posmoderno, que no cree en una verdad absoluta, no está en realidad buscando, sino más bien meramente observando. Un verdadero buscador encuentra la verdad y se aferra a ella de manera apasionada, sin importarle las consecuencias.

Creencia fundamental: ¡Alá es tu Dios!

Los musulmanes interpretan todas las religiones según la doctrina fundamental de su fe, su confesión *(Shahada):* "No hay otro dios sino Alá, y Mahoma es el mensajero de Alá". Es decir, Alá es el Dios de todos. Nadie puede elegir a qué dios servir. Nadie tiene derecho a nombrar a nadie ni a ninguna otra cosa dios, hacerlo es un pecado imperdonable si no hay arrepentimiento.

El erudito musulmán Ishaq Zahid declara sin asomo de vergüenza: "Puede sorprender a muchos en el occidente, pero es la plena verdad. Alá es El Dios de todos".[3] Aunque defiende su opinión señalando que una Biblia árabe usa el término Alá para nombrar a Jehová, su creencia se basa principalmente en el Corán.

Las siguientes percepciones del islam en relación con el cristianismo se basan en este principio subyacente: Alá y su mensaje son inalterables; por eso, no puede ser el islam el que haya cambiado las doctrinas del cristianismo, sino que el cristianismo cambió las doctrinas del islam.

• Percepción 1: el verdadero mensaje del evangelio ha sido cambiado.

Los cristianos no siguen al Jesús histórico. Jesús fue un buen siervo de Alá cuya misión era llamar a los israelitas a volver a adorar al Dios de Abraham y de Moisés. Por eso Jesús nunca pretendió que nadie lo adorara ni lo identificara con Dios.

Los eruditos musulmanes acusan a Pablo y sus compañeros de haber alterado el mensaje de Cristo casi inmediatamente después de la ascensión de Jesús. En un intento de ganar a los no judíos, Pablo denunció la Torá hebrea, revisó la vida de Cristo y desvalorizó la salvación. Los cristianos modernos siguen a Pablo, no a Cristo.

La vida "real" de Jesús se relata en el Corán. Jesús nació sin tener un padre, ya que María era una joven soltera y casta. Aunque el Corán es escueto en detalles acerca de la vida de Cristo, tiene detalles que no aparecen en la Biblia. Por ejemplo, Jesús habló de bebé:

"Y: Alá es mi Señor y Señor vuestro. ¡Servidle, pues! Esto es una vía recta".Pero los grupos discreparon unos de otros. ¡Ay de los que no hayan creído, porque presenciarán un día terrible! (*sura* 19:36-37).

Sin embargo, los musulmanes creen que Jesús fue un mensajero y no un sacrificio por el pecado. Los eruditos musulmanes intentan demostrar que los discípulos no estuvieron presentes en la cruz, (una afirmación evidentemente falsa), que Jesús no murió, y que la Biblia es inexacta, y ha sido corrompida por los falsos seguidores de Dios.

• Percepción 2: los cristianos están divididos y debilitados.

Los musulmanes señalan todas las divisiones denominacionales cristianas, donde no parece haber acuerdo ni entre dos grupos. Por otra parte, afirman los apologistas islámicos, los musulmanes están unidos bajo una sola confesión *(Shahada)* y los cinco pilares. Todos los creyentes en Alá deben orar de la misma manera, dar de la misma manera y ayunar cada año. Los cristianos ni siquiera pueden estar de acuerdo en qué Biblia usar. Los católicos tienen más libros en su versión que los protestantes, y las traducciones protestantes son numerosas. Las denominaciones están en desacuerdo respecto a los ritos. Hay grandes diferencias teológicas entre modernistas, conservadores, neo ortodoxos y fundamentalistas. Esas divisiones muestran debilidad y corrupción.

- Percepción 3: los cristianos han denigrado al verdadero islam.

Con el islam en el centro de la curiosidad espiritual, muchos musulmanes son escépticos respecto a los nuevos buscadores y a los cristianos inquisitivos. Temen las malas interpretaciones y las críticas injustificadas. Creen que la peor amenaza es el mal uso del Corán para difamar la religión islámica. La primera distorsión tiene que ver con la doctrina de la *yijad,* que no significa "guerra santa", dicen, sino más bien una lucha interna para mejorarse uno mismo y la comunidad.

Los musulmanes creen que la dispersión de falacias sobre el islam es algo organizado y tiene dos metas. Primero, en los términos del debate, logra que los musulmanes se identifiquen con una marca violeta. Segundo, en los términos de la actividad misionera, los cristianos distorsionan la verdad para conseguir conversiones, en especial entre los musulmanes ignorantes del islam. Por ello los musulmanes deben proteger la reputación y la comunidad islámica, ya que convertirse al cristianismo implica cometer el pecado imperdonable de *shirk,* considerar equivalentes las naturalezas divina y la humana en Jesucristo.

- Percepción 4: los cristianos son ciegos e irracionales.

Cuando Mahoma conducía caravanas por la península arábiga se encontró con muchos cristianos, la mayoría de ellos personas confundidas y contenciosas incapaces de explicar su fe en forma lógica. Muchas personas hoy día son igualmente ignorantes. Los musulmanes piensan que los cristianos no pueden defender la Biblia, ni a Jesús como el Hijo de Dios, ni a la Trinidad.

Los musulmanes dicen, por ejemplo, que los cristianos no saben que el libro veintisiete del Nuevo Testamento no representa las palabras ni los hechos de Cristo. Pablo, que escribió la tercera parte del mismo, fue un fraude que cambió el curso de la historia por su ambición y sus mentiras. Los cristianos que se aferran a los cuatro Evangelios como si fueran auténticos están engañados o mienten.

Tampoco pueden los cristianos explicar los cientos de contradicciones en la Biblia, mientras que el Corán se ha conservado en su idioma original desde su nacimiento en el siglo séptimo. Los musulmanes, entonces, solo pueden aceptar aquellas partes de la Biblia que no estén en conflicto con el Corán. El injil (evangelio) debe ser tratado con respeto pero con precaución, ya que ha sido corrompido por falsos profetas como Pedro, Pablo y Juan.

Los cristianos deben ser condenados por creer en el nacimiento virginal de Cristo y en los milagros que realizó. Cometen un grave pecado al creer en la deidad de Cristo y su muerte sacrificial por el pecado de la humanidad.

Los musulmanes se ofenden ante la idea de adorar a un ser humano mortal. Además, como la ejecución en una cruz no es una señal de fuerza sino una demostración de fracaso, Jesús no podría haber sido tan incompetente como para dejarse crucificar. Vemos cómo Mahoma demostró su éxito como guerrero y se afirmó como profeta.

Creer que Dios pueda asociarse y tener un hijo es la peor irracionalidad, creer que el hijo de Dios actuó como un siervo y un esclavo es apenas un poco menos irracional. El musulmán está menos dispuesto todavía a creer que Dios se introducirá en medio de la humanidad. Dios está separado por completo y diferenciado de la humanidad y jamás se dejará caer en el nivel de la creación. Por eso, Jesús no fue la expiación del mundo, sino solamente un mensajero del camino a Alá. En consecuencia la salvación no se basa en la fe sola (como en Efesios 2:8-9), sino en la misericordia de Alá unida a las obras de los hombres. ¿Cómo puede haber una fe segura que no tenga nada que ver con las obras? Como señaló un imán: "¡Eso sería demasiado bueno como para ser verdad!"⁴ No hacer nada implica no recibir nada, en sentido eterno o temporal. Creer otra cosa es egoísta.

La Trinidad es el ejemplo final de la irracionalidad de la fe cristiana. ¿Cómo puede 1 más 1 más 1 ser igual a 1? No tiene sentido. Creer en la Trinidad, es decir que el Padre, el Hijo y el Espíritu Santo son tres personas en una deidad, es la suprema blasfemia contra Alá. Los musulmanes afirman que Jesús jamás creyó en la doctrina sino que solamente defendió la unidad de Dios. Afirman que la Biblia misma nunca sostiene una fórmula trinitaria.

Los polemistas islámicos dicen que la Trinidad no se convirtió en doctrina oficial hasta el Concilio de Nicea en el año 325. Por eso, es un concepto forjado por el hombre que muchos dentro mismo de la fe cristiana ni siquiera creen, por ejemplo los Unitarios y los Testigos de Jehová.

- Percepción 5: la fe cristiana pasa por alto la inmoralidad.

Existe un gran disgusto entre los musulmanes por la pérdida de la moralidad de la Europa y la América "cristianas". La abierta inmoralidad sexual, la ebriedad, el empleo de drogas, la codicia y el crimen ilustran la vanidad de la religión cristiana. También miran con desprecio la secularización y la modernización.

Además, la iglesia cristiana ignora la inmoralidad y la hipocresía. ¿Qué diferencia hay entre la vida de un cristiano y un no cristiano? La restricción del islam provee al creyente en Alá un modelo elevado al que sujetarse y exige que la gente cumpla con su compromiso de fe. Si no lo hace, el castigo puede ser muy severo, porque el pecado debe encararse con rapidez. De lo contrario, el mundo musulmán se volverá como el mundo "cristiano".

Una respuesta cristiana

La respuesta cristiana a estas cinco percepciones debe ser clara e inteligente. La fe debe ser firme y basada en la razón. El objetivo no es responder a cada argumento que pueda esgrimir un musulmán sino demostrar la racionalidad del cristianismo y ayudar a los cristianos a defender su fe (1 Pedro 3:15). Después de todo, este libro no es un llamado a asistir al seminario, sino a buscar la Biblia.

• Respuesta a la suposición subyacente: creemos en un Dios muy diferente al del islam.

Cristianos y musulmanes no adoran al mismo Dios, a menos que los musulmanes estén dispuestos a aceptar que Jesús es Dios y Señor. La idea popular de que judíos, cristianos y musulmanes adoran al mismo Dios es blasfema para las tres religiones, y se apoya solamente en el pluralismo moderno. Los judíos no adoran a Jesús, tampoco los musulmanes. Para el cristiano, no aceptar la Trinidad, es no ser cristiano en absoluto.

Sí, hay un Dios, y Él tiene el control de todo y de todos. Sí, todos (de acuerdo con las enseñanzas de las tres religiones) se enfrentarán a Dios para ser juzgados. Pero decir que todos adoramos al mismo Dios porque usamos la misma palabra genérica, es como decir que todas las referencias al nombre "Juan" se refieren a la misma persona.

• Respuesta a la percepción 1: la evidencia histórica afirma el cristianismo.

Afirmar que el apóstol Pablo ha provocado un cambio en el mensaje del evangelio es atacar la Biblia misma, un libro que el Corán mismo llama "Libro de Dios", "Palabra de Dios", "luz y guía para el hombre", "decisión para todos los asuntos", "guía y piedad" y "el Libro lúcido".[5] ¿Cómo es posible acumular tanto elogio sobre un libro corrompido? ¿Cómo puede corromperse el "Libro de Dios"? ¿Y cómo puede el Todopoderoso Alá permitir que ese libro se corrompa? Esto de por sí iría en contra de la naturaleza misma de Alá.

Segundo, esa premisa da por supuesto que el Nuevo Testamento tiene inconsecuencias entre las cartas paulinas y las epístolas y los cuatro evangelios. El cristiano tendría que poder unir lo que Pablo dijo acerca de Cristo en Colosenses 2:9 ("Porque en él [Jesús] habita corporalmente toda la plenitud de la deidad") con lo que el apóstol Juan dijo en el cuarto Evangelio ("En el principio era el Verbo, y el Verbo era con Dios, y el Verbo era Dios...Y aquel Verbo fue hecho carne, y habitó entre nosotros" [Juan 1:1, 14]).

No hay ninguna evidencia de que Pablo haya alterado nada de lo que Jesús dijo. Por el contrario, la historia de fuentes no bíblicas, y en muchos casos fuentes paganas, afirma que cada detalle de la Biblia es auténtico. Además, ¿por qué los testigos directos que anduvieron con Jesús y con el tiempo dieron su vida por Él hubieran permitido que un judío cambiara lo que ellos habían visto con sus propios ojos y creído de todo corazón?

Finalmente, la evidencia bíblica por medio de las copias de los manuscritos muestra la preservación de la Biblia, no su corrupción.

• Respuesta a la percepción 2: tanto cristianos como musulmanes están divididos.

No cabe duda de que el cristianismo está fraccionado en demasiadas denominaciones. Muchos cristianos abogan por la remoción de las barreras denominacionales. Pero decir que los musulmanes están unificados es absurdo.

Shiitas, sunnitas y sufis dividen al mundo musulmán en diferentes estructuras de autoridad que son tan distintas como las divisiones cristianas entre católicos romanos, ortodoxos orientales y protestantes. La palabra *Shi'a* significa "partidario" y en su sentido es muy similar al término "protestante". Los musulmanes shiitas se sujetan a una sucesión directa de la familia de Ali, y adhieren a esa doctrina con tanta intensidad que han cambiado la supuestamente inalterable confesión, al agregar que Ali es el jefe de los verdaderos creyentes y el amigo de Dios.[6]

Los musulmanes señalan diferencias entre grupos marginales que no son aceptados como cristianos por la gran mayoría de los creyentes en Jesucristo. Comparar los cultos cuasi cristianos con el cristianismo tradicional es semejante a asociar todo el islam con la teología del grupo "Nación de islam" concebida por Elijah Poole. Los verdaderos musulmanes niegan toda relación con la fe sincretista de Poole, sin embargo afirman que en el cristianismo hay una diversidad herética. Las creencias fundamentales de la Trinidad, la deidad de Cristo y la resurrección corporal del Señor no se discuten entre católicos ortodoxos, ortodoxos y protestantes por igual. En este sentido, el cristianismo retiene un elevado grado de unidad.

- Respuesta a la percepción 3: el islam difama al cristianismo mucho más de lo que el cristianismo difama al islam.

Los musulmanes culpan a los cristianos de difamar a Mahoma y el islam, pero el mundo musulmán no ha ayudado a su propia causa. Los países gobernados por musulmanes siguen atrincherados en la intolerancia. Es raro escuchar a un musulmán defender la democracia, mucho menos la libertad religiosa. El cristiano corre mucho más peligro cuando habla de sus creencias en un país musulmán, de lo que un musulmán que defiende el islam en una nación democrática. Con la mezquita entretejida con el estado, las leyes religiosas son parte de la sociedad tanto como las leyes civiles.

La *yijad* sigue actuando con violencia en muchas naciones alrededor del mundo. Si la gran mayoría de los musulmanes son pacíficos, ¿por qué hay tal efusión en el ámbito popular de violencia militante en todo el planeta?

Los musulmanes no desean tener misioneros cristianos en sus países, sin embargo, están decididos a extender el islam en todo el mundo. Eso también es *yijad*. No permiten el testimonio cristiano abierto en Arabia Saudita, Pakistán y otros países, pero dan por sentado que disfrutan de esas libertades en occidente. Los cristianos no deberían cerrar ninguna sociedad a nadie, pero también deberían instar a los musulmanes a abrir sus culturas al mundo.

- Respuesta a la percepción 4: la fe cristiana es racional y se puede entender.

Un problema de la época de Mahoma no ha cambiado: con frecuencia los cristianos no pueden expresar ni defender su fe. Pocos cristianos pueden discutir la Trinidad, la revelación y la persona de Jesucristo de manera franca e inteligente. Los musulmanes también piensan que muchos cristianos toman su fe con liviandad y sin mucha consideración por la transformación de la mente. El cristianismo se asemeja al islam en estas dificultades.

Pocos musulmanes (en particular fuera del Medio Oriente) saben el árabe, la única lengua en que se puede leer el verdadero Corán. Las traducciones no tienen las palabras exactas del Corán, de manera que no son más que interpretaciones. Relativamente pocos musulmanes pueden recitar el llamado a la oración o comprender lo que se está diciendo. La situación recuerda a la de la iglesia romana medieval, cuando la iglesia romana hizo del latín la lengua de las Escrituras, pocos cristianos sabían o podían leer la Biblia por su cuenta.

Los cristianos tienen que poder confiar en su Biblia, defender su fe y discutir abiertamente puntos controvertidos. Es cierto que la Trinidad es un misterio difícil de explicar. Pero en la Biblia se la enseña con cabalidad y puede ser defendida por cualquiera que tenga una comprensión funcional de lo que enseña la Biblia. En cualquier religión un Dios que trasciende nuestro ser solo se puede explicar dentro de los límites de la analogía. Explicar a Dios de forma exhaustiva en términos humanos es tener un concepto limitado de Dios.

En cualquier debate entre el cristianismo y otra religión, el asunto se resuelve en definitiva con relación a la persona de Jesucristo. Si Jesucristo es el Hijo de Dios que se hizo carne para morir por los pecados del mundo, entonces todos los demás argumentos deben girar en torno a ese hecho. Los musulmanes conscientes saben que si Jesús murió en la cruz y venció a la muerte por la resurrección corporal, su fe es vana. De igual manera los cristianos que piensan bien las cosas reconocen que a menos que

Jesús haya hecho esas cosas, su fe es hueca.

No está en los alcances de este libro defender los hechos de la vida, la muerte y la resurrección de Jesús, pero el inicio de esa defensa gira en torno a certezas como las siguientes:

1. El testimonio ocular en los cuatro Evangelios es mucho más creíble que las leyendas acerca de Jesús que Mahoma y otros musulmanes construyeron siglos más tarde.
2. Testimonios paganos como los Anales de Tácito, escritos durante el primer siglo, no expresan duda alguna de que Cristo fue ejecutado bajo Poncio Pilato. Talo, un historiador palestino que escribió veinte años después de la muerte de Jesús, verifica la extraña oscuridad que imperó ese día.[7]
3. Jesús fue visto después que resucitó por más de quinientas personas. Si su muerte fue teatralizada y su resurrección un fraude, hubo suficientes testigos disponibles como para corregir el registro.

Hay abundantes razones para creer, entre las cuales estas son solamente un ejemplo. Los cristianos deben familiarizarse con el uso de estas evidencias para responder a los incrédulos.

*   Respuesta a la percepción 5: las naciones occidentales no son naciones cristianas.

Los musulmanes dan por sentado, sobre la base de las ataduras entre la mezquita y el estado en las naciones islámicas, que las sociedades occidentales contemporáneas representan los valores cristianos. Sin embargo, todos los gobiernos seculares occidentales son paganos por completo. Muchas naciones de Europa están entre las que tienen el más elevado porcentaje de ateos. En cuanto los gobiernos se han alejado de los principios cristianos, ha aumentado la inmoralidad. Europa no es cristiana y no hay sociedad con más diversidad de religiones que la de los Estados Unidos de América.

Los musulmanes tienen una crítica más válida, al señalar la hipocresía que infecta las iglesias. Esta acusación tiene más peso, en efecto, que cualquier otro argumento que presenten los musulmanes. Muchas iglesias no atienden las advertencias de la Biblia, y muchos llamados cristianos carecen de sentido de vergüenza o temor por sus patrones de pecado. Una respuesta cristiana intelectual al islam debe reflejar un compromiso cristiano personal, porque una persona que sabe lo bueno y de forma habitual hace lo malo, no convence a nadie. Los cristianos están llamados a transformar su mente y todo su ser (véase Romanos 12:1-2). Solo entonces encontrarán más oportunidades de ser escuchados por personas que sin tener conocimiento del cristianismo están buscando sinceramente la verdad.

Cuando un musulmán que está buscando la verdad, entre a su iglesia, ¿estará preparado para responder a preguntas difíciles que pueden ser obstáculos para la fe en Cristo Jesús?

Notas

1. Philip Yancey, "Carta de un musulmán en la búsqueda", *Christianity Today*, 45.15 (3 de diciembre de 2001): p. 80.

2. *Ibíd.*, p. 81.

3. Ishaq Zahid, "Allah in the Bible?", http://www.islam101.com/religions/aibible.htm; acceso del 13 de diciembre de 2001.

4. Wendy Murray Zoba, "How Muslims See Christianity", en *Christianity Today*, 44.4 (3 de abril de 2000): p. 40.

5. Norman Geisler y Abdul Saleed, *Answering Islam* (Grand Rapids: Baker, 1993), p. 207.

6. George Braswell, *What You Need to Know about Islam and Muslims* (Nashville: Broadman and Holman, 2000), p. 64.

7. Por un mayor análisis de hechos llamativos de ese tipo, véase Geisler y Saleeb, *Answering Islam*, pp. 271-86.

15

JESÚS SEGÚN EL CORÁN

"Creemos en Jesús"

"¡NINGÚN MUSULMÁN ES UN VERDADERO MUSULMÁN a menos que crea en Jesús!" Los musulmanes colocan esta declaración al comienzo de cualquier discusión con cristianos acerca de la persona de Jesucristo. Los musulmanes son rápidos en demostrar caridad por Jesús y su Madre María. El nombre de Jesús aparece veinticinco veces en el Corán, incluyendo estos textos:

"Dimos a Jesús, hijo de María, las pruebas claras y le fortalecimos con el Espíritu Santo" (*sura* 2:87)

"Hicimos que les sucediera Jesús, hijo de María, en confirmación de lo que ya había de la Torá. Le dimos el Evangelio, que contiene Dirección y Luz" (5:46)

"Y a Zacarías, a Juan, a Jesús y a Elías, todos ellos de los justos" (6:85)

Dichas citas prestan fe a la posición de los musulmanes de que honran al hijo de María. No obstante, si uno mira más allá de lo superficial, el deseo políticamente correcto por la unidad, las diferencias entre los puntos de vista del islam y del cristianismo con respecto a Jesús son vastos y fundamentales.

Una buena opinión de la persona de Jesucristo no quiere decir necesariamente una opinión correcta de Jesús. Los musulmanes se esmeran mucho para asegurarle al público que ellos creen en el nacimiento virginal de Jesús y que predicó la verdad. Los cristianos creen en el nacimiento virginal de Jesús y que Él es la verdad (Juan 14:6). Jesús no era meramente un ejemplo de justicia; Él era el sacrificio que permite que la raza humana obtenga la justicia. Él es el Salvador. Al final, las diferencias entre musulmanes y cristianos son proporcionales a la importancia de la cruz en la salvación.

El Jesús del Corán frente al Jesús de la Biblia

El que busca al verdadero Jesús histórico no puede acudir al Corán para las conseguir las respuestas. Como un escritor lo ha destacado: "El Corán no registra sermones, ni parábolas, ninguna de sus tiernas palabras a los pobres y destituidos, ninguno de sus retos cortantes al establecimiento religioso de su día".[1] En realidad, pareciera que el Corán solo revisa lo que la Biblia describe de Cristo.

Pregúntele al musulmán promedio acerca de su opinión sobre el Jesús histórico y le va a decir que todos deben honrar la vida del gran profeta. No obstante, ¿qué mejor evidencia hay del Jesús histórico que la Biblia? El apologista musulmán contestará: "¡En la actualidad los Evangelios están viciados!" ¿Cómo saben ellos lógicamente esto? Porque el Corán, que en sus mentes es la revelación superior de Alá, lo dice así. Además, ¿cómo saben entonces que Jesús era un hombre justo en la historia si no mediante la principal fuente usada por los historiadores durante los últimos dos mil años?[2]

Jesús visto por los no creyentes

Muchos eruditos seculares consideran tanto a la Biblia como el Corán como viciados y erróneos. Para darles a estos escépticos el beneficio de la duda, un muy breve estudio de fuentes externas puede ser útil en determinar el Jesús histórico.

Flavio Josefo, un sacerdote judío del primer siglo, relata de nuevo la historia del juicio y la muerte de Jesús:

Ahora bien, fue para esta época que apareció Jesús, un sabio; porque ser el hacedor de obras maravillosas, un maestro de hombres que reciben la verdad con agrado. Atrajo a muchos de los judíos y muchos de los gentiles. Y cuando Pilato, ante la sugerencia de los principales de entre nosotros, lo había condenado a la cruz, los que le amaban al principio no lo abandonaron; y la tribu de cristianos, así nombrados por seguirle a él, no se han extinguido hasta este día.[3]

Los congéneres judíos consideraban que Josefo era un traidor de la peor calaña. Había simpatizado con Jesús y había otorgado credibilidad a las acciones de Cristo en la cruz. El sanedrín, el más elevado concilio judío, que protegía las leyes religiosas de Israel, apoyaba los hechos de Josefo cuando explica: "Puesto que nada fue presentado en defensa [de Jesús], él fue colgado en la víspera de la pascua".[4]

Plinio el Joven, gobernador de Ponto y Bitinia, provee más información pertinente desde el punto de vista de los discípulos de Cristo, algunos de los cuales tenían contacto directo con el Jesús histórico. En una carta al emperador romano Trajano en el año 96 d.C., explica su primer encuentro con la secta cristiana y su opinión del resucitado Salvador:

> Aseveraron, no obstante, que la suma y sustancia de su culpa o error había sido que estaban acostumbrados a reunirse en un día fijo antes del amanecer y cantar antifonalmente un himno a Cristo como Dios, y a comprometerse por juramento, no a algún crimen, sino a no cometer fraude, robo, o adulterio. A no falsificar su confianza, ni a rehusar a devolver la confianza cuando les llamaran a hacerlo. Cuando esto se terminaba, la costumbre de ellos era partir y reunirse de nuevo para compartir alimentos, pero alimento ordinario e inocente.[5]

Nótese que estos cristianos, solo dos generaciones apartadas del Cristo histórico, lo adoraban a Él como Dios en canciones de alabanza. No obstante, los musulmanes aseveran que Jesús no era digno de adoración y alabanza, sino solo de admiración como un mensajero de Alá.

Haciendo a Jesús un musulmán del siglo VII

Pero cuando Jesús percibió su incredulidad, dijo: "¿Quiénes son mis auxiliares en la vía que lleva a Alá?" Los apóstoles dijeron: "Nosotros somos los auxiliares de Alá. Creemos en Alá! ¡Sé testigo de nuestra sumisión!" (*sura* 3:52).

Según la cita anterior, Jesús fue tan solo un buen musulmán. Su vida fue pasada diseminando el evangelio del islam a todos los que querían escucharle. Su propósito no fue "a buscar y *a salvar* lo que se había perdido" (Lucas 19:10, cursivas añadidas). En cambio, su misión estuvo limitada debido a su naturaleza y la voluntad de Alá". Y nunca fue la parte de un mensajero para traer un signo excepto como Alá lo permitía (u ordenaba)" (*sura* 13:38).

Un hombre... como Adán

El problema de quién es Jesús puede rastrearse hasta el origen de la raza humana misma. Los musulmanes creen que Jesús tuvo el mismo principio que Adán. El Corán declara: "Para Alá, Jesús es semejante a Adán, a quien creó de tierra y a quien dijo: "¡Sé!" y fue (*sura* 3:59). Por lo tanto, Jesús era un mero hombre, y no el eterno Hijo de Dios.[6]

La comparación con Adán es importante para el musulmán. El nacimiento de Jesús es paralelo al de Adán, una creación sin necesidad de un padre. No obstante, la grandeza de Jesús no era de su carácter, sino de la palabra de Alá: "Sé". Él era polvo insignificante antes que Alá lo creara, como arcilla en las manos del alfarero.

La Navidad en el Corán

Para algunos es una sorpresa que los musulmanes crean en el nacimiento virginal de Cristo. El Corán declara: "[María] dijo: "¡Señor! ¿Cómo puedo tener un hijo, si no me ha tocado mortal?" Dijo: "Así será. Alá crea lo que Él quiere" (*sura* 3:47). Sin embargo, el nacimiento virginal no iba a ser un signo de la naturaleza y poder de Cristo, sino un signo (aya) de la omnipotencia y soberanía de Alá. Él puede y quiere hacer lo que le place".

Existen similitudes en los dos relatos del nacimiento de Jesucristo:

La Biblia:

"Y entrando el ángel en donde ella estaba, dijo: ¡Salve, muy favorecida! El Señor es contigo; bendita tú entre las mujeres... Entonces el ángel le dijo: María, no temas, porque han hallado gracia delante de Dios. Y ahora, concebirás en tu vientre, y darás a luz un hijo, y llamarás su nombre Jesús... Entonces María dijo al ángel: ¿Cómo será esto? pues no conozco varón".

El Corán:

"¡Salve! El ángel le dijo: ¡O María! Alá te da nuevas de gran gozo de una Palabra de Él"

Su nombre será Cristo Jesús, el hijo de María.

"¡Salve! Los ángeles le dijeron: O María! Alá te ha escogido y purificado, te ha escogido sobre las mujeres de todas las naciones".

"Ella dijo: ¡O Señor mío!" ¿Cómo tendré un hijo cuando ningún hombre me ha tocado?"

Pero muchas variaciones pueden encontrarse entre las dos versiones:

La Biblia:

"Y dará a luz un hijo, y llamarás su nombre Jesús, porque él salvará a su pueblo de sus pecados".

"José su marido, como era justo, y no quería infamarla, quiso dejarla secretamente".

"Y pensando él en esto, he aquí un ángel del Señor le apareció en sueños y le dijo: José, hijo de David, no temas recibir a María tu mujer, porque lo que en ella es engendrado, del Espíritu Santo es".

"Este será grande, y será llamado Hijo del Altísimo; y el Señor Dios le dará el trono de David su padre...y su reino no tendrá fin".

El Corán:

"Y Alá le enseñará el libro y Sabiduría, la Torá y el Evangelio, y [lo designará] mensajero para los Hijos de Israel".

El Corán no menciona a José:

"Le dimos a Jesús el hijo de María (Signos) claros y lo fortale-cimos con el Espíritu Santo. Los cristianos llaman a Cristo el Hijo de Alá. Este es un dicho de sus bocas;...Que la maldición de Alá sea sobre ellos".

Está claro que las diferencias entre las dos religiones son mayores que sus similitudes. Jesús nació de una virgen cuando los ángeles hablaban a las partes correspondientes. Pero su misión no era nada como la que supone el Corán. En el cristianismo Él es el Salvador y Rey gobernante, cuyo reino no tendrá fin. En el islam Jesús es un mensajero humano que irá al polvo de donde fue creado. En realidad, las descripciones variantes de la vida de Jesús demuestran mejor las vastas diferencias entre las dos más grandes religiones del mundo.

Los milagros de Jesucristo

Un erudito musulmán explica el punto de vista limitado de quien es Jesús:

"Todos los profetas de quienes tenemos algún conocimiento detallado, excepto uno, tenían esposas e hijos. La excepción es Jesús el hijo de María. Pero su vida era incompleta; su ministe-rio apenas duró tres años; su misión era limitada; y no fue lla-mado a tratar con los problemas multilaterales que surgen en una sociedad o país sumamente organizado. Le rendimos los mismos respetos porque era el mensajero de Alá; pero eso no es lo mismo que decir que su mensaje cubre el mismo terreno uni-versal que el de Al–Mustafa [Mahoma]".[7]

Con toda la retórica de los apologistas musulmanes actuales, esta cita, que se encuentra en el comentario de la traducción oficial al inglés del Sagrado Corán, habla volúmenes. Jesús es solo uno entre muchos, no la revelación final. Debido a que su misión estaba limitada en tiempo y mensaje al pueblo israelita, no hay que seguirlo universalmente.

Sin embargo, Jesús era un poderoso obrero de milagros. Realizó muchos actos sobrenaturales, incluso el hacer un pájaro de la arcilla, sanando a los ciegos y leprosos, y levantando a los muertos (*sura* 5:110). Cada uno de estos milagros fue hecho "por permiso [de Alá]".

"Jesús no realizó estos actos para que lo señalaran a él y su carácter; más bien, los milagros eran un "signo que viene de nuestro Señor" (3:49). El hijo de María, al igual que otros mensajeros de Alá, llevó a cabo sus tareas designadas para dirigir a las personas a Alá".

El mensaje de Cristo según el Corán

Jesús fue enviado para confirmar el evangelio *(injil)*, que ordenaba fe y obediencia a Alá, Según los eruditos musulmanes, el Corán ha preservado lo que las personas hoy necesitan para conocer acerca de Cristo (*sura* 5:47). La opinión islámica de un evangelio de obras no puede equipararse con el inadecuado evangelio de la gracia revelado en los cuatro Evangelios del Nuevo Testamento cristiano. Por lo tanto, los musulmanes aceptan solo el mensaje impreciso dado por Jesús mismo, del cual solo sobreviven fragmentos en el Nuevo Testamento y otras fuentes.

Siempre que una doctrina está en conflicto con el Corán, debe rechazarse como falacia y fábula. Al ministerio de Jesús nunca se le permite contradecir el milagro del Corán. Jesús meramente obró para prevenir el culto falso. El Corán expone lo siguiente:

> "Y cuando dijo Alá: "¡Jesús, hijo de María! ¿Eres tú quien ha dicho a los hombres: ¡Tomadnos a mí y a mi madre como a dioses, además de tomar a Alá?" Dijo: "¡Gloria a ti! ¿Cómo voy a decir algo que no tengo por verdad? Si lo hubiera dicho, Tú lo habrías sabido" (*sura* 5:116).

Esta declaración es con claridad la reacción de Mahoma a los contemporáneos cristianos orientales quienes no solo adoraban a Cristo, sino que rendían adoración a María. Mahoma desea mostrar que Jesús habría sentido desprecio por los que lo elevaban por encima de lo que Alá intentaba. El Corán acredita a Jesús con decir, "Alá es mi Señor y Señor vuestro. ¡Servidle, pues! Esto es una vía recta" (*sura* 3:51).

La naturaleza y nombres de Jesucristo

Jesús no es Dios. Esta es la diferencia esencial entre el Jesús del islam y el Jesús del cristianismo. El Corán arguye: "El Ungido, hijo de María, no es sino un enviado, antes del cual han pasado otros enviados" (*sura* 5:75).

Alá, al estar separado de forma trascendental de la creación, no puede tener un Hijo. El Corán explica que Alá está lejos "de tener socios que ellos asocian [con él]" (*sura* 9:31). Las ramificaciones de semejante doctrina como la filiación de Cristo extinguiría la luz de Alá (5:32). Así mismo, el musulmán que vincula la naturaleza de Alá con la naturaleza del hombre ha cometido el pecado fundamental (*shirk*).

Por lo tanto, a Jesús se lo distingue de manera principal como Ibn Maryam (Hijo de María), un título dado veintitrés veces en las escrituras islámicas para recalcar su humanidad y mortalidad (34:45). (El término *Hijo de María* es solo mencionado en Marcos 6:3 en la Biblia.) Segundo, Jesús es llamado Al Masih (Mesías), designándolo como un "ungido", pero nada más. *Mesías,* como el título Jesús, era un nombre personal para uno que tenía una misión definida.

El tercer título nombre más mencionado de Jesús en el Corán es *Apóstol* o *Mensajero* (Rasul). Como simplemente el portavoz de Dios, pero de ninguna manera conectado con la naturaleza de Dios, Jesús fue enviado de manera específica a los judíos, como muchos otros fueron designados a ir a otros grupos de personas. Como mensajero, Jesús era un "profeta" puesto que Alá dio revelación por medio de él: Dijo él: "Soy el siervo de Alá. Él me ha dado la Escritura y ha hecho de mí un profeta" (*sura* 19:30).

En la Biblia, no se encuentra a ninguno que sea igual a Jesucristo además del Creador Dios mismo, con quien Jesús es identificado (Juan 1:1; Colosenses. 2:9; Hebreos 1:5). En el Corán, Jesús es comparado a un conjunto de predecesores humanos:

- Adán: el escogido de Dios
- Noé: el predicador de Dios
- Abraham: el amigo de Dios
- Jesús: el Verbo de Dios
- Mahoma: el apóstol de Dios

Se supone que Cristo mismo dijo: "Ciertamente soy un siervo de Alá". Mientras Jesús en la Biblia es visto como Siervo y también como Salvador, en las escrituras islámicas Jesús es solo un siervo.

La muerte y ascensión de Cristo

"Y por haber dicho: 'Hemos dado muerte al Ungido, Jesús, hijo de María, el enviado de Alá', siendo así que no le mataron ni le crucificaron, sino que les pareció así. Los que discrepan acerca de él, dudan. No tienen conocimiento de él, no siguen más que conjeturas. Pero en realidad no lo mataron, sino que Alá lo elevó hacia sí. Alá es poderoso, sabio. Entre la gente de la Escritura no hay nadie que no crea en Él antes de su muerte. El día de la Resurrección servirá de testigo contra ellos" (*sura* 4:157-159).

Una cosa es absolutamente segura para el islam: Jesús no murió en la cruz. Aunque ninguno puede decir con confianza los que en realidad sucedió, los musulmanes declaran con audacia lo que no sucedió. Los eruditos musulmanes procuran refutar los Evangelios al aseverar que los cristianos no estaban presentes en la crucifixión. Esto es descaradamente falso, puesto que el apóstol Juan, María la madre de Jesús y otros discípulos sin duda estaban allí.

Las tradiciones musulmanas ofrecen numerosas explicaciones de lo que sucedió en el día de la crucifixión. Las tres más populares son las siguientes:

- Jesús se escondió mientras uno de sus compañeros murió en su lugar.
- Dios hizo que Judas Iscariote se asemejara a Jesús y tomara su lugar.
- Simón de Cirene reemplazó a Jesús antes de la crucifixión.

Quizá la historia más insólita dice que Satanás, quien intentó hacer que el mensaje de Alá no fuera transmitido, fue colocado él mismo en la cruz como castigo por su desobediencia.

Jesús volverá

El Corán asevera que Jesús nació pacíficamente y murió del mismo modo. A Jesús se le acredita con haber dicho: "La paz sobre mí el día que nací; el día que muera y el día que sea resucitado a la vida" (*sura* 19:33).

El punto de vista generalmente aceptado de los musulmanes es que Jesús no murió, sino que Alá lo levantó (rafa'u) hacia él. El Corán explica que la "Gente del Libro"...debe creer en Él antes de su muerte" (4:159).

Según el islam, puesto que Jesús, un humano como Adán, no ha muerto, su ministerio no puede considerarse completo. La tradición explica que él aparecerá a todos justamente antes del juicio final. Luego Él peleará contra el anticristo, lo derrotará, confesará el islam, matará a todos los cerdos, romperá todas las cruces, y establecerá mil años de justicia. Algunos añaden a esta idea y explican que Jesús posteriormente morirá y será sepultado al lado del profeta Mahoma.[8]

Notas

1. Andy Bannister, "The Quest for the Lost Jesus", en http://www.answering-islam.org/Andy/quest1.html; accesso del 10 de diciembre de 2001.

2. Debe notarse que los eruditos escépticos son proclives a usar fuentes que no se consideran fidedignas, tales como el Evangelio de Tomás. Además, historiadores paganos han afirmado la crucifixión de Jesucristo.

3. Esta cita de Josefo, *Antigüedades 18:63* (escrito en el 93-94 d.C.) es la más extensa referencia no cristiana de Jesús en el siglo I. Es repetida por Eusebio en su *Historia eclesiástica* (1.11) escrito unos doscientos años después, aprox. 300 d.C. Algunos elementos de la cita original son probablemente interpolaciones posteriores. Los autores han removido todos los elementos de esta cita de Josefo considerados sospechosos por los eruditos a fin de demostrar su autenticidad. Para una consideración completa de esta importante referencia histórica, véanse dos obras de Paul L. Maier que presentan el apoyo erudito con respecto a la autenticidad de la cita: *Josefo: las obras esenciales* (Editorial Portavoz, 1994) y *Eusebio: historia de la iglesia*, (Editorial Portavoz, 1999).

4. Talmud babilónico, *Sanedrín*, 43a.

5. Plinio el Jóven, *Letters*, 10:96-97.

6. Esto es inconsecuente con la declaración de Cristo en Juan 8:58: "Antes que Abraham fuese, YO SOY". Este versículo no solo reconoce la preexistencia de Jesús antes de su nacimiento, sino que afirma su deidad como Yahvé (Dios) mismo, quien se llama "YO SOY" en Éxodo 3:14.

7. Mushaf Al-Madinah An-Nabawiyah, ed., *The Holy Quran* (Arabia Saudita: King Fahd Printing Complex, 1956), p. 686.

8. George Braswell, *What You Need To Know About Islam and Muslims* (Nashville: Broadman and Holman, 2000), p. 120.

16

DENTRO DEL MUSULMÁN:
CÓMO LOGRAR UNA AUDIENCIA
Y GANAR UN ALMA

Bien intencionado y ofensivo

UN HOMBRE CITA TEXTOS DE LAS Sagradas Escrituras a todo pulmón en las gradas de un partido de baloncesto. En una cena, un hombre le cuenta en forma casual a su adinerado anfitrión de que él se va al infierno, con suficiente volumen de voz para que todas las personas en la fiesta lo escuchen. Un cristiano visita a una familia judía y le trae de comida un jamón al horno. Un misionero urbano inadvertidamente viste ropa con los colores de las bandas guerreras cuando visita una prisión.

Todos hemos oído de estos cuentos donde un cristiano, motivado a explicar el evangelio con ciertas personas, grupo o cultura, niega su testimonio ofendiendo sin intención la cultura, el patrimonio o las prácticas de ese grupo. A pesar de que la persona tiene buenas intenciones, arruina la oportunidad mediante algún descuido o frase equivocada y debe comenzar de nuevo disculpándose y recuperando la confianza.

Para testificar a los 1.200 millones de musulmanes del mundo, el cristiano occidental tiene muchas barreras culturales y baches que maniobrar. El campo misionero está lleno de cadáveres de esfuerzos misioneros que fracasaron. Muchos cristianos que tienen pasión por la Gran Comisión con sinceridad desean alcanzar a sus amigos, vecinos y colegas musulmanes. En las reuniones de predicación a las que los autores de esta obra son llamados, a menudo se nos enfrentan con esta pregunta: "Tengo amigos, vecinos y parientes que son musulmanes. ¿Cómo comienzo a explicar mi fe en Jesucristo con ellos?"

Es esta pregunta seminal que este libro espera contestar. Alcanzar a un mundo perdido es difícil lo suficiente, aun sin hacer ofensas relacionales (errores culturales y tropiezos personales). Algunos consejos simples pueden ayudar a los cristianos a evitar errores y testificar a los musulmanes de manera eficaz.

Minas terrestres relacionales

En una cultura occidental y amistosa, los cristianos a veces cometen pecados de "familiaridad" y descuido que estorban sus esfuerzos evangelizadores. La cuestión del respeto se alza como un factor enorme en la cultura islámica. Insultar a los musulmanes o hacer que pasen vergüenza ante sus familiares estorbará de forma irrevocable las futuras relaciones. La sensibilidad cultural puede permitir que los cristianos logren una audición con sus amigos musulmanes, o perder la oportunidad para iniciar la comunicación. Todos los principios que se dan a continuación son de importancia primordial.

Saludo y enfoque

En la mayoría de los contextos culturales, y ciertamente en zonas no occidentales, uno nunca saluda a un musulmán estrechando su mano izquierda. La mano izquierda es usada para la higiene personal; es ofensivo ofrecer la mano izquierda para saludar.

Llamar a un musulmán "hermano"

Los musulmanes inteligentes entienden las diferencias abiertas entre el cristianismo y el islam. Una vez oímos a un evangelista que se refería a un musulmán con quien estaba debatiendo como "mi hermano". El musulmán, un imán, se erizó ante esta declaración y corrigió al evangelista inmediatamente. La ofensa ante el término *hermano* es más que solo una cuestión cultural, es algo teológico, porque hermandad supone un acuerdo teológico en los círculos teológicos musulmanes (y hasta cierto alcance en los círculos cristianos). Uno puede llamarle a musulmán "mi amigo", algo que es una declaración social positiva que no supone un acuerdo de filosofía ni creencia.

Cómo aceptar la hospitalidad

Los musulmanes que no están consumidos por la guerra tipo *yijad* extienden libremente la hospitalidad. Declinar dichas invitaciones es una afrenta personal. Si le ofrecen una comida en la casa de un musulmán, el cristiano debe seguir las prácticas de ese hogar. Los miembros de la familia a menudo se quitan el calzado inmediatamente al entrar y los cristianos invitados deben hacer lo mismo. Coma todo lo que le sirvan, aunque no sepa la naturaleza del alimento ni su origen. La comida del Medio Oriente es deliciosa y no le hará daño. Darle gracias al musulmán y felicitarle por la comida será de gran ayuda para el momento de testificarle.

Cómo ofrecerle hospitalidad

Un método eficaz para edificar puentes hacia el musulmán es ofrecerle hospitalidad. No obstante, deben observarse ciertos protocolos. No deben ofrecerle vino ni ninguna otra bebida alcohólica cuando le sirven una comida a un musulmán. Así mismo, hay que asegurarse que se siguen las reglas dietéticas del islam cuando se prepara la comida: que no haya cerdo y que la comida no se haya preparado con manteca de cerdo, y tampoco mariscos. Explíquele a sus invitados que usted ofrece gracias antes de la comida, y pregúnteles si puede hacerlo. Si son amenos, no use la oración como la oportunidad para un sermón o una forma engañosa de evangelismo. Sencillamente dé gracias a Dios usando el término *Señor*, y sea breve. Nosotros los autores no nos avergonzamos del evangelio de Cristo, pero presentarlo cuando se dan las gracias es emplear de manera indebida el privilegio de la oración. Explique la esencia de cada comida, para disipar sus temores con respecto a la preparación, y muéstreles que usted se ha esmerado mucho para respetar la cultura y creencias de ellos.

Hablar con personas del sexo opuesto

La mayoría de las culturas islámicas prohíben firmemente la conversación casual con un miembro del sexo opuesto. Cruzar esta frontera puede considerarse como un insulto en una familia musulmana. Para una mujer hablar obligadamente a un hombre muestra falta de respeto, y un cristiano que habla a una mujer musulmana cuando su marido no está presente es un insulto al marido. El islam en Estados Unidos tiende a ser menos restringido, pero los cristianos deben observar los protocolos de la conversación hasta estar seguros que está bien hacerlo de otra manera.

Interrupción del culto religioso

Si lo invitan a una mesquita, un cristiano puede hacer grandes progresos en la amistad asistiendo al culto. El cristiano no debe participar en este culto, por consiguiente no es apropiado que "trate de encajar" adoptando la posición y práctica del musulmán. Quedándose de pie a un lado y en silencio, y formulando preguntas de su anfitrión es considerado un acto de gracia. El pararse sobre la alfombra de oración y formular preguntas en voz alta durante la oración no es aceptable.

La sensibilidad hacia las prácticas del culto se extiende a otras áreas. No insulte al musulmán insistiendo en almorzar afuera durante el ayuno de Ramadán. Por otra parte, no cuestione los motivos ni la profundidad de la fe del musulmán si lo ve comiendo durante dicho mes.

Corriendo para evangelizar

Dada la hostilidad histórica entre los cristianos y musulmanes, uno debe establecer puentes y amistades antes de presentar el evangelio. Dios promete abrir puertas para testificar, si somos fieles en discernir cual es el momento y lugar apropiados. En el cristianismo siempre hay una cosa correcta para hacer, una forma correcta de hacerlo, y un momento correcto para hacerlo.

En su afán por ganar musulmanes para Cristo los cristianos a veces se apresuran para presentar el evangelio solo minutos después de la presentación. Y un evangelismo de confrontación puede, ciertamente, ser un medio apropiado y eficaz de testificar en algún momento. Los autores de este libro han sido adiestrados en casi todo método de testificar, y raras veces estamos sin un tratado evangelístico en el bolsillo. No obstante, en la comunidad islámica el cristiano debe ganarse el derecho de que lo escuchen. Los musulmanes están inmersos en un patrimonio de enemistad contra los cristianos, y debemos tener cuidado de establecer una conexión entre las religiones. Este lento proceso de establecer relaciones explica por qué los musulmanes no acuden a Cristo con tanta frecuencia como lo hacen los de los otros sistemas religiosos.

El lograr una audiencia lleva tiempo y discernimiento. El musulmán que cultiva una amistad con un cristiano se mueve a través de los niveles de la sospecha a la confianza. Aun la confianza no significa franqueza. Eso no puede ocurrir hasta que los amigos tienen razón para consolarse mutuamente sobre una experiencia de aflicción o pérdida. Compartir consuelo y ayuda sincera puede entonces fluir de forma natural hacia contar las razones por las que un cristiano posee confianza en medio de una tragedia.

Existe una vasta diferencia entre usar las oportunidades que Dios provee para explicar nuestra fe en Jesucristo, y forzar una puerta de oportunidad. De manera particular al testificar a un musulmán, uno debe usar discernimiento en saber cómo y cuándo hablar de nuestra fe, sazonada con gracia. Históricamente, el evangelismo de confrontación ha sido algo eficaz en la cultura occidental de alta tecnología y tiempo restringido. Pero no es eficaz en comunicar con un musulmán.

Evitar argumentos políticos

Los musulmanes pueden considerar una presentación del evangelio como una defensa de Israel o un insulto político. No importa cuál sea nuestra opinión hacia Israel y la situación del Medio Oriente, tomar una senda de conversación divergente hacia la política saca la senda de conversación de la principal cuestión de Jesús como Salvador.

Patriotismo frente a evangelismo

En escala mundial, los musulmanes no distinguen entre cristianismo y Estados Unidos. Cualquier occidental que entra a un negocio donde trabaja un musulmán, y lo escupe, o le llama algún nombre ofensivo, es un "cristiano". No importa si el fanático jamás haya entrado a una iglesia, en la mente del musulmán, un cristiano hizo esto. Por lo tanto, los cristianos de cualquier nacionalidad deben cuidarse de no confundir a Cristo con el orgullo del país. Nosotros los autores nos sentimos felices de ser ciudadanos norteamericanos, y Ergun es un norteamericano naturalizado. Pero la ciudadanía no salva el alma de nadie. Defender a Cristo no significa defender una política exterior nacional.

Sea comprensivo acerca de los pecados de supuestos cristianos

Todo musulmán inteligente recuerda que el Papa Urbano II puso en acción la primera cruzada en el Concilio de Clermont en 1095. Este acontecimiento sigue siendo un oscuro capítulo en la historia, cuando los pretendidos líderes de la fe declararon una "yijad cristiana". No existe diferencia alguna entre el perdón que Urbano prometió a los cruzados que murieron en la batalla y las mismas promesas hechas a los que luchan en la *yijad* islámica. No defienda esta época horrible o el musulmán verá que usted es simplemente otro cristiano hipócrita.

Recuerde lo que quizá signifique la conversión

En Estados Unidos, una conversión a Cristo pocas veces destruye las relaciones familiares de un nuevo creyente. En otras partes, la conversión a menudo significa ser rechazado por la familia, la expulsión del país, y en algunos casos enfrentar una posible sentencia de muerte. Aun mientras prosigue suavemente firme acerca de la necesidad de Cristo del musulmán, los cristianos deben comprender que el titubeo del musulmán de convertirse es debido a las implicaciones. En la cultura islámica, el rechazo total de un cristiano altera la vida total de esa persona, afecta su patrimonio, su herencia, las relaciones familiares, y la amistad. Los cristianos en los países islámicos pueden enfrentar tortura y encarcelamiento o ser destituidos y quedarse sin hogar, sin trabajo y sin tierra.

El claro mensaje

Al parecer algunas personas no pueden comunicar la fe en Jesús sin usar el vocabulario teológico de la iglesia. Términos tales como nacido de nuevo, expiación, salvación, y perdido se vuelven el idioma natural del cristiano. Para el musulmán, dichas palabras constituyen un vocabulario extranjero. Un pastor predicó una "cruzada" en un campo misionero, un mal uso de terminología promocional en un país musulmán. Dicho pastor habló repetidas veces de "aceptar a Jesús en su corazón". Cuando preguntó por qué tan pocas personas habían aceptado la invitación, se enteró de que muchos de sus oyentes suponían que la invitación era estar de acuerdo con cirugía, colocar a Jesús en la cámara ventricular. Debemos hablar en términos claros, sin usar idioma que suponga un conocimiento previo.

El claro mensaje: la gracia

Para la mayoría de los convertidos del islam, la obra consumada y expiatoria de Jesucristo en la cruz habla poderosamente. Han aprendido que la libertad en Cristo significa liberación de las obras y del temor de la balanza de la justicia. Haga énfasis en el perdón de Cristo de todo pecado, y del pago de la deuda que debía. La gracia, en todos sus elementos, es una magnífica doctrina.

El claro mensaje: el amor de Dios

El islam no conoce un Dios íntimo, personal y cariñoso. Alá es un creador y juez impersonal. El único término de "intimidad" en el Corán se refiere a una amenaza de juicio: "Estamos más cerca de él [Alá] que su misma vena yugular" (sura 50:16). La omnibenevolencia de Cristo en la cruz y la trascendencia de su amor abruman la mente del musulmán.

La revelación:
lo esencial de todos los argumentos teológicos

Una religión es solo tan estable como el fundamento en que se apoya. La autenticidad del islam se levanta y se cae sobre la pretensión sustancial de Mahoma de que la Biblia está contaminada y que el Corán es la palabra perfecta de Alá. Las negaciones de la Trinidad, la divinidad de Cristo, la crucifixión, la resurrección y la salvación por la misericordia de Dios se levantan o se caen sobre esa aseveración.

Los cristianos que están en contacto con musulmanes o cualquier otro creyente deben estar preparados para defender las Escrituras y su seguro testimonio de que Jesucristo, Dios encarnado, vino al mundo para morir por los pecados de la raza humana a fin de que el hombre pueda ser perdonado de sus pecados y sea reconciliado con Dios. ¿Sobre que base puede cualquier persona reclamar que Dios ha intervenido en la historia como Cristo? La fuente fundamental es la Biblia.

La experiencia puede sentirse real y aún así ser fuerte. La revelación dada por el Creador y Sustentador del universo provee información que, aunque cuestionada, jamás puede invalidarse.

¿En qué libro confiar?

El islam al igual que el cristianismo aseveran poseer la infalible Palabra de Dios sin errores. Sin embargo, según la ley de no contradicción Aristóteles (p. ej., la Palabra de Dios no puede no ser la Palabra de Dios) y la ley del medio excluido (algo es o no es una cosa particular) solo tres conclusiones pueden lograrse después de ver la evidencia:

- El Corán es la Palabra de Dios.
- La Biblia es la Palabra de Dios.
- Ni uno ni la otra es la Palabra de Dios.

El Corán y la Biblia no pueden ser las dos la Palabra de Dios, porque Dios no enseña cosas diferentes y contradictorias en momentos diferentes en la historia. Los textos son antitéticos el uno al otro en declaraciones esenciales. El posmodernista tolerante asevera que cualquier libro es divino porque cualquiera contiene *alguna* verdad. A menos que Dios mienta, cambie su forma de pensar o cometa errores —en tales casos Él sea menos que Dios—, no es posible que los dos libros sean divinos, Si Dios es menos que

Dios, entonces las discusiones sobre la salvación, la redención, el cielo y el infierno son dudosas, porque ningún dios ha hablado de manera concreta.

Presentemos presuposiciones

Cuando tenga el privilegio de hablar a un musulmán de la fe, el cristiano debe estar preparado para demostrar que la Biblia da evidencia dentro de sí misma que es por completo digna de confianza. Tres pasajes de las Escrituras presentan esta evidencia. y los cristianos harían bien en aprenderlos de memoria:

Durante sus días aquí en la tierra Jesús personalmente creía que las mismas palabras del Antiguo Testamento eran inspiradas por Dios y no podían ser viciadas (Mateo 5:17-18).

El apóstol Pablo creía que las palabras de la Biblia eran exhaladas de la boca de Dios (2 Timoteo 3:16)

El apóstol Pedro creía que la persona del Espíritu Santo comunicaba a los escritores de la Biblia exactamente cómo debía transmitirse (2 Pedro 1:20-21).

En sí mismos, estos versículos no convencerán al musulmán de la veracidad de la Biblia, pero proveerán el fundamento para una discusión. De otra manera, el cristiano demostrará su ignorancia de las propias aseveraciones de la Biblia y no será digno de continuar la conversación.

Los cristianos necesitan defender su fe en forma sabia y bíblica (véase 1 Pedro 3:15). Los que se convierten al islam más a menudo eran ignorantes de la fe cristiana con la cual se habían identificado. Si este ejercicio es de alguna manera convincente al musulmán, protege el corazón del creyente cristiano. La Biblia es absoluta o es absolutamente caduca. Aisla al creyente de la herejía o aisla a las personas de la voluntad de Dios.

La Biblia desde la perspectiva de un musulmán

Los cristianos a menudo leen solo materiales por autores que comparten sus creencias. No obstante, gran parte de la valiosa información se halla dentro de las interpretaciones al inglés del Corán. El Corán incluye muchos versículos que evalúan de manera favorable a la Biblia. Por ejemplo, según el Corán los cristianos tienen el conocimiento de la verdad en su Biblia.

> "¡Gente de la Escritura! ¿Por qué no creéis en los signos de Alá, siendo como sois, testigos de ellos? ¡Gente de la Escritura! ¿Por qué disfrazáis la Verdad de falsedad y ocultáis la Verdad conociéndola?" (*sura* 3:70-71).

Mahoma creía que el texto de la Biblia contenía verdad pero que la interpretación cristiana había contaminado la interpretación bíblica:

> "Algunos de ellos trabucan con sus lenguas la Escritura para que creáis que está en la Escritura lo que no está en la Escritura, diciendo que viene de Alá, siendo así que no viene de Alá. Mienten contra Alá a sabiendas (*sura* 3:78).

Mahoma colocó autoridad sobre las Escrituras, y culpó de falsa enseñanza a los judíos ignorantes que no leían el Antiguo Testamento:

> "Hay entre ellos gentiles que no conocen las Escrituras, sino fantasías y no hacen sino conjeturas" (*sura* 2:78).

Por lo tanto, el musulmán que "honra" los evangelios o la "gente del libro" enfrenta una contradicción: ¿cómo puede el musulmán honrar a los que han contaminado las mismas palabras de Dios? ¿No es uno que ha contaminado la Palabra de Dios escrita el más grande de los infieles? El musulmán no puede tener las dos cosas. O los cristianos son la "gente del Libro" que debe seguir la Biblia como ha sido transferida de una generación a otra durante dos milenios, o ellos son el "pueblo del Libro" responsable de destruir la revelación de Dios, la mayor catástrofe sobrenatural en la historia del mundo.

Mahoma y la pureza de la Biblia

El versículo más perturbador del Corán para el musulmán es

sura 10:94, un versículo que debería empotrarse en la mente de todo cristiano que desea testificar de su fe al musulmán promedio. Dicho versículo dice:

> Si tienes alguna duda acerca de lo que te hemos revelado, pregunta a quienes, antes de ti, ya leían la Escritura. Te ha venido, de tu Señor, la verdad. ¡No seas, pues, de los que dudan!

Aquí Mahoma coloca la veracidad de sus palabras a la par con la autenticidad de la Biblia según estaba disponible en el siglo VII. Primero, si la Biblia del siglo VII es la Biblia de hoy, cualquier contención de que la Biblia está contaminada se opone a las palabras de Mahoma, quien representó la revelación final de Alá al mundo. Con toda seguridad Mahoma no le habría pedido a sus adeptos que aceptaran una versión contaminada del Nuevo Testamento. Segundo, el Nuevo Testamento de los días de Mahoma es de manera sustancial el mismo que la Biblia en la actualidad y se basa en manuscritos que se remontan hasta los siglos previos a Mahoma.

Entonces, por la lógica de lo que dice *sura* 10:94, los musulmanes deben aceptar la autenticidad bíblica y la autenticidad de la Biblia actual.[1]

Al conocer la doctrina de la revelación, un cristiano puede retar al musulmán, usando las palabras del Corán, y luego tener una base para discutir sobre una doctrina más oscura, como la doctrina de la Trinidad. Así mismo, el estar algo familiarizado con el Corán es una de las mejores formas de conseguir una audiencia con un musulmán. La mayoría de los musulmanes creen (con buena razón) que los cristianos nunca han abierto, mucho menos leído, el Corán. El cristiano que está en realidad interesado en el alma del musulmán querrá participar en el modo de pensar del musulmán.

La franqueza intelectual y la no contradicción

La ley de la no contradicción es un concepto sencillo. Declara que algo no puede ser lo que no es. Por ejemplo, una rosa no puede *no* ser una rosa, de otra manera sería una contradicción en sí misma. Este precepto fue formulado por el filósofo griego Aristóteles (384-322 a.c.), quien fue tutor del conquistador del mundo Alejandro el Grande, y es muy respetado por los musulmanes así como por los cristianos como una de las más grandes mentes que haya existido jamás. Las obras de Aristóteles fueron colocadas en suma estima en la inigualable biblioteca de Bagdad durante la cumbre de su dominación cultural en la historia musulmana.

En términos religiosos, la ley de la lógica significa que la Biblia es la Palabra de Dios no puede *no* ser la Palabra de Dios. Por consiguiente, el cristiano puede usar el Corán para demostrar la validez de la Biblia. El Corán declara que la Biblia es la Palabra de Dios:

> "¿Cómo vais a anhelar que os crean si algunos de los que escuchaban la Palabra de Alá la alteraron a sabiendas, después de haberla comprendido" (*sura* 2:75).

Según el Corán, la Biblia no puede no ser la Palabra de Dios.

> "Somos Nosotros Quienes hemos revelado la Amonestación y somos Nosotros sus custodios" (*sura* 15:9).

La Biblia, si es la Palabra de Dios, no puede haber sido cambiada. Si fuera cambiada, entonces nunca fue la Palabra de Dios, algo que es anatema en la doctrina islámica. ¿Cómo puede la Palabra de Dios ser contaminada por el hombre? ¿Es el hombre más grande que su Creador? ¿Permitió el Creador la contaminación por alguna razón mística?

El fin del analfabetismo bíblico y religioso

Durante años el cristiano promedio ha ignorado, descuidado y se ha abstenido de la lectura y observancia de la Biblia. Las nuevas conversaciones con musulmanes pueden tener un efecto positivo sobre el cristianismo y sus adherentes. En los fieles musulmanes que viven y trabajan cerca, el cristiano nominal es confrontado con un rival que conoce su libro sagrado y obedece sus principios. Lo cierto es que muchos musulmanes meramente, como ovejas, siguen a su mensajero, pero más adoptan su fe y la practican de manera seria.

Al ser retados por personas inteligentes que cuidan de su fe en Dios debería despertar a los cristianos de su somnolencia bíblica y teológica. Quizá sean inspirados para abrir sus Biblias y leer lo que las Escrituras en realidad dice, en vez de depender de predicadores que los alimenten con cuchara pedacitos de textos de prueba.

Si los cristianos no conmueven sus almas y escudriñan la verdad, el evangelio del resucitado Salvador Jesucristo, entonces los musulmanes tienen todo derecho a señalar al vasto yermo que otrora fuera sabiduría religiosa. Pero si los cristianos están preocupados por el alma y la mente del musulmán, recibirán del musulmán una audiencia proporcional a la compasión de los cristianos. ¡La verdad es inmortal!

Notas

1. Norman Geisler y Abdul Saleeb, *Answering Islam* (Grand Rapids: Baker, 1993), p. 212.

Apéndice A
Índice temático del Corán

Aunque hay concordancias del Corán, la mayoría solo dan los términos arábigos. Este compendio ha sido entresacado de muchas fuentes para permitir que el cristiano entienda y escudriñe mejor el Corán, Este índice de interés actual no es comprensivo, sino más bien un índice seleccionado de interés variado.

Animales
  burro 2:259; 16:8; 31:19; 62:5;
    74:50
  caballo 3:14; 16:8; 59:6; 71:1
  cabra 6:143
  camello 5:103; 7:73-77; 11:64-66;
    17:59; 22:28; 26:155; 54:27;
    81:4; 88:17; 91:13
  cerdo 5:60
  elefante 105:1-5
  en el arca 11:37-50
  mula 16:8
  oveja 6:143-146; 21:79; 38:23-24;
    54:31
  perro 18:18-22
  simios 2:65; 5:60
  vaca 2:67-71; 12:43, 46
Ayuno
  divorcio cuando 58:3-4

enfermedad durante 2:184
expiación de 4:92; 5:89
incapacidad 2:184
mandamiento para 2:183-185;
  33:78
peregrinaje y 2:196; 5:95
Ramadán 2:185
recompensa por 4:146; 9:112
tiempo de 2:187
Caridad
  arrepentimiento por 9:104
  cantidad de 2:219
  de los incrédulos 3:117; 4:38;
    41:7
  dones de los creyentes 3:16-17;
    32:15-16; 35:32
  hacia deudores 2:280
  mandamiento de dar 16:90
  maneras de 2:262-264, 271; 22:36

pacto con Alá para 9:75
para mostrar 4:38
promoción de 4:114
purificación mediante 9:103
recipientes de 2:215, 271, 273;
    9:60
recompensa por 2:272, 274; 3:92;
    3:133-134; 4:162; 12:88;
    30:39; 57:7, 18
Comercio
advertencia 2:275; 4:29
conducta en 5:8; 6:152; 7:85;
    11:85; 55:9; 49:9
fraude en 3:161; 7:85; 11:85;
    26:181
general 5:42
memoria durante 24:37
Creación
conocimiento de 2:284; 3:29;
    5:97; 6:3
contemplación sobre 3:190; 7:185
de la tierra y cielos 2:29; 6:73;
    7:54; 9:36; 10:3; 11:7; 13:2;
    15:85; 21:30; 25:59; 32:4;
    38:27; 41:12; 42:11; 50:38;
    64:3; 65:12; 67:3; 71:15
de siete cielos 2:29; 17:44; 65:12;
    67:3; 71:15
mandamiento de 6:14
obediente a Alá 2:116; 3:83
peso del átomo y 34:22
propiedad de 2:107, 117, 164,
    255, 284; 3:109, 129; 4:171;
    5:17-18; 5:40; 6:101; 7:158;
    10:68; 85:9
signos de 3:190; 7:187; 10:101;
    12:105; 14:32; 30:24
Cristianos
advertencia para 2:109; 3:20, 79;
    4:171; 5:77; 98:1, 6
afirmación de 5:18
anhelos de 2:111
ante juicio 2:113; 22:18
confiabilidad de 3:75
cuestión de 3:70-71, 98

diálogo con 29:46
guía de 2:120
invitación a 3:64; 5:15
más cerca a musulmanes 5:82
Mesías y 9:30
monasticismo de 57:27
muerte de 4:159
pacto con 5:14
Enviado
analfabeto 7:157
como misericordia 21:107
para advertir 22:49; 26:194
para enviar a otros 2:119
súplica de 72:19
testigo de Alá 13:43; 29:52
victoria de 22:15
Zayd; 33:37
Familia
casamiento
    abstinencia de 24:33
    justicia en 4:135
    modestia en 24:31
    embarazo y 2:233; 39:6
    posición del marido en 4:34
    dote antes de 4:4; 5:5
    prohibiciones durante 2:221;
        4:22-23; 5:5; 24:3; 60:10
cortejo
    advertencia 4:24-25; 17:32;
        25:68
    y casamiento 24:2-3
divorcio
    advertencia 2:232-233
    antes de la consumación de
        matrimonio 33:49
    dote en 2:237; 4:20
    embarazo durante 65:6
    final 2:230-231
    jurando respecto a 24:6-9
    período de espera para 2:228,
        241; 65:4
    reconciliación durante 2:226-
        227; 4:128
    testigo falso en 24:4, 6-9, 23

herencia dentro de
    advertencia 4:19; 89:17-20
    distribución de 2:180-182; 4:7-
        8, 11-12, 36, 176; 8:41
hijos
    pubertad de 24:31, 59
    súplica de 25:74-75
padres
    advertencia 29:8
    amabilidad hacia 2:215; 4:36;
        6:151
    justicia a 4:135
    madre 31:14; 46:15
    segundas nupcias 2:235
Fe
    Alá sabe 4:25
    ángeles y 40:7
    del corazón 49:7, 14
    ejemplo de 66:11
    en el juicio 6:158; 22:18; 22:56;
        30:56
    esforzarse hacia 9:88; 49:15
    examinar 3:141
    guía en 4:175; 6:82; 7:203; 9:23;
        42:52; 45:20; 49:17
    recompensa por 2:25-26; 10:9;
        52:21
    retractarse 3:177; 4:137; 7:89;
        9:66; 16:106
    súplica y 3:193
    vida eterna y 6:113; 17:10
Homosexualidad
    advertencia 7:80-81
    castigo por 29:31-33; 54:33-34
    indecencia de 27:54-58; 29:28
    Lot y 11:77-83; 21:72, 75;
        26:165-175
Incrédulos 2:6, 8-9, 13-14, 26, 100,
    165, 212; 4:38, 51, 60, 136, 150;
    5:41; 6:25, 110, 124; 12:106;
    16:22; 21:30; 26:201; 27:4; 34:8,
    31; 40:10, 85
Infierno
    advertencia 3:12, 196-197; 17:39
    ángeles del 96:18

árbol del 37:44
balanzas de la justicia e 23:103
castigo en 9:35; 10:27; 14:29
descripción del 13:18; 14:16; 17:8;
    21:39; 44:43-50
Gente del Libro y 98:6
habitantes del 2:217; 7:50, 179;
    11:119; 19:86; 20:74;
    40:47-48
hipócritas en 4:140; 9:68, 73;
    48:6
homicidas en 4:93
incrédulos en 2:166-167; 4:55,
    169; 5:10; 7:40-41; 8:36; 9:68,
    73; 10:27-28; 18:102; 21:23,
    99; 25:32-34; 35:36;
    37:157-159; 38:27; 50:24;
    85:10
interrogación antes de entrar
    39:71-72
juicio e 18:53, 100; 50:30; 52:13
los que son arrojados al 8:37;
    40:76
remoción del 3:185
Satanás / Iblis 7:18, 61-63;
    38:82-85;
Satanás, amigo del 4:121
Jesús como profeta de Alá
    como Mesías 3:45; 4:171; 5:75
    como profeta 3:49
    concepción / nacimiento 19:16-41
    cuestionando la divinidad 5:116
    discípulos de 3:52; 5:112; 61:14
    identidad de 2:136; 3:45, 84;
        4:157, 171; 5:75; 6:85; 19:35
    incrédulos en 5:17, 72, 116; 19:35
    Judas crucificado en vez de 3:55;
        4:157-158
    judíos y 2:87; 4:150, 156; 5:46,
        78; 9:31; 61:6, 14
    María madre de 3:36-37, 42-47;
        19:16-41; 66:12
    milagros de 2:87, 253; 5:10, 110,
        112-114; 43:63
    monasticismo y 57:27

naturaleza de 19:31-32
nazarenos y 4:150, 171
Pablo y 9:30-31
pacto con 33:7-8
profecía de un profeta que vendrá
    61:6
Trinidad y 4:171; 5:73, 116
Jinn cap. 72
    adorado 34:42
    Corán y 17:88
    creación de 15:27; 51:56
    creyendo 46:29; 55:56; 72:1-8
    desobediencia de 18:50
    dudas de 6:130
    en el juicio 55:39
    favores y 55:13-15
    infierno y 7:38, 179; 11:119
    orgullo de 18:50
    paraíso y 55:56
    seductores 6:128
Judíos (Gente del Libro)
    Alá y 3:181; 5:64
    aseveración de 5:18
    desear la muerte 62:6
    diálogo con 29:46
    enemistad de 5:82
    malditos 3:181; 5:65
    muerte, antes de 4:159
    simios y 2:65
Juramentos
    advertencia 16:91, 94; 38:45;
        48:10; 68:10
    como disuasivo 2:224
    engaño en 16:92
    expiación de 5:89
    incrédulos 3:77; 58:16
    insinuar 2:225
    jurar 5:89
    quebrantar los 9:12-13
Kaaba
    apoyo de Alá en 14:37
    como lugar de sacrificio 22:34
    como santuario 2:125
    incrédulos en 8:35
    peregrinaje a 5:95

primera casa de Alá 3:96
purificación de 22:27
santidad de 5:97
Magia
    advertencia 2:102
    enseñada 2:102
María; madre de Jesús 2:87, 253;
    3:36-45; 4:156-157, 171; 5:17,
    46, 72-78, 110-116; 9:31; cap.
    19; 23:50; 33:7; 43:57; 57:27;
    61:6, 14; 66:12
    refugio de 113:1-5
Mahoma cap. 47
    a la humanidad 4:79
    abundancia; Al Kawthar 108:1
    burlado 25:41-42
    carácter de 68:4
    como maestro 3:164
    como mensajero
    compasión de 3:159; 9:128
    conocimiento de 2:146; 6:20
    Corán y 3:44; 10:15-16; 25:30,
        39-41; 42:52; 65:11; 98:2
    creyentes y 3:164; 4:70, 162;
        10:2; 33:45; 57:28; 61:13;
        65:11
    de Alá 4:170; 36:3; 57:28; 63:1;
        75:28
    de ustedes mismos 2:151
    dudar 32:23
    dudas de 2:23
    ejemplo de 33:21
    estado mental de 34:46
    familia de 33:28; 66:1, 3
    favor de Alá 4:113
    guía de 2:272
    hombre para la humanidad 34:28
    humanidad de 41:6
    identidad de 3:144, 164; 6:107;
        7:188; 18:110; 33:40; 34:28;
        38:86; 39:41; 41:6; 42:48;
        46:9; 48:8-9, 29; 61:9; 72:27;
        73:15
    incredulidad de 4:150
    Kawthar otorgada 108:1

Meca, La, y 27:91
mensajes de 72:28
mesquita sagrada de 17:1
mesquitas y 72:20-23
misericordioso 43:81
misión de 10:2; 11:2; 22:50; 25:1;
  52:29
moralidad de 68:4
motivación, no deseo 53:2-5
motivación, no paga 38:86
narraciones de 12:3
no desamparado 93:3
no pide recompensa 38:86
no un adivino 69:42
no un tirano 50:45
oración y 8:9; 73:1-16
pacto con 33:7
pecho expandido of 94:1
poesía de 36:69; 69:40-41
portador de 33:45-48; 48:8; 61:13
primer adorador 43:81
protector de 42:48
revelación de 3:44; 47:2
reverencia para 48:9
río de 108:1
senda de 12:108
viaje de noche de 17:1-2, 93;
  53:1-19
Oración 2:177; 4:162; 6:72; 7:29;
  22:37; 24:56; 108:2
aceptación de respuestas al 10:89;
  12:34
al morir 5:106
amigos en 5:55
comportamiento de 2:239; 4:101-
  103; 7:55, 56; 17:79, 110;
  23:2; 73:2
congregación de los viernes 62:9-
  10
constante en 8:3; 14:31; 70:19-23
consuelo en 9:103
creyentes en 2:186; 8:45; 9:71;
  9:99; 22:42; 32:16
dedicación en 8:35
descuido de 19:59; 74:43

hipócritas en 4:142
judíos en 2:89; 5:12; 7:56, 134,
  161
ordenada 2:43, 83; 13:36; 20:14
paciencia en 2:45, 153; 13:22;
  20:132; 22:36
para perdón 73:20
precaución en 2:239; 4:102
prosperidad en 23:9
recompensa por 2:110, 157, 277;
  7:170; 9:18; 24:37-38
requisitos de 4:43; 5:6; 24:58;
  29:45
respuestas a 2:186
tiempos de 2:238; 11:114; 17:78-
  79; 105:5
Paraíso
descripción del 13:35; 29:58;
  47:15
entrada al 39:73; 43:70
extensión del 3:133
gente del 2:82; 18:107; 19:60-63;
  39:73
juicio antes del 2:214; 3:142
juicio y 26:90
mártires en 9:111
nazarenos en 2:111; 5:72
promesa del 41:30
recompensa del 3:133; 4:124;
  7:42-43; 7:49; 9:111; 46:14
saludos de 7:46; 16:32
verdad del 7:44
Perdón
advertencia 18:55
de Alá 2:182, 192, 235; 4:23, 25,
  43
de creyentes 5:9
de incrédulos 4:48; 9:80, 113;
  47:34; 63:5-6
lluvia cuando se la piden 11:61
los ángeles piden 42:5
martirio y 3:157
mérito por 2:263
pecado por el cual no se da 4:48
promesa de 2:268

recompensa de 11:11; 33:35;
36:11; 47:15; 48:29
recompensa es 3:136
Señor de 41:43
suplica por 73:20
Profetas 3:81
Aarón 2:248; 4:163; 6:84; 7:122,
142, 150; 10:75; 19:28, 53;
20:30, 70, 90-92; 21:49;
23:45; 25:35; 26:13, 48;
28:34; 37:114-120
Abraham 2:120, 124-140, 258-
260; 3:33, 65-68, 84, 95-97;
4:54, 125, 163; 6:74-75, 83,
161; 9:70, 114; 11:69, 75-76;
12:6, 38; cap. 14; 15:51;
16:120-123; 19:41-47, 58;
21:52, 61-70; 22:27, 44, 78;
26:69; 29:16, 25-31; 33:7;
37:7, 83, 104, 109; 38:45;
42:13; 43:26; 51:24, 31;
53:37; 57:26; 60:4; 87:19
Adán 2:35; 7:19
asesinato de 3:181
confiable 3:75
David 2:251; 4:163; 5:78; 6:84;
17:55; 21:79-80; 27:15; 34:10-
13; 38:17-30
Eliseo 6:86; 38:48
Hood 7:65, 72; cap. 11; 26:124
Idris 19:56; 21:86
Isaac 2:140; 3:84; 21:73-74
Ismael 2:127, 140; 3:84; 19:55
Jacob 2:132-133, 136, 140; 3:84;
4:163; 6:84; 11:71; 12:6, 38,
68; 19:6, 49; 21:73; 29:27;
38:45
Jesús 3:49, 52, 84; 4:171; 5:110-
111; 19:31
Job 21:85
Jonás 10:98
José 12:37, 57, 108
Juan 3:39; 6:85; 19:7, 12; 21:91

Lot 6:86; 7:80, 83; 11:70-89;
15:59-61; 20:97; 21:72-75;
22:44; 26:160-170; 27:54-56;
29:26-33; 37:133; 38:13;
50:13; 54:33-34; 66:10
Mahoma 9:60; 33:46; 60:12;
72:18-20
Moisés 3:84; 7:121-126; 10:78,
87; 11:17; 20:14; 26:24; 44:22
Noé 10:74-75; 11:36; 21:77;
23:26; 54:10; 71:26
pregunta a 3:70-71, 98
protectores de 5:51
Sábado y 4:47, 154; 7:163; 16:124
Salih 7:73-77; 11:61-66, 89, 142;
27:45
Salomón 2:102; 4:163; 6:84;
21:79-82; 27:15-44; 34:12;
38:30-34
Shu'aib 7:85-93; 11:84-94;
26:177; 29:36
Thul-Nun 21:89
Zacarías 19:4
Usura
abstenerse de 2:278
advertencia 2:275-276; 3:130;
30:3
judíos y 4:160-161

APÉNDICE B
EL LIBRE ALBEDRÍO, EL FATALISMO
Y EL CORÁN

Libre albedrío

Sura 76:29
Esto es un Recuerdo. El que quiera
¡que emprenda camino hacia su
Señor!

Contexto del sura 76:29
Este pasaje está marcado por el versículo siguiente: "Pero vosotros no lo
querréis, a menos que Alá quiera".
Por consiguiente, cuando el hombre
hace mal está haciendo la voluntad de
Alá.

Sura 3:108
Éstas son las aleyas de Alá, que te
recitamos conforme a la verdad. Alá
no quiere la injusticia para las criaturas.

Contexto del sura 3:108
Aquí injusticia no es lo mismo que
libre albedrío. Alá quiere el infierno
para las criaturas que son "negras"
(3:106).

Sura 4:26
Alá quiere aclararos y dirigiros según
la conducta de los que os precedieron, y volverse a vosotros. Alá es
omnisciente, sabio.

Contexto del sura 4:26
Esta promesa de guía es para creyentes
en Alá y no para "los que siguen lo
apetecible" (4:27). Una vez más la
amabilidad de Alá es selectiva, no universal como el cristianismo (Juan
3:16).

Sura 5:6
Alá no quiere imponeros ninguna carga, sino purificaros y completar Su gracia en vosotros. Quizás, así seáis agradecidos.

Contexto de sura 5:6
Esta es otra promesa para "vosotros que creéis" (5:6) y no para todos. Su favor es solo para quienes él escoge y no para toda la humanidad.

Sura 33:33
Alá solo quiere libraros de la mancha, gente de la casa, y purificaros por completo.

Contexto del sura 33:33
Este pasaje se refiere a la familia del Profeta (miembros) y no es una promesa universal para todos los musulmanes, mucho menos para todo el mundo.

Fatalismo

Sura 6:35
Si hubiera querido,[Alá] les habría congregado a todos para dirigirles. ¡No seas, pues, de los ignorantes!

Contexto del sura 6:35
En la teología islámica, Alá es todopoderoso y omnisciente. Pero escoge no reunir a toda la gente en la guía verdadera. Este es el pasaje clave para entender la voluntad y la obra de Alá.

Sura 10:25
Alá invita a la Morada de la Paz y dirige a quien Él quiere a una vía recta.

Contexto del sura 10:25
El fatalismo se vuelve más peligroso ya que las obras determinan parte de la misericordia de Alá. Alá no quiere dirigir hacia un camino recto a quienes cometen cosas torcidas. Con relación a su "Morada de Paz" el Jadit dice: "Le es enviado un ángel [en el vientre] y se le dan cuatro mandamientos con relación a su sustento, la duración de la vida y si será miserable o feliz...".

Sura 6:125
Alá abre al islam el pecho de aquél a quien Él quiere dirigir. Y estrecha y oprime el pecho de aquél a quien Él quiere extraviar, como si se elevara en el aire. Así muestra Alá la indignación contra quienes no creen.

Contexto del sura 6:125
Aunque los eruditos musulmanes recuerdan una y otra vez al lector del Corán acerca de la responsabilidad humana, este pasaje demuestra con claridad que Alá desea dejar que algunos se extravíen, aunque no tiene obligación de hacerlo. En el cristianismo Dios desea que todos, aunque sean malvados, se salven (2 Pedro 3:9). Uno de los primeros eruditos musulmanes, Ibra Hazn escribió: "nada es bueno, sino porque Alá lo hizo así, y nada es malo sino por Su hechura".

APÉNDICE C
EL CRISTIANISMO Y EL ISLAM: UNA COMPARACIÓN DE SUS CREENCIAS

Jehová y Alá: el ser de Dios

Jehová es eterno e inmutable

Toda buena obra y todo don perfecto desciende de lo alto, del Padre de las luces, en el cual no hay mudanza, ni sombra de variación. (Santiago 1:17; todas las citas bíblicas son de la versión Reina-Valera, 1960)

Alá cambia

Si abrogamos una aleya o provocamos su olvido, aportamos otra mejor o semejante. ¿No sabes que Alá es omnipotente? (*sura* 2:106)

Jehová ama completamente

Porque de tal manera amó Dios al mundo, que ha dado a su Hijo unigénito. (Juan 3:16)

Alá cambia sus afectos

Si hubiéramos querido, habríamos dirigido a cada uno. Pero se ha realizado Mi sentencia: "¡He de llenar la gehena de genios y de hombres, de todos ellos!" (*sura* 32:13)

Jehová no miente

En la esperanza de la vida eterna, la cual Dios, que no miente, prometió desde antes del principio de los siglos. (Tito 1:2)

Alá engaña

Intrigaban ellos e intrigaba Alá, pero Alá es el Mejor de los que intrigan. (*sura* 8:30)

Jehová es un Dios en tres personas
Respondió Jesús: Si yo me glorifico a
mí mismo, mi gloria nada es; mi
Padre es el que me glorifica, el que
vosotros decís que es vuestro Dios.
(Juan 8:54)

*Alá no puede ser más que un Dios. La
Trinidad es una blasfemia.*
No creen, en realidad, quienes dicen:
"Alá es el tercero de tres". No hay
ningún otro dios que Dios Uno.
(*sura* 5:73)

Porque en él habita corporalmente
toda la plenitud de la Deidad.
(Colosenses 2:9, cp. Juan 1; 8:58)

Y dijo Pedro: Ananás, ¿por qué llenó
Satanás tu corazón para que mintieses
al Espíritu Santo...No has mentido a
los hombres, sino a Dios. (Hechos
5:3, 4)

*En el Único Dios de la Trinidad
existen las personas del Padre,
del Hijo y del Espíritu Santo.*
Por tanto, id, y haced discípulos a
todas las naciones, bautizándolos en
el nombre del Padre, y del Hijo, y del
Espíritu Santo. (Mateo 28:19)

*La Trinidad cristiana es tres dioses:
el Padre, la Madre (María)
y el Hijo (Jesús)*
Y cuando dijo Alá: "¡Jesús, hijo de
María! ¡Eres tú quien ha dicho a los
hombres: '¡Tomadnos a mí y a mi
madre como a dioses, además de
tomar a Alá!'? (*sura* 5:116)

Jesús (Ieshúa) en la Biblia e Isu (Jesús) en el Corán —————
Él es eternamente el Dios no creado
Y él es antes de todas las cosas y
todas las cosas en él subsisten.
(Colosenses 1:17)

Isu fue creado ser humano
Para Alá, Jesús es semejante a Adán, a
quien creó de tierra. (*sura* 3:59)

El es el Señor, el único camino a Dios
Jesús le dijo: Yo soy el camino, y la
verdad, y la vida; nadie viene al Padre,
sino por mí. (Juan 14:6)

Es uno de los apóstoles de Alá
¡Gente de la Escritura ! ¡No exageréis
en vuestra religión! ¡No digáis de Alá
sino la verdad: que el Ungido, Jesús,
hijo de María, es solamente el
enviado de Alá y Su Palabra. (*sura*
4:171)

*Su crucifixión fue una muerte sacrifi-
cial para quitar el castigo por el pecado*
Pues me propuse no saber entre vosotros cosa alguna sino a Jesucristo, y a
éste crucificado. (1 Corintios 2:2)

En quien tenemos redención por su
sangre, el perdón de pecados según
las riquezas de su gracia. (Efesios 1:7)

Jesús solamente aparentó ser crucificado
y por haber dicho: "Hemos dado
muerte al Ungido, Jesús, hijo de
María, el enviado de Alá", siendo así
que no le mataron ni le crucificaron,
sino que les pareció así. (*sura* 4:157)

Jesús y Mahoma

Jesús es el Hijo eterno de Dios
Y aquel Verbo fue hecho carne, y habitó entre nosotros (y vimos su gloria, gloria como del unigénito del Padre) lleno de gracia y de verdad. (Juan 1:14)

Isu es un ser humano creado
Y para advertir a los que dicen que Alá ha adoptado un hijo! Ni ellos ni sus predecesores tienen ningún conocimiento de eso. ¡Qué monstruosa palabra la que sale de sus bocas! No dicen sino mentira. (*sura* 18:4-5)

Jesús conoce los pensamientos de los demás
Y todas las iglesias sabrán que yo soy el que escudriña la mente y el corazón. (Apocalipsis 2:23)

Mahoma no conocía el pensamiento de los demás.
Yo no pretendo poseer los tesoros de Alá, ni conozco lo oculto. (*sura* 11:31)

Jesús es nuestro intercesor delante del Padre
Hijitos míos, estas cosas os escribo para que no pequéis; y si alguno hubiere pecado, abogado tenemos para con el Padre, a Jesucristo el justo. Y él es la propiciación por nuestros pecados; y no solamente por los nuestros, sino también por los de todo el mundo. (1 Juan 2:1-2)

Mahoma no es un intercesor
Da lo mismo que pidas o no que se les perdone. Aunque lo pidieras setenta veces, Alá no les perdonaría, porque no han creído en Alá y en Su Enviado. Alá no dirige al pueblo perverso. (*sura* 9:80)

Jesús prohibió usar la espada en su defensa
Entonces Jesús le dijo: Vuelve tu espada a su lugar; porque todos los que tomen espada, a espada perecerán. (Mateo 26:52)

Mahoma instó a usar la espada
¡Profeta! ¡Anima a los creyentes al combate! Si hay entre vosotros veinte hombres tenaces, vencerán a doscientos. Y si cien, vencerán a mil infieles, pues éstos son gente que no comprende. (*sura* 8: 65)

Jesús enseñó el perdón
Oísteis que fue dicho: Ojo por ojo, y diente por diente. Pero yo os digo: No resistáis al que es malo; antes, a cualquiera que te hiera en la mejilla derecha, vuélvele también la otra. (Mateo 5:38, 39)

Mahoma enseñó la venganza
El mes sagrado por el mes sagrado. Las cosas sagradas caen bajo la ley del talión. Si alguien os agrediera, agredidle en la medida que os agredió. Temed a Alá y sabed que Él está con los que Él temen. (*sura* 2:194)

Jesús no pecó

Pues para esto fuisteis llamados; porque también Cristo padeció por nosotros, dejándonos ejemplo, para que sigáis sus pisadas; el cual no hizo pecado, ni se halló engaño en su boca. (1 Pedro 2:21-22)

Mahoma fue pecador

Di: "Yo soy solo un mortal como vosotros, a quien se ha revelado que vuestro Dios es un Dios Uno. Quien cuente con encontrar a su Señor, que haga buenas obras y que cuando adore a su Señor, no Le asocie nadie". (*sura* 18:110)

La Salvación

La humanidad ha caído radicalmente en un estado de pecado y miseria

Por cuanto todos pecaron, y están destituidos de la gloria de Dios. (Romanos 3:23)
    Por tanto, como el pecado entró en el mundo por un hombre, y por el pecado la muerte, así la muerte pasó a todos los hombres, por cuanto todos pecaron. (Romanos 5:12)

Los seres humanos no nacen caídos y pecan solamente por sus delitos personales.

Jesús es el único camino a la salvación

Siendo justificados gratuitamente por su gracia, mediante la redención que es en Cristo Jesús, a quien Dios puso como propiciación por medio de la fe en su sangre, para manifestar su justicia, a causa de haber pasado por alto, en su paciencia, los pecados pasados. (Romanos 3:24-26)

Jesús fue simplemente un siervo de Alá

Dijo él: "Soy el siervo de Alá. Él me ha dado la Escritura y ha hecho de mí un profeta. (*sura* 19:30)

La salvación se ofrece a todos

Porque todo aquel que invocare el nombre del Señor, será salvo. (Romanos 10:13)

Que alguien se salve es estrictamente decisión de Alá

[Alá] Perdona a quien Él quiere y castiga a quien Él quiere. Alá es omnipotente. (*sura* 2:284)

La salvación es un don de la gracia de Dios

Porque por gracia sois salvos por medio de la fe; y esto no de vosotros, pues es don de Dios; no por obras, para que nadie se gloríe. (Efesios 2:8-9)

La salvación se basa en obras

Las buenas obras disipan las malas. (*sura* 11:114)

Podemos confiar en que la salvación es irrevocable
Y yo les doy vida eterna; y no perecerán jamás, ni nadie las arrebatará de mi mano. (Juan 10:28)

Jamás la salvación es por la fuerza
Venid a mí todos los que estáis trabajados y cargados, y yo os haré descansar. Llevad mi yugo sobre vosotros, y aprended de mí, que soy manso y humilde de corazón; y hallaréis descanso para vuestras almas; porque mi yugo es fácil, y ligera mi carga. (Mateo 11:28-30)

Yijad es la única seguridad eterna
Y si sois muertos por Alá o morís de muerte natural, el perdón y misericordia de Alá son mejores que lo que ellos amasan. (*sura* 3:157)

Alá fuerza la adoración
Combatid contra ellos hasta que dejen de induciros a apostatar y se rinda culto a Alá. (*sura* 2:193)
¡Combatid contra quienes, habiendo recibido la Escritura, no creen en Alá ni en el último Día, ni prohíben lo que Alá y Su Enviado han prohibido, ni practican la religión verdadera, hasta que, humillados, paguen el tributo directamente! (*sura* 9:29)

APÉNDICE D
GLOSARIO DE TÉRMINOS ISLÁMICOS EN ÁRABE

Abu Bakr	Rico comerciante entre los primeros convertidos al islam.
d.H.	"Después de Jijra", indicando años solares o lunares y en el calendario islámico.
Aishah	La hija de Abu Bakr y esposa de Mahoma a los seis años.
Alá	El nombre de Dios del ser esencial en islam.
Aleya	Un versículo en el Corán.
Al-Faraa' id	Leyes de herencia.
Ali	Yerno de Uthman y primo del profeta Mahoma; el cuarto califa y el primer califa reconocido por los musulmanes shiitas.
Al-Janaa'iz	Funeral.
"Alá Akbar"	"Dios es grande". Una alabanza directa a Alá.
Alminar	Torre de la mesquita desde la cual el almuédano llama a la oración.
Aulema	Erudito
Ayatola	"Signo milagroso de Dios". La categoría más elevada del musulmán shiita.
Baraka	Una bendición.
Behesht	Paraíso.
"Bismillah"	"En el nombre de Alá". Comienzo de la recitación de la oración.

Califa	Título de los líderes islámicos después de la muerte de Mahoma.
Deen	Práctica religiosa musulmán, como en la ética.
Dhul-Hijjah	Feriado, el "Día de Arafat".
'Eid-ul-Adha	Uno de los dos feriados principales la "Fiesta del sacrificio".
'Eid-ul-Fitr	Fiesta para finalizar el ayuno de Ramadán. Uno de los dos feriados principales.
Fana	Término sufi para el "fallecimiento" del yo.
Fátima	La hija de Mahoma.
Fatwa	Decreto religioso.
Fiqh	Jurisprudencia.
Ghair Muqarribat	Esposa distante.
Ghusl	Bañarse antes de la oración.
Hafiz	Uno que memoriza el Corán.
Hajj	El peregrinaje a La Meca, uno de los cinco pilares. Todo musulmán debe hacer este viaje
Ibadat	Deber religioso.
Iblis	Nombre en el Corán para Satanás.
Iftar	Comida de cena durante Ramadán.
Ijma	Consenso de eruditos legales.
Ijtihad	Opinión privada de derecho y ética.
Imam	Líder espiritual en la mesquita local.
Injil	Los Evangelios del Nuevo Testamento, según se revisaron en el Corán.
Islam	"Sumisión" a la voluntad Alá.
Ismael	Hijo de Abraham mediante Agar, la sierva de Sarai. Los musulmanes creen que Alá tiene un pacto con Ismael, no con Isaac (véase Gn. 16:1–17:27).
Istisqaa	Oración para que llueva.
Isu	Palabra árabe para "Jesús".
Jadit	"Relato". Colección de dichos y ejemplos de Mahoma; la más importante autoridad después del Corán.
Jawari	Joven esclava.
Jijra	Migración de Mahoma de La Meca a Medina en el 622. El comienzo del islam y la fecha inicial para el calendario islámico.
Jinn	Ángeles de Alá.

Kaaba	La "Casa de Alá", un edificio cuadrado en La Meca hacia el cual los musulmanes se postran para orar. Se cree que fue dado a Gabriel y edificado por Abraham e Ismael.
Kafir	Infiel.
Khadija	La primera esposa de Mahoma.
Lailat ul-Qadr	"Noche de poder", la vigésima séptima noche de Ramadán, cuando Mahoma recibió los primeros versículos del Corán.
M'Amalat	Ética.
Madrassah	Escuela religiosa islámica.
Mahabbah	"Amor de Alá".
Mahoma	El último y más grande profeta de Alá.
Majdi	Un líder mundial venidero en la escatología Islámica.
Meca, La	Lugar de nacimiento de Mahoma en Arabia Saudita, considerada la más santa de las ciudades. Lugar del hajj.
Medina	La segunda ciudad más santa, hacia la cual huyó Mahoma en el 622.
Mesquita	Lugar de adoración.
Muezzin	Líder que llama a los fieles a orar cinco veces por día.
Muharram	"Día de Año Nuevo" en el calendario islámico.
Muqarribat	Esposa íntima.
Musulmán	"Uno que se somete a Alá". Seguidor del islam.
Muyahidin	Musulmanes que luchan en las guerras santas.
Nikaah	Casamiento.
PBUH	Acrónimo para Peace be upon him "Que la paz sea sobre él". Usado siempre en referencia a un profeta.
Qadar / kismet	Fatalismo que enseña que Alá lo decreta todo.
Qur'an (Corán)	Colección de textos de la revelación of Alá, correspondientes con un original en el cielo de Alá.
Ramadán	Noveno mes en el calendario lunar, que conmemora que le fue dado el Corán a Mahoma.
Rasul / Nabi	"Mensajero de Dios". Un término colectivo para los profetas, que incluye a Adán, Noé, Abraham, Moisés, Jesús y Mahoma.
Salam	Saludo de paz.
Salat	Las cinco oraciones diarias prescritas.

Sarari	Concubina.
Sawm	Ayuno durante el Ramadán. Uno de los cinco pilares.
Shahada / kalimah	"Dar testimonio". El credo del islam "No hay otro dios sino Alá, y Mahoma es el mensajero de Alá".
Shari'a	Derecho y jurisprudencia.
Shiitas	"Seguidores de Alí". Los que creen que Alí fue el verdadero sucesor de Mahoma.
Shirk	Idolatría o blasfemia contra Alá.
Suhoor	Durante Ramadán, la comida antes de la salida del sol.
Sunna	Tradición escrita, siguiendo los ejemplos de Mahoma.
Sunnitas	"La gente del camino". Seguidores de Abu Bakr y Umar como sucesores de Mahoma.
Sura	Un capítulo en el Corán.
Tafsir	Un comentario sobre el Corán.
Tahajud	Oraciones vespertinas.
Tahrif	Enseñanza de que la Biblia está adulterada.
Tariqa	La forma interior sufi de meditación en Alá.
Tawhid	La unidad total y completa de Alá. Una negación de la Trinidad.
Tayammum	En ausencia de agua, frotarse las manos y los pies con polvo de tierra como una ablución antes de orar.
Umar	El segundo califa, quien quemó todas las variaciones del Corán.
Uthman	El tercer califa musulmán.
Wudu	Ablución antes de la oración islámica.
Yijad	Guerra santa.
Zakat	Dar limosnas. Los musulmanes deben dar un cuadragésimo de su dinero en limosnas.
Zawaj Al Mut' Aa	Casamiento temporal.

LA
INVASIÓN
ISLÁMICA

*Lo que debe saber sobre la religión
de mayor crecimiento en el mundo*

Robert A. Morey

Una exposición de la religión de mayor crecimiento en el mundo. Compara la Biblia y el Corán, a Jesús y Mahoma, a Dios y Alá.

ISBN: 0-8254-1479-2/ rústica   **Categoría:** Apologética

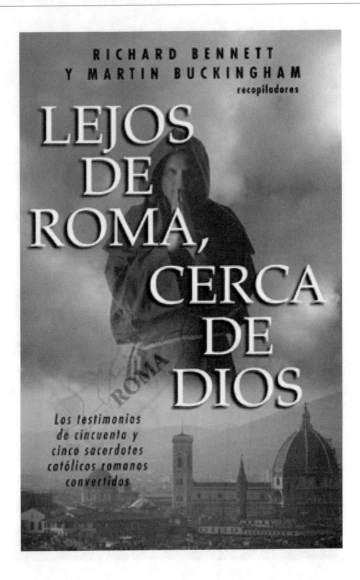

Biografías de sacerdotes católicos que encontraron la salvación mediante la fe en Cristo. Ideal como regalo al católico indeciso.

ISBN: 0-8254-1058-4/ rústica   **Categoría:** Apologética

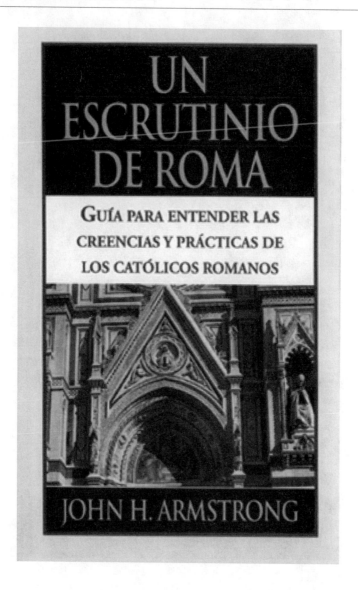

Un estudio de las doctrinas de la Iglesia Católica Romana.

ISBN: 0-8254-1036-3/ rústica   **Categoría:** Apologética

UNA VEZ FUI CATÓLICO

LO QUE NECESITA SABER SOBRE EL CATOLICISMO ROMANO

TONY COFFEY

Un análisis detallado de las diferencias entre el catolicismo romano y el cristianismo completamente basado en la Biblia.

ISBN: 0-8254-1124-6/ rústica   **Categoría:** Apologética

Esta obra clásica contra el mormonismo ha sido revisada y ampliada. Las prácticas y creencias mormonas fundamentales se explican desde las fuentes originales. Incluye un amplio apéndice.

ISBN: 0-8254-1463-6/ rústica   **Categoría:** Sectas

Explica la historia verdadera del programa misionero mormón. Una ventana abierta al lado oculto de la secta más visible del continente.

ISBN: 0-8254-1332-X/ rústica   **Categoría:** Sectas

El mejor estudio disponible en español sobre el *Libro de mormón*. Indispensable a la hora de estudiar esta secta.

ISBN: 0-8254-1670-1/ rústica   **Categoría:** Sectas

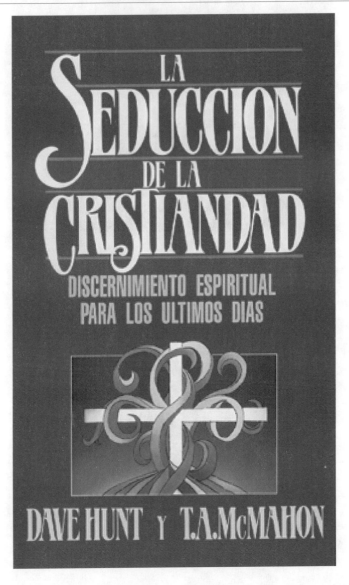

Examina los peligros que hay en la práctica de creencias extrabíblicas, como el pensamiento positivo, la curación de recuerdos, las filosofías de autoayuda, yl a medicina holista.

ISBN: 0-8254-1325-7/ rústica   **Categoría:** Sectas